本丛书出版得到广东省高水平大学重点学科建设项目支持

系统功能语言学文献丛书

丛书主编：彭宣维 黄国文

句法问题研究

——从功能语言学到语言类型学

Syntactic Studies: From Functional Linguistics to Linguistic Typology

王 勇 ◉ 著

上海外语教育出版社
外教社 SHANGHAI FOREIGN LANGUAGE EDUCATION PRESS
www.sflep.com

图书在版编目(CIP)数据

句法问题研究：从功能语言学到语言类型学 / 王勇著.
—上海：上海外语教育出版社，2020
（系统功能语言学文献丛书）
ISBN 978-7-5446-6143-0

Ⅰ. ①句… Ⅱ. ①王… Ⅲ. ①功能(语言学)—研究 ②类型学(语言学)—研究
Ⅳ. ①H0

中国版本图书馆 CIP 数据核字(2020)第 023034 号

出版发行：上海外语教育出版社
（上海外国语大学内） 邮编：200083
电　　话： 021-65425300（总机）
电子邮箱： bookinfo@sflep.com.cn
网　　址： http://www.sflep.com
责任编辑： 蔡一鸣

印　　刷： 上海信老印刷厂
开　　本： 635×965　1/16　印张 18.5　字数 292 千字
版　　次： 2020 年 7 月第 1 版　2020 年 7 月第 1 次印刷
印　　数： 1 100 册

书　　号： ISBN 978-7-5446-6143-0
定　　价： 59.00 元

系统功能语言学文献丛书

编委会名单

总　序

彭宣维　黄国文

初学者对文献的重要性往往缺乏足够的认识，想写文章的时候绞尽脑汁却一筹莫展，勉强凑一个东西出来却不入流：缺乏研究背景、缺乏研究问题、缺乏研究方法、缺乏创新观点、缺乏学科用语、缺乏组织策略、缺乏格式规范。

确定一个研究方向，可先从汉语文献中选择自己感兴趣的章节入手，再及英文著述，半年一年，便会有所心得；三年五载，自当独树一帜。实践表明，知识来源于文献，已见发端于文献，学科推进更是少不了文献。文献的重要性由此可见一斑。

为此，我们组织汇编了这套"系统功能语言学文献丛书"，方便后学查阅细读，揣摩审视。丛书中既有综述介绍，也有前沿研究；有独著，也有合作；作者之中，有德高望重的耄耋长者，有硕果累累的学派中坚，也有勤奋精进的青年才俊。我们想借此机会感谢各位师友积极配合。

本丛书的内容涉及系统功能语言学理论与应用的各个方面，既体现了各位学者在学术领域孜孜不倦的研究历程，也凝结了中国系统功能语言学团队的集体智慧，代表了中国学人在这一领域的研究水平。读者可以看到，其中有不少高水平的成果发表于国外知名期刊，走向了国际学科前沿；有理论开拓，也有应用尝试。

今后，除了国际化和理论探索，本土化与应用研究仍将是一个需要集体努力的基本方向。从理论上看，除了语篇语境、词汇研究和语音书写，研究者还需放眼其他学派和其他学科领域,协同求进,积极从议题上做超学科思考。我们希望,应用研究能够成为各位同仁的责任意识,在诸如翻译理论与操作框架、语言生态视角、外语教育学、汉语系统描写、辞书多元义项梳理、语言过程的计算表征、语言的生理神经机制、语言的脑成像实证研究、语言病理、国家话语等等领域,打开全新的研究局面,取得丰硕的研究成果。

我们衷心感谢上海外语教育出版社对本丛书出版的鼎力支持,感谢各位责编的精心付出。

目　录

第一部分　英语句法问题研究：从小句到语篇

第三部分　句法问题的类型学视角

CONTENTS

Part III Syntactic Typology

缩写符号

1SG = 单数第一人称(first person singular)

3SG = 单数第三人称(third person singular)

ADES = 位置格(adessive)

ART = 冠词(article)

CL = 类别词(classifier)

CONT = 持续体(continuous aspect)

COP = 连系词(copula)

D = 双数(dual)

EETC = 评价型强势主位结构(Enhanced Evaluative Theme Construction)

FOC = 焦点(focus)

GEN = 领有格(genitive)

H & M = Halliday & Matthiessen

HAB = 惯常体(habitual)

INES = 在内格(inessvie)

Intrans = 不及物动词(intransitive verb)

LOC = 方位格(locative)

NOM = 主格(nominative)

OBL = 斜格(oblique)

PL = 复数(plural)

PROX = 临近时(proximal tense)

PRS = 现在时(present)

SFL = 系统功能语言学(Systemic Functional Linguistics)

SFG = 系统功能语法(Systemic Functional Grammar)

SG = 单数(singular)

SM = 主语标记(subject marker)

TENS = 时态(tense)

TM = 话题标记(topic marker)

图表目录

序言一

黄国文

语言研究有本体研究和应用研究之分。本体研究就是探索作为系统结构和作为意义资源的语言本身;应用研究的范围很广,包括广义的应用语言学所涉及的方方面面。本体研究是基础,是语言研究的起点。

王勇十五年前到中山大学外国语学院攻读博士学位,我是他的指导教师,因此我们就有了这段师生缘。他 2006 年顺利完成学业,回到华中师范大学任教,从讲师、副教授到教授、博士生导师,成果斐然。这些年他在学术上不断拓新,取得了很大的进步,并形成了自己的研究特色。他将过去十年间句法研究方面的文章汇编成书,结集出版。在向他表示祝贺的同时,我愿借此机会对王勇的研究特色做一个简单的介绍。

我认为,王勇的研究有三个特点:

第一,他不断拓展自己的研究领域,追求学术创新。本书分成三个部分,基本反映了他到目前为止的发展轨迹。他第一阶段的学习和研究主要是在读博期间完成的,其兴趣在功能句法研究,主要关注英语,从本书第一部分的文章可见其概貌。他的博士论文"A Functional Study of the Evaluative Enhanced Theme Construction in English"在系统功能语言学的框架下,运用基于语料库的研究方法,系统深入地考察了英语中的外位结构在句法、语义、功能等方面的特征。该论文于 2008 年以同名专著的形式在国际著名的出版社 Prentice Hall 出版,得到了国内外多位专家的关注和好评。在博士后研究期间,他的研究兴趣转向汉语句法问题,重点关注汉语中的存在句,具体文章见本书第二部分。这些研究,理论上不局限于系统功能语言学,还涉及认知语言学(特别是构式语法)、句法语义接口等多种理论;研究对象从英语句法现象延伸到汉语句法现象以及英汉比较。在此基础上,王勇还将类型学的研究视野纳入自己的研究,进一步拓宽研究领域,而且形成了自己的特色。本书第三部分反映了他在跨语言和理论融合方向的拓展。

第二,王勇在不断推进自己学术研究的同时形成了自己的特色。理论上,他着力探讨类型学的研究视角和系统功能语言学理论如何相互借鉴、相互补充,从而拓宽彼此的研究视野,丰富各自的研究内容,最终建立系统功能类型学的理论体系。如本书中《系统功能语言学与语言类型学》《论语言类型学研究中的解释》等文章探讨了系统功能语言学与语言类型学结合的事实基础和理论基础、必要性和可能性、途径和方法,以及系统功能类型学的特点和可能的研究领域等问题,这为具体研究做好了理论准备。具体问题研究以存在句为切入点,共时和历时的视角相结合,产生了一系列较高水平的研究成果,如"A Systemic Typology of Possessive and Existential Constructions"(*Functions of Language*, 2013,20/1)、《存在句的几种类型》(《外国语》2012/3)、《存在句主语的类型学研究》(《外语教学与研究》2011/2)、《"有"字句的历时考察和横向比较》(《华中师范大学学报》2012/5)等。类型学的研究路径不仅能为汉语句法研究提供新的视角,解决汉语研究中的问题,发掘新的汉语事实,而且可以为世界语言学贡献新的理论和事实,反哺世界语言学。例如论文《现代汉语中的事件类存在句》(《外国语》2014/3)提出了"事件类存在句"的概念,解决了汉语存在句研究中的一些疑难问题。论文"Impersonal Clauses in Chinese"(*Functions of Language*, 2016,23/3)用无人称小句的概念描述汉语中的一组句式,为国际上这一问题的研究贡献了新的语言事实。

第三,王勇的语言学研究视野较为开阔。这既反映在他类型学的研究视角上,也体现在他积极寻求将研究成果推向国际的努力上。类型学的视野既不是用西方的语言(特别是英语)来套汉语,也不是用汉语的眼光看世界上的其他语言,而是用世界的眼光(即跨语言的视角)看汉语、英语以及任何其他语言。即使是在研究个别语言问题时,如果能将其置于类型学研究成果的背景之下,就能更真切地审视这一语言问题。另外,这些年来,王勇和国内同行一道,在向世界推出中国学者的研究成果方面取得了一些成绩。近十年来,王勇在国际上出版或发表了近十项研究成果,有的论文还发表于功能语言学界较重要的期刊上。中国的功能语言学研究要走向国际,在国际上发表成果是非常重要的途径。王勇具有这种意识,我想这是值得肯定的。

我在多个场合说过,根据 C. M. I. M Matthiessen 的观点,语言学理论模式的建构需要经过四个阶段：首先是根据某一理论框架对话语(语篇)进行分析(如采用系统功能语言学理论进行语篇分析)，接着是根据一定数量的话语(语篇)分析、在特定的理论框架中对语言现象进行描述，然后是根据已有的描述，从语言类型学角度对不同语言进行类型划分，即语言类型化(typologizing languages)，最后是建构语言理论模型，即语言理论化(theorizing language)，如下图所示：

语言理论化	第四阶段
↑	↑
(基于现有的描述)语言类型化	第三阶段
↑	↑
(基于语篇，应用某一理论)对语言进行描述	第二阶段
↑	↑
(应用某一理论)对语篇进行分析	第一阶段

这里箭头表示的是从下至上的路径，在语言理论的建构初级阶段，先从语篇分析开始，用现有的理论对语篇进行分析，接着对单个的语言(如英语、汉语)进行描述，再接着根据类型学的理论对多个语言进行分析和归类，最终在基于第三阶段的研究成果的基础上建构语言学理论。在这里，我要特别强调，语篇分析的基础是语言分析，没有语言分析的语篇分析是无源之水，用 M. A. K. Halliday 在 *An Introduction to Functional Grammar* (1994)一书中的话说，就是"A discourse analysis that is not based on grammar is not an analysis at all, but simply a running commentary on a text"。我之所以要说这点，是因为有些人会误认为语言的本体研究不重要。

从王勇教授的这本文集可以看出，他这些年是潜心做研究的，这就是"天道酬勤"。十年对王勇来说，只是学术生涯的一部分。我们期待他在第二个、第三个乃至更多个十年中有更多的成果发表。

最后，我想引用《道德经》第 16 章中的两句话与王勇共勉："致虚极，守静笃；万物并作，吾以观复。"这里说的是，尽力使心灵的虚寂达到顶点，使生活清静坚守不变。万物都一齐蓬勃生长，我来考察其往复的道理。观察自然如此，研究语言亦然。

是为序。

黄国文
教育部"长江学者"特聘教授
华南农业大学教授、博士生导师
2018 年 1 月 20 日

序言二

徐　杰

王勇教授最近将自己的系列论文整合编订为一部书稿，定名为《句法问题研究：从功能语言学到语言类型学》，即将由上海外语教育出版社出版。付印前他嘱我写几句话，我感到十分高兴！王博士学术功底扎实，视野高远，且敏于思考，勤于写作，成果丰硕，毫无疑问是其同辈学人中公认的佼佼者。这些文章均先后刊发于海内外多份重要的专业期刊，其中许多文章我此前都读过，这次又全部重读一遍，深深感到每篇文章都在相关议题上有所创新、有所贡献，现汇编成书，可使读者更好地窥见像他这样一位颇有成就的当代前沿学者整体的学术风格和学术成就。这项出版意义重大，值得肯定和祝贺！

我本人认识王教授十多年了。记得大概是 2006 年年初吧，我刚回到华中师范大学工作不久，他到校内田家炳楼的办公室找我。他说自己刚刚从中山大学取得博士学位，回到母校华师外国语学院任教。他详细介绍了自己的学术经历、学术成果和对未来学术发展的基本思路，希望在工作的同时能以在职博士后身份深化自己的学术研究，并希望我能做他的联系导师。我初次见面就深切感受到他是位有成果、有抱负、有思想的青年学人。他虽出身外语，但是汉语功底也非常好，所以我没有怎么犹豫就当场答应了。谈及未来的研究方向，我们俩当场就进行了初步的沟通。考虑到他当时已经在英语功能语言学方面做了许多有意义的研究工作，取得了很多成果，我的意见是，他制定个人中长期研究规划时不能局限于英语一种语言，而应在继续进行英语研究的同时，将母语汉语的现象和问题纳入自己的学术视野和研究范围，应在语言类型学的视野下通盘考虑和处理英语、汉语乃至其他相关语言的问题，以开辟出学术生涯的新天地，再上学术研究的新台阶。其实那些年我在不同的场合对不同的青年同道经常唠叨这些话，说了也就说了。但是，出乎意料且让我感到无比兴奋的是，王博士行动力超强。他说到做到，马上将我的建议付诸了行动。从那以后他的许多研究工作都体现了这个学术追求，其中部分成果就编入了本书。祝贺王博士，也顺便祝贺我自己！

是的，学术研究的范式是呈阶梯式发展的，许多学科都是这样，语言学更是如此。初创阶段，一般都是针对某个单一语种的研究，或母语或外语；随后便是两种语言的比较分析，起于母语研究的一般应引入某种外语进行比较，起于某种外语研究的则应引入母语进行比较，如此都是为了归纳出两种语言的一致性和差异点，并借助某个或某些理论工具解释这些一致和差异，甚至以这些异同规律为基础创立自己的理论方法。从单语的研究发展到双语的比较已经是一个巨大的历史性跨越，但是这还是不够的，还应该进而发展到多语的比较研究，尤其是应该将某一种语言的现象放进人类语言所可能允许的形式格局和变异范围这个框架下来考察。读者可从本文集清晰地看到，这三种范式的研究王博士都先后做到了，而且做得很好。我因此而想到2010年5月30日，语言学界老前辈周有光先生105岁时给《澳门语言学刊》的题词："在全球化时代，要从世界看国家，不能再从国家看世界。语言学和文字学也要从世界看自己，不能再从自己看世界。"老先生一生为人谦和低调，但是实际上他是见过大世面的，青年时期访学美国时就在普林斯顿跟爱因斯坦等科学巨匠有过近距离的深度交往。他这寥寥数语，极有见地，发人深省。语言学文字学的研究，无论中外，一开始都是关注自己使用的本国语言文字，那既不是自己看世界，更不是世界看自己，而是自己看自己。后来发展到拿自己的语言文字跟某种外语文字进行比较，就有了自己看世界。这还不够，还要力争站上某个理论高地，变换身姿，从世界看自己。走出自己看自己，会有意想不到的奇特效果。从人类语言允准范围的角度审视某一国语言，可以把相关问题看得更清楚、更深刻，一国的语言和文字现象会在突然间变得更加简单，更好理解，更易把握。这里愿以周老先生的教导跟王勇君和各位读者共勉！

2018年2月8日，农历腊月二十三日

中国澳门特别行政区

前　言

本书收集了我在过去几年间(2005—2014)发表于国内外语言学期刊中的15篇论文,编成15章;编入时,对个别地方的表述、注释、参考文献、正文格式等进行了统一调整,删掉了个别重复的内容,加入了一些过渡的段落,各部分和各章之间互有承接和呼应,可成一体。

第一部分收录了研究英语句法问题的六篇文章,所用的理论框架是系统功能语言学。一般认为,该理论主要应用于语篇分析、翻译研究、外语教学等领域。至于将其应用于句法研究,了解的人不多,有志于此的人就更少了。系统功能语言学是一种适用性强(appliable)、包容面广(comprehensive)的普通语言学理论。句法是语言的核心部分,任何语言学理论都必须面对句法问题。检验语言学理论成功与否主要看句法问题解决得如何。其实,系统功能语言学非常关注句法问题,韩礼德的《功能语法导论》(1985,1994,2004)从很大程度上说是一套小句本位的英语语法理论,句法为其立身之本。韩礼德强调语篇分析必须建立在句法分析的基础上,否则语言分析会流于空泛随意,不着边际。功能句法以功能和意义为导向,旨在揭示句法形式及其意义和功能之间的必然联系,强调句法单位的多功能性,将语言单位置于相关系统的背景之下,结合意义和功能,参照语境来分析和解释句法现象。

句法问题头绪繁多,任何研究都不可能面面俱到,穷尽所有问题。一般的功能语言学入门书籍,因考虑初学者的需要,主要介绍小句的三个元功能分析,无法作深入的专题研究。本书的句法研究试图就一些句法问题做专门深入的研究。本部分的第一章,从语篇元功能入手,定义了英语中的一组特殊主位结构,从小句的信息包装和主位呈现的角度审视这些特殊主位结构,并从形式和功能上总结出它们的共同特征,为以下各章的研究做铺垫。随后三章以存在小句和 it-评价型小句(即传统语法中的外位结构, extraposition)为例——准确地说,是以前者中的 there 及后者中的 it 为例,做全面的功能句法分析,由小及大,窥斑见豹,揭示特殊句法结构背后特定的功能动因。第四章是对 it-评价型小句较为全面的功能分析。第五章将其置于真实的语篇之中,考察语篇功能。之所以关注这类特殊主谓结构,一则因为形式语言学对这类结构研究较多,而功能语言学的研究较少,这些研究表明功能语言学对这类特殊结构可有所作为;二则为了证明特殊句法结构并不构成功能语言学基本理论假设的反例,而是以其特有的方式诠释形式和意义间的必然联系,即所谓例外证明规律(The exception proves the rule)。第六章讨论语篇结构中的递归现象。递归作为一种句法现象讨论较多,其实,递归作为一种结构的机制,在语篇层面也很常见。通过递归可以发现语篇结构和句法结构相同的一面。

外语出身的学者在学习和传播国外理论方面有方便之处,但我们不能就此满足,而要学以致用,做出创新性的研究,特别是争取做到洋为中用,吃透国外的理论,用以解决本土问题,推进汉语研究。当然,更高的境界是以我为主,为我所用,在化用国外语言学理论和结合汉语事实的基础上,建立自己的理论体系和研究范式,既能研究母语的问题,也适于观照世界诸语言,在国际上发出中国学者的声音,做出自己的独特贡献。这种境界,我未必能至,但应该以之为追求目标。

在求学的路上,太多的人给了我教导和鞭策、鼓励和帮助,让我的心中充满了温暖和感动。感谢我的博士生导师黄国文教授。黄老师不仅传授给我功能语言学的理论和方法,使我真正开始自己的学术研究,而且,他的言传身教让我认识到严谨、务实、一丝不苟的态度是多么重要。作为学者,我们除了与亲人之间的血缘关系,还有师生以及同门之间的学缘关系。老师的愿望就是学生能学习和发展自己的学问,在学术研究中有所建树;这也是学生的责任,我当时刻铭记！中山大学是一个让我倍感亲切和温暖的地方,这里不仅有我三年学习和生活的足迹,更有我的老师和朋友。在此特向他们表示感激和敬意。

徐杰教授是我的博士后合作导师。第一次见面,徐老师就建议我将类型学纳入自己的研究视野。后来,我逐渐领悟到这个建议多么重要,它还将继续影响我此后的研究。都说徐老师演讲吸引人,这不仅因为徐老师语言生动有趣,能以简驭繁,对理论的把握出神入化,更因为徐老师"做理论的主人,为我所用"的气魄。作为学生我更钦佩老师的人格魅力:他正气浩然,胸怀博大,真诚宽厚,眼光超前,见解独到而又充满智慧。这是学生共享的财富,我们将受益终生。

感谢我的硕士生导师张维友教授。我的求学之路在张老师的引领之下真正开始,而且,我的每一个进步都与张老师的鼓励和帮助密不可分。张老师积极、正直、严谨、务实的作风是我为人为学的榜样。

我要特别感谢爱人周迎芳和儿子王海川。从读博士到进入博士后流动站再到后来的生活和工作,都是迎芳在照顾家庭,照顾儿子的生活和学习,同时还要顾着自己的工作。多年来,她始终如一地理解和支持我的工作、学习和研究,为此做出了巨大的努力和牺牲。同时,迎芳还是我研究上的帮手和合作者,本书中的好几篇文章都是和她合作完成的。对迎芳,对海川,对家庭,我都付出得太少,而他们却带给我无穷的幸福和力量。

论文能结集成书,在上海外语教育出版社出版,我要感谢彭宣维教授以及外教社的编辑老师。特别是彭老师,他不仅在自己的学术研究上做出了令人瞩目的成就,作为功能语言学研究会的会长,他更要思考中国功能语言学的发展和中国学者成长这些顶层的事儿。我自己就是这种“大格局”的受益者。这些年彭老师一直关注我的学术研究,关心我的发展,给予了我很多无私的帮助和支持。在此,我要郑重说一声“谢谢!”我还要感谢北京师范大学于晖教授,她在成书过程中给予了我很多的鼓励和帮助,使本书能够顺利出版。

本书中的各章,曾在 *Functions of Language*、*Journal of Chinese Language and Computing*、《外语教学与研究》、《外国语》、《现代外语》、《语言研究》、《华中师范大学学报》、《语言学论丛》、《外语学刊》、《外国语文》(《四川外语学院学报》)、《解放军外国语学院学报》等国内外期刊上发表。其中第六章与黄国文教授合作,第七章及第十四章与徐杰教授合作,第八、九、十三、十五章与周迎芳合作,在此向三位合作者表示感谢。我要特别感谢这些刊物的主编、编辑以及审稿专家们,是他们无私的提携、指导和鼓励,使我的作品得以顺利发表。发表的过程是难得的学习和提高的过程。他们的辛勤劳动促进了作者的成长,客观上也推进了语言学事业的发展。

却顾所来径,心中满是感激。师友们期望的眼神,是我继续前行的动力。我辈学者,在新的时代当有新的历史担当。人生有限,学海无涯,我将继续努力!

王　勇

2018 年 1 月 10 日于武汉

第一部分

英语句法问题研究：从小句到语篇

第一章

英语中的特殊主位结构[①]

传统语法认为,英语中的句型有基本句型和非基本句型之分(Quirk, *et al.* 1985: 78 - 91; Biber, *et al.* 199: 141 - 151; Huddleston & Pullum 2002: 67)。非基本句型中,有些结构比较特殊的句型,如分裂句、假拟分裂句、it-外位结构、存在句、移位等,在传统描述语法中被看作基本句型的变化形式或不同于基本句型的信息包装手段(详见 1.1.1)。本章在功能语法的框架下,从主位结构的角度考察这些结构。

特殊主位的概念是由 Gomez-Gonzales(2001)提出的。她认为,主位结构的选择和其他系统中的选择一样,是有理据的。这有两个前提:(1) 必须有可供选择的不同的主位结构;(2) 语境决定不同的选择。所谓有理据的选择(motivated choice),即在不同的语境中选择不同的主位。她将主位分为三类:(1) 简单主位和复杂主位;(2) 标记性主位和非标记性主位;(3) 特殊主位和非特殊主位。其中特殊主位是指借助特殊的句法手段表示的主位,英语中可以实现特殊主位的句法手段有:分裂句(cleft)、假拟分裂句(pseudo-cleft)、左移位(left-detachment)、右移位(right-detachment)、it-外位结构(it-extrapositions)、倒装(inversion)以及存在句(existential clauses)(ibid.: 181)。

---

① 本章原载于《四川外语学院学报》2007 年第 6 期。

1.1 特殊主位的有关研究

1.1.1 传统语法的研究

尽管特殊主位的概念最近才提出来，但对这一现象的研究早已有之。几部重要的传统语法著作都注意到了这些特殊结构，但一般都未将这些句型作为特殊主位结构，而是将其看作信息包装的手段（information packaging device），或调整句序的手段（Biber, *et al.* 1999：896）。

Quirk 等（1985：1355－1414）认为这些结构属特殊句型，是基本句型的变化形式（variations on the basic sentence patterns）（ibid.：78），包括前置（fronting）、倒装、分裂句及假拟分裂句、后置（包括被动语态、外位结构等）、存在句等。他们在句法描述基础上，从信息建构的角度——说话人怎样使听话人准确无误地辨认他所强调的信息这一语用的角度——解释这些句型，认为这些特殊句型正是通过语法手段达到这一目的。在大部分情况下，说话人通过这些手段将焦点调整至句末，这就是所谓的末端焦点原则（End-Focus Principle）。此外，他们还提到了主位的概念，并将其定义为句首成分，认为主位和信息焦点一样是交际意义比较重要的成分，但他们没有对这些句型作主位分析。

和 Quirk 等一样，Biber 等（1999）也认为这些特殊句型是基本句型的变化形式，是调整语序的句法手段，包括倒装、前置、后置、被动句、存在句、外位结构、移位现象（dislocation）、分裂句（包括 it-分裂句和假拟分裂句）等（ibid.：152－155，896－963）。他们以语料库为依据，对每一种结构进行描述，以具体数据呈现各自在不同语域中的分布情况，并解释各自的语篇功能。

Huddleston & Pullum（2002）视这些句型为信息包装的手段，并专辟一章（Chapter 16）讨论。他们（ibid.：67－68，1365－1447）将这些句型描述为与基本（canonical）句型相对的非基本（non-canonical）句型，包括前置、后置、倒装、存在句、外位句、移位（包括左移位、右移位）、分裂句、被动句等。它们与各自的基本句型的不同，不在于真值条件而在于信息包装的顺序。他们认为说话人选择这些结构的两个主要因素是某一句法成分的信息状态及其比重，并提出了句子中比重及信息分布的规律（ibid.：1372）。选用非基本结构就是这些规律作用的结果。

以上研究，大体属功能视角的研究，具体地说是属于小句的语篇意义（textual meaning）的研究。功能语法认为，小句同时表达三种意义：概念意义、人际意义和语篇意义。小句的语篇意义是两种结构的结合：信息结构和主位结构。信息结构是由“新信息+旧信息”构成，主位结构由“主位+述位”构成（Halliday 1970，1976：179－181，1994：37－38，296）。一个典型小句的语篇功能就是由这两种结构的结合实现的（Halliday 1994：199），这种结合呈现一种渐弱-渐强的动态过程（diminuendo-crescendo movement），其起点是主位突出，终点是焦点突出。渐弱是指从主位过渡到述位的过程，渐强是指从旧信息过渡到新信息的过程，如下图（Halliday 1979，1994：337；Martin 1992：12）：

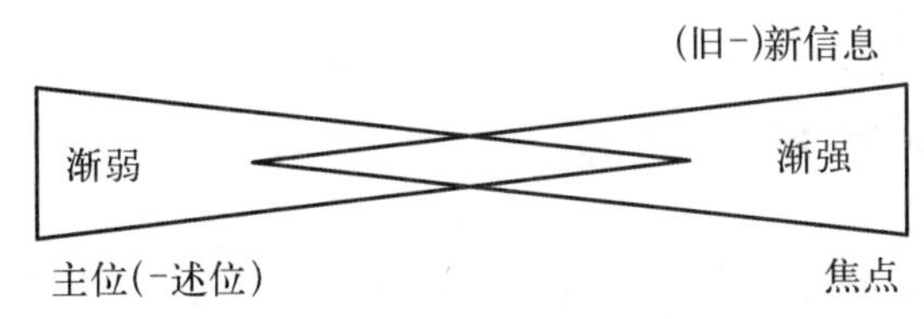

图 1.1　主位突出及焦点突出

也就是说，一个小句的句首和句末都是突出的位置，分别由主位和信息焦点实现。二者意义不一样：主位是以说话人为导向的（speaker-oriented），表示小句所表达内容的出发点及小句内容之所关（aboutness）；新信息是以听话者为导向的（hearer-oriented），是听话人需要注意的内容，焦点是其顶峰。因此，句子的主位结构和信息结构分别赋予句首和句末以突出地位（Halliday 1979；Martin 1992：11－12）。主位突出和焦点突出相互独立、互为补充，共同构成小句的语篇功能。

由此可知，如果单从信息结构的角度去解释这些特殊主位结构，未免失之片面。因为这种研究忽略了小句语篇功能的另一重要组成部分，即主位结构。事实上，这些特殊主位结构不光可以看成是信息包装的手段，同样可以看成是“主位包装的手段”（theme packaging devices）（参看Martin 1992：400－401），即说话人通过一定的句法手段使某一成分处于主位，从而得以凸显（详见本章第三部分）。这样，一些从信息结构的角度不能解决的问题，可以从主位结构的角度去解释。

以上研究都是从信息结构的角度（或结合末端重心原则）分析这些结构，而没有从主位结构的角度去分析。如提到话题（topic）的概念时，Huddleston & Pullum 认为：

> 这是一个直觉的概念，在英语中很难提供一个有效的、令人信服的标准辨认小句的话题，因此我们不使用这一概念……（Huddleston & Pullum 2002：1371）

既然"不使用"，也就没有这方面的研究了。Quirk 等人虽然提到了主位的概念，但也没有对这些句型作主位分析。

另外，这些研究大都没有结合实际语篇进行分析。对零散的例句的分析，大都流于空泛，而对于话语功能（discourse function）更是无从谈起①。

1.1.2 功能语法的研究

功能语法学者虽然没有给这类结构统一固定的命名，但他们早就注意到了这些结构的特殊性，并且新的研究陆续出现，其中不乏系统、深入的研究。

Halliday（1967）讨论了四种用来突出主位的特殊句型：认同（identification）、述谓（predication）、替换（substitution）、指代（reference），分别相当于传统语法中的假拟分裂句、分裂句、左移位、右移位（参看 Butler 1985：178 – 179；Gomez-Gonzales 2001：104 – 108）。Halliday（1994：58）讨论了谓化主位（Predicated Themes）（分裂句），认为这一句型对主位结构的确定有着很重要的作用。此外，他还讨论了主位等同句（Thematic Equatives）（假拟分裂句），认为这是一种特殊的主位结构手段（a special thematic resource），通过这一手段可以将不同的成分组织成两个部分分别充当小句的主位和述位。这样小句就成了一个认同类的关系

---

① Biber 等（1999）运用的语料库的方法，提供的上下文是非常有限的。如他们只讨论了 it-外位结构及其对应的基本结构在不同类型的语篇中的分布情况，但未真正涉及其语篇功能。

过程(identifying relational process)(ibid.：41－42)。

Eggins(1994：274)提出的主位系统中,谓化主位与非谓化主位一起共同构成一个子系统,这个子系统相当于 Gomez-Gonzales(2001：181)所说的特殊主位。很明显这个子系统有待进一步完善,因为连 Halliday 等人提出的几种基本的特殊主位都没有包括进去,并且只是从信息结构(而不是主位结构)角度分析这种结构的功能。

Thompson 较系统地论述了特殊主位结构(1996：125－131),认为这些结构是说话人用来调整句子顺序,以取得特定的信息起点(主位)的手段,所以冠之以一个新的名称:"主位化结构"(Thematising Structures)(ibid.：125)。这些结构包括:主位等同句、谓化主位句、主位化评述(Thematised Comment)(即传统语法中的 it-外位结构)、主位前置(Preposed Theme)以及被动句。Thompson 利用系统功能语法的理论框架对这些特殊结构进行了主位分析,此外还从语篇角度分析了其功能理据。

Downing & Locke(2002：247)将特殊主位结构视为"确定焦点的句法策略"(syntactic strategies in assigning focus),这些策略包括:分裂句、假拟分裂句、主动-被动转换、存在句、外位结构、后置等(ibid.：247－263)。他们认为,从交际效果来讲,小句的句首和句尾是两个很重要的位置,英语中有一些调节小句语序的手段将某一成分置于句首,即主位前置(Thematic Fronting)。如分裂句就可以将某一小句成分置于主位位置并使其成为焦点,这就是主位突出(thematic prominence)。同样,有些句法手段将某些成分置于句末,使其重音突出(tonic prominence),这些手段包括假拟分裂句、主动-被动转换、存在句、外位结构等。他们着重从信息焦点的角度分析了这几种特殊句型,并对其语篇功能略有论述,但对其调节主位结构的句法功能没有作进一步分析。

Morley(1985：74)提到了两种特殊主位:谓化主位和认同主位。Morley(2000)识别了四种作为"呈现手段"(Presentational Devices)的结构。这些结构使句子中某一成分突出,成为"主位焦点"(Thematic Focus)(ibid.：188)。这四种句型包括:外位结构、分裂句、假拟分裂句、存在句(ibid.：188－193)。但 Morley 关心的是这些结构构成成分(包括其中的小句)的句法功能及其相互关系,而不是将其置于语篇功能的视野之下,考察其作为特殊主位的结构和功能,甚至没有对这些句型作主位结构分析。

Fawcett(2003)及Gomez-Gonzales(2001)较系统全面地论述了特殊主位结构。Fawcett (2003)建立了一个不同于其他功能学者的主位系统①,并提出了强势主位概念。他的主位结构分析在功能语法学者中独树一帜,包括几种特殊主位②: 存在型强势主位(Existential Enhanced Theme)、事件角色主语主位("Referent as role in event" as Subject Theme)、经验型强势主位(Experiential Enhanced Theme)、评价型强势主位(Evaluative Enhanced Theme)等等。这些特殊主位分别相当于传统语法中的存在句、假拟分裂句、分裂句、外位结构等等。以评价型强势主位为例,Fawcett(2003)的分析为③:

表 1.1 评价型强势主位成分分析

it is	likely	that Ivy had a Margarita
主位加强成分	评价型强势主位	

上例中,Fawcett将主位部分分析为主位加强成分(Thematic Build-up)和评价型强势主位两部分,it is起着强化主位的作用, likely才是真正的被强势化了的主位,因此Fawcett给这种结构冠以一个更功能化的名称——"评价型强势主位"(Fawcett & Huang 1995; Fawcett 2003; Huang 2003)。

Fawcett分别从形式和意义、语篇功能等几个方面对每一种结构进行了描述。他认为比重和信息结构的理论不足以解释这些结构。不同的主位是说话人为了不同的语篇目的选择的结果。他认为特殊主位结构与其相应的基本结构之间的关系是: 经验功能相同,而主位结构和信息结构不同。

Fawcett较少从主位结构本身分析这些结构,认为主位结构是其他意义(特别是经验意义)的附属物,没有从主位突出的角度阐释这些结构。此外,正如他自己坦言,对这些主位结构的话语功能的研究还很不够

---

① 由于Fawcett的主位概念与以Halliday为代表的其他功能语法学者的不一样,所以其主位系统与后者所提出的主位系统也不一样。但其中也有相当于Eggins及Gomez-Gonzales等人提出的特殊主位。我们这里只关注有关特殊主位的论述。

② Fawcett(2003)将诸如经验型强势主位结构描述为特殊结构"special structure"。

③ Fawcett完整的分析为树形图和表格的结合,这里呈现的只是表格中的主位结构部分(参见Fawcett 2003)。并且Fawcett认为在主位分析中没有必要标明述位,因为主位标明了,述位自然就清楚了。

(Fawcett 2003)。

和 Fawcett 一样,Gomez-Gonzales(2001：215)也提出了一个主位系统。但她对主位的诠释稍有不同。Gomez-Gonzales 将主位看作是关系性的而不是名词性的,即主位功能呈现的是一种关系而不是某一事物,因为主位构成语篇中的一种导向、一种框架,有瞻前顾后的功能(ibid.：188－189)。

她认为主位除了语篇意义外,还有人际意义(ibid.：187)。说话人通过主位结构建立起一种与听众之间的联系。这种人际意义由主位生发出来,并指向小句后面的内容,如表明其言外之力或对其重要性、可靠性作评价。有标记的主位及特殊主位在此基础上更多了一层主观性,由于其特殊的语序或句法结构,它们所表达的远远不止是概念意义。也就是说,有标记的主位及特殊主位结构与其相应的无标记及一般主位结构在概念意义上是基本相同的,不同在于,它们还多了一层主观意义(ibid.：188)。

各种类型的主位都是作用于听众的,将听众的注意力指向某一成分,从而建立起一种观照概念意义的视角,达到组织语篇的目的。例如,主位选择可能会指示听众动态或静态地看待语篇,建立某种期待等(ibid.：189)。标记性主位和特殊主位往往意味着常规的语篇期待被打破,指示话题转换、背景化了的成分重入前景、语篇的过渡等等。主位结构的特殊选择意味着说话者以某种方式给听众以特定的指示,因此,主位选择实际上是概念意义、语篇意义和人际意义表达相结合的结果(ibid.：190)。

本章开篇说过,Gomez-Gonzales 认为英语中有七种特殊主位,即存在句、it-外位结构、倒装、左移位、右移位、分裂句、假拟分裂句。她将这些结构看作纵聚合中的选择项,说话人选择某一特殊主位结构是有其功能上的理据的。正如不同的语气结构表达不同的言语功能、不同的过程表达不同的及物性一样,特殊主位结构在特定的语境下可以满足特定的语篇需要。她认为特殊主位结构是有人际目的的语篇手段(interpersonally oriented textual device)(ibid.：248)。

Gomez-Gonzales 主要从七个方面①系统地描述了七种类型的特殊主

① 这七个方面包括：1)主位中的成分与谓语部分之间是否有同指的关系;2)在谓语部分的左边或右边是否有停顿;3)主位是否在主句中承担语法功能;4)在编码类的等同句(encoding equative clause)中是否有名物化;5)在编码类的等同句中是否有谓化主位;6)是否有虚位主语;7)是否有外在于主句述谓部分的成分。

位的特点(ibid.：246)。她运用语料库的研究方法,从形式结构、在语料库中的出现频率以及话语功能三个方面分别对这七种特殊主位结构进行了研究(2001：229－346)。

但 Gomez-Gonzales 对这些结构的语篇功能的论述仍不尽如人意。首先,她只是从末端重心、末端焦点以及功能句子观的角度去解释这些结构的动因,而没有从主位结构的角度去研究。其次,她所提供的实例的语境是有限的,这决定了她没有也不可能真正从语篇的角度去审视这些结构,去考察它们是如何在建构语篇中起作用的。另外,她所提供的语料都是口头语篇,其研究不能真正代表英语中特殊主位结构的全貌。

除了上述研究外,功能语法学者中有针对某一特殊主位结构做专门研究的。比如,Collins(1991)、Fawcett & Huang(1995)、Huang(1996, 2003)、Fawcett(2003)等人对分裂句的研究,Collins(1994)、Huang & Fawcett(1994)、Kaltenbock(1999, 2003, 2004)、Herriman(2000, 2001)、Miller(2001)对 it-外位结构的研究, Collins(1991)及 He(2004)对假拟分裂句的研究等等,这里不一一赘述。这些研究大都是在语料库基础上,集中对从句法特点、意义、语篇功能等方面进行深入、细致、全面地描述,其中包括主位结构的描述,但由于是单独对某一结构的研究,他们大都没有将这些结构纳入主位系统(参看 Huang 2003),因而也没有阐述这些结构作为一类主位结构的共性以及它们在英语主位系统中的定位。

1.2 特殊主位结构的特点

特殊主位结构有一些共同的、不同于非特殊主位结构的特点,可初步归纳如下。

首先,在句法结构上,特殊主位结构以特殊的句法手段包装主位。功能语法认为,充当小句主位的通常是参与者、环境成分或过程(如祈使句)(Halliday 1994：37－48),而特殊主位结构的主位有时很难归入这三种成分。如分裂句与 it-外位结构通过借助虚位主语 it 及相应的谓体构成主句凸现主位,述位为处于依赖地位的小句;存在句通过虚位主语 there 和存在过程(如 be 动词)构成主位;假拟分裂句通过名物化、级转移使内嵌小句成为主位;左移位结构中通过将某一成分提前构成主位,句中用代词来指代提前的成分,句子的句法结构和主位结构发生改变;右移位则相反,通过将某一成分移至句末,句中用指代成分替代,句子的句法结构和主位结构发生改变;倒装则是由于某一成分提前,句子的操作词或动词和主语的顺序颠倒,这样,句子的主位结构和句法结构都发生改变。以典型例句为例,各特殊主位结构的主位分析如下(参见 Halliday 1967, 1994; Thompson 1996: 125 – 131; Gomez-Gonzales 2001; Fawcett 2003)①:

表 1.2 特殊主位结构的主位分析(1)

it was the teacher	who persuaded him to continue
what John saw	was the play
Britain	it's all road
it is clear	that he is guilty
on board	were two nurses
there is	a frog in the pool
主位	述位

其中右移位结构比较特殊,其主位分析为:

表 1.3 特殊主位结构的主位分析(2)

they don't seem to match,	these colours
述位	主位

正因如此,有人称其主位为"推延主位"(delayed theme)(Halliday 1967; Gomez-Gonzales 2001: 107)。

其次,一般认为,特殊主位结构属于非基本结构(non-canonical constructions),与各自相应的基本结构(canonical constructions)相比,表达

① 学者们对这些结构有不同的分析。大体说来,对分裂句、假拟分裂句各家基本没有分歧,对其余的结构则意见不一。本章对 it-外位结构、存在句的分析参照 Thompson(1996)、Gomez-Gonzales(2001)、Fawcett(2003);对左移位、右移位、倒装句的分析参照 Halliday(1967,1994)和 Gomez-Gonzales(2001)。

的命题意义相同，只是信息呈现的方式不同（Lambrecht 1994; Huddleston & Pullum 2002: 67,1366）。正是在这种意义上，Lambrecht 称这些相应的结构为“句位变体”（allosentences）（1994: 6）。也就是说，特殊主位结构与其相应的一般主位结构句法形式不同，但所表达的概念意义基本不变。以上述各句为例，它们相应的基本结构分别是（Huddleston & Pullum 2002: 67, 1366）：

表 1.4 特殊主位结构及其相应的一般主位结构

特殊主位结构	一般主位结构
it was the teacher who persuaded him to continue	the teacher persuaded him to continue
what John saw was the play	John saw the play
Britain, it's all road	Britain's all road
it is clear that he is guilty	that he is guilty is clear
on board were two nurses	two nurses were on board
there is a frog in the pool	a frog is in the pool
they don't seem to match, these colours	these colours don't seem to match

功能语法的一个重要观点是，句位变体是为适应不同的功能而产生的。Gomez-Gonzales 认为常规句序是由句法功能决定的，而句序的重新调整则受语用规律支配（2001: 180, 254）。正因如此，人们在研究这些结构的时候总是自觉或不自觉地将它们与各自的基本结构相比照，甚至认为非基本结构是由基本结构转换而成的。系统功能语法不认为它们之间有转换关系，而将这些特殊结构及其相应的基本结构视为主位系统中的不同选择项，说话人可以根据特定的语境对其进行选择。

再者，根据 Gomez-Gonzales（2001: 215）的数据统计，在所有主位中，非特殊主位占 89.3%，特殊主位占 10.7%，因此可以认为非特殊主位是无标记的，特殊主位是有标记的。Lambrecht 也有类似观点，他认为，在一对句位变体中，其中一个在语用上是无标记的，另一个是有标记的（1994: 17）。人们选择有标记的主位结构是有功能理据的，也就是说，选用这些结构是特定语境制约、特定语篇意图等作用的结果。反过来，我们可以通过末端重心（end-weight）、末端焦点（end-focus）、功能句子观（functional sentence perspective)以及焦点突出、主位突出等理论和原则解释这些特殊结构。

还有,特殊主位首先是为了满足说话者特殊的语篇需要而产生的,它们表达一种特殊的主观意义。特殊主位结构可以建立起一种语篇视角,并向听话者发出指示,以便他以同一视角去接受语篇。这主要是通过主位化的手段将某种人际意义、某一参与者角色或某一特性凸现出来。因此,不难理解,特殊主位较多出现于主观性较强的语篇,如对话、评论中。此外,特殊主位结构较多与人际主位连用(Gomez-Gonzales 2001：155)。正是在这种意义上,Gomez-Gonzales 认为特殊主位结构可以看作是语篇的"主观性的标志"(markers of subjectivity)(ibid.：155)。

最后,学者们还注意到特殊主位结构通常与特定的话语功能(discourse functions)相联系。如 Dorgeloh(1995)发现倒装句可以产生凸显效果、提供话题导向、提供特定的视角或评价以及暗示语篇结构。黄国文(1997)从语篇组织的角度将分裂句的话语功能分为三大类：语篇起始功能、语篇延续功能和语篇终结功能,每大类又可分为若干小类。Downing & Locke (2002：250 - 251)提出假拟分裂句的三种话语功能,即引入新话题、回指某一语篇成分以及修正先前的表述等功能。刘庆元、吴满华(2005)列举了存在句的四种话语功能,即话题导入功能、情景导入功能、主题的扩展功能以及语篇终结功能。Wang(2006)发现典型的 it-外位结构表达评价意义,在语篇中这一句型通常通过"评价-评价依据"的逻辑语义关系与上/下文发生联系。这些研究表明,特殊主位结构在语篇组织中实现一般主位结构不可替代的功能。反过来,这些结构特定的话语功能和其他功能一起共同构成其功能动因。

1.3 特殊主位的研究意义

特殊主位研究对于英语主位系统的研究、构建完整的语法体系等方面有着重要意义。

首先，特殊主位研究丰富和完善了英语的主位系统。自系统功能语言学理论提出至今，学者们一直都在试图建立和完善主位系统，如Halliday（1967，1976：112）、Morley（1985：73）、Eggins（1994：274）、Matthiessen（1995：540，543，548）、Gomez-Gonzales（2001：181）、Fawcett（2003）。他们意识到特殊主位结构的特殊性，但由于没有提出相应的概念，且没有明确它们在系统中的位置及其与其他类型主位的关系，特殊主位在主位系统中的地位总是游离不定，甚至被忽略。有了特殊主位的概念，明确了它们与其他主位子系统的选择关系以后，就不难确定它们在主位系统中的地位。以下的系统网络是在综合以上各位学者，特别是Eggins（1994：274）、Gomez-Gonzales（2001：181）、Fawcett（2003）的研究的基础上得出的：

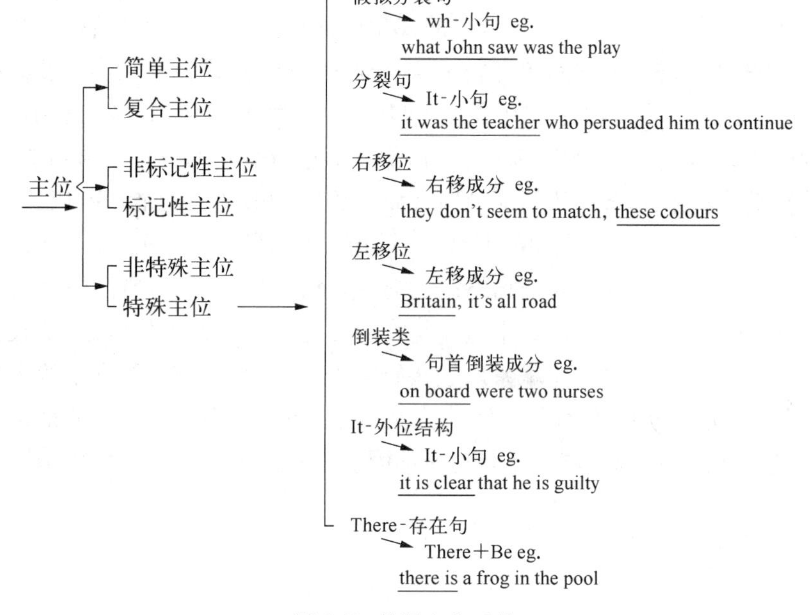

图 1.2 英语主位系统

（说明：

1）上图中的“{”表示合取，“[”表示析取，“↘”表示实现，下划线表示“主位”。

2）本图只是英语主位系统的简略系统网络，只对其中的特殊主位子系统作进一步的划分，其他子系统同样可以分析出更精密的子系统。）

确定了特殊主位在整个主位系统中的地位以后，就可以将它们看作与系统中其他的主位选择项一样，是可供说话人选择的资源。说话人根据特定的表达意图或受特殊语境的制约对其进行选择。

其次,特殊主位的概念提供了研究这些特殊句型的新视角。如上所述,此前的研究或是从形式的角度研究这些句型如何由相应的结构转换而成,或是从末端焦点、末端重心、功能句子观的角度考察它们如何调节焦点。但这些只注意到小句的语篇功能的一个方面,即信息结构,而没有注意到另一个重要方面,即主位结构;只关注小句作为一个渐强的过程,而没有关注其作为一个渐弱的过程。如果我们从主位结构这一视角出发,就可以发现,通过句法手段,这些结构除了调节信息结构,使某一成分作为焦点突出成分,它们还可以调节主位结构使某一成分作为主位突出成分。因此,可以视这些特殊主位结构为"主位包装手段"(Theme Packaging Device)。这两种视角都属于功能句法的研究,它们互为补充,共同完成小句的语篇功能刻画。另外,如果在语篇中考察这些结构,还可以发现它们特有的语篇功能,如它们可以表示说话人的主观意义、指示语篇过渡等;反过来,分析这些特殊主位可以帮助揭示语篇意义,反观说话人的语篇意图;等等。

这种研究还可以提供方法论的借鉴。功能句法研究倡导多层面、多角度的分析。一个层面、一个角度的分析得出的结论极有可能是片面的,因为语言本身就是多层面的,牵涉到多种因素。也就是说,从单一因果视角透视原本多因的问题是不可取的(Gries 2003)。

1.4 有待解决的问题

关于特殊主位的研究,以下几个问题亟待解决。

首先,分类标准尚无定论。尽管很多功能学者都论及特殊主位结构,但目前还没有一个可以操作的界定特殊主位结构和非特殊主位结构的标准。这样势必导致其包括的对象不确定。如对于被动语态,就有不同的意见。Gomez-Gonzales(2001:239)将被动句作为一种有标记的主位结构,但没有将其列入特殊主位结构。Halliday(1976:180)认为被动句可视为使主位和动作者分离但仍使主位无标记的手段，所以不在四种特殊主位之列。而传统语法都将其作为一种信息包装的手段。但如果以是否借用语法手段调节主位结构为标准，被动语态似乎应属特殊主位之列。各家对同一结构的归属意见不一正是因为没有划定特殊主位的统一标准。

其次，术语不统一。由于这些结构的传统术语大都预设其与基本结构的转换关系，明显带有形式语法的倾向，故功能语法学者（如 Halliday 1967，1994；Matthiessen 1995；Fawcett 2003；Huang 2003 等）多冠之以功能化的名称。尽管如此，仍有功能学者沿用传统术语（如 Gomez-Gonzales 2001）。以分裂句为例，Halliday 称之为谓化主位结构，Fawcett 及黄国文等称之为经验性强势主位。术语不统一、不完善在一定程度上阻碍了特殊主位结构的研究。

第二章

存在句中 there 的系统功能语言学研究[①]

英语中的存在句是指由 there 引导的表示某地方存在某物，从而将某物引入语篇的特殊句型。国内外学者对这一句型的研究比较多见。本章在功能语言学理论框架之下，对英语存在句的标志性成分 there 进行研究。表存在的 there（existential there）和表方位的 there（locative there）相区别，为讨论方便起见，分别用 $there_1$ 和 $there_2$ 表示，如：

（1） $There_1$ are polar bears in Norway.

（2） Look！ $There_1$'s a polar bear. Over $there_2$.

在现代英语中二者的语法属性及音系特征大不一样。从语法上讲，$there_2$ 是一个副词，表方位，即表示远离说话者的地方，与 here 相对；$there_1$ 是一个没有确定意义的词（至少对它的意义颇有争议）。$There_2$ 一般重读为 /(ˈ)ðεə(r)/，而 $there_1$ 则弱读为 /ðə(r)/。$There_1$ 处于主语的位置，而 $there_2$ 则可以出现在句中的不同位置上。

文献中对 $there_1$ 多有研究，如 Bolinger（1977）有关其意义的论述，Breivik（1977，1981）有关其起源及意义的讨论，以及 Hukin 和 Pesante（1988）有关其语篇功能的研究等等。这些研究由于视角或理论框架不一，得出的结论不尽相同，学者们对此莫衷一是。功能语言学是"一种综

① 本章原载于《外语学刊》2007 年第 3 期。

合理论”(a comprehensive theory)(Halliday & Matthiessen 2004：19)。它既可以多层面、多角度地考察某一语言现象，又可以将这些不同的视角统领起来，既见树木又见森林。以下的讨论分三部分：第一部分综述文献中有关 $there_1$ 的研究，这些研究包括语法、语义和语用三个方面；第二部分是 $there_1$ 的系统功能语言学研究，包括三个纯理功能分析，即经验功能、人际功能和语篇功能分析；第三部分是一个结语。

2.1 此前的研究

2.1.1 语法探索

从语法的角度，一般认为 $there_1$ 存在句有两个主语，一个语法主语(grammatical subject)，即 $there_1$，也有人称之为虚位(dummy)主语、形式(formal)主语等；一个概念主语(notional subject)，即存在物，也有人称之为逻辑(logical)主语、移位(displaced)主语(参见 Quirk, *et al.* 1985：1403；Seppänen, *et al.* 1995；Huddleston & Pullum 2002：243)。Jespersen(1924：154)认为通过将弱读形式的 $there_1$ 置于主语的位置，真正的主语(即存在物)退居次要地位。Leech 和 Svartvik(1994：285)称 $there_1$ 为引导词(introductory)，在语法功能上相当于句子的主语，有预示作用，即预示真正的主语将在后面出现。Quirk 等(1985：1405)则认为从语法上看，$there_1$ 更像句子的主语，而不像 $there_2$。这可以从数的一致、疑问形式和非限定小句的形式三个方面看出。

此外，Seppänen 等(1995) 将检验主语的六个标准应用于存在句，这六个标准包括：主语的位置、形式类别、格的变化、人称的一致、数的一致以及疑问形式。他们认为存在句中似乎存在两个主语，即 $there_1$ 和存在物，二者都是形式主语，因为主语的特性只能通过形式才能表现出来。

Huddleston 和 Pullum(2002：241－243)从八个方面分别对 $there_1$ 及存在物进行衡量。这八个方面包括：位置、格的形式、主谓一致、主语-助动词倒装、特殊疑问句、附加疑问句、并列和必备性。在这些方面将 $there_1$ 和存在物的语法特性进行对比分析，得出结论为 $there_1$ 单独实现主语的功能（即存在物没有主语的功能）。称存在物为概念主语或移位主语旨在表明它在语义上与存在动词之间的关系，而不表明它是一种主语。他们还作了一个形象的比喻："就像前总统不再是总统一样"，移位主语不再是主语，因为主语是一种句法功能，只有在句法上具有主语特征的成分才可称其为主语。

以上三种就 $there_1$ 的语法特征的研究，得出的结论迥然不同。究其原因是主语的概念没有完全澄清，有时是逻辑语义意义上的，有时是语法意义上的。在讨论语法主语时，如果没有统一的理论框架将不同类型的意义和功能统领起来，就会就同一特征得出不同的结论。

2.1.2 语义探索

一般认为，$there_1$ 不表示实际意义（如：Breivik 1981；Huddleston & Pullum 2002：243），其意义体现在语法功能上。也有学者认为，$there_1$ 有语义意义，但对其意义的虚实各执一词，意见不一。如 Lyons 认为 $there_1$ 并不指具体的方位，它在某一表示方位的语境中使方位意义抽象化，其表存在的用法是 $there_2$ 衍生出来的（Lyons 1975：80）。

Bolinger（1977：91）对 $there_1$ 的意义作了比较深入的探讨。他认为，$there_1$ 是有意义的，其意义是 $there_2$ 的延伸，就像预指代词 it 表示一种大概的所指意义一样（ibid.：66 – 89），$there_1$ 表示一种大概的、抽象的方位。Bolinger 认为，在存在句中，存在的意义由动词（如 be 动词）来实现而不是 $there_1$ 来实现，$there_1$ 的功能在于将存在物带入人们的意识中，这即是他所谓大概的、抽象的方位。这种意义可以从以下两个句子的对比中表现出来（1977：93 – 94）：

（3）Across the street is a grocery.

（4）Across the street $there_1$'s a grocery.

这两个句子表达的意义表面看起来完全一样，但在人们的意识中产生的效果不一样，（3）是严格意义上的存在句，它描述一个情景中存在某物：

街对面有一个杂货店。(4)将存在物引入到话语中来，将这一知识引入到人们的意识中来。试想，某人一手前伸，掌中握着一支铅笔，一手绕后并握住一个橡皮擦，他会说(ibid.：95)：

(5) In my right hand is a pencil, and in my left hand $there_1$'s an eraser.

即当某物不在我们的视野或意识之中时，可用 $there_1$ 存在句将其带入我们的意识。如果描述的情景已展现在人们面前，则不用 $there_1$。正因如此，当给别人东西时，我们会说："Here it is."，而不说："* Here $there_1$ is."。这也可以用来解释为什么 $there_1$ 存在句多与非定指名词一起使用：有定的事物大都已存在于人们的意识中(Bolinger 1977：99)，因而不必使用 $there_1$。

Bolinger(1977：121)得出结论，$there_1$ 和 $there_2$ 都是由最初的方位意义衍生出来的，这里的方位意义是指最广泛意义上的空间或时间关系。人们习惯认为方位关系即严格意义上的物理的空间关系，以至将 $there_1$ 视作这种空间关系的一种抽象和延伸。Bolinger (1977：121－122)进而认为 $there_1$ 的用法是和自然语序(natural word order)一致的。好比人们会遵循"呼语+方位词+景物"(vocative +locative +spectacle)(例如：Look! On your leg! A tarantula!)的自然语序，$there_1$ 的意义相当于呼语，人们通过它可以知道，某一存在物将要被带入他们的意识之中。

我们认为，Bolinger (1977)关于 $there_1$ 意义的讨论有一定的说服力，对人们掌握 $there_1$ 的意义和用法有所帮助。但他所谓"大概的、抽象的方位"不易把握，且与"将存在物带入话语""带入到人们的意识中"的说法不易统一，前者属于语义意义范畴，后者属于语篇功能的范畴，不是一码事。讨论语篇功能，应将 $there_1$ 置于更广泛的真实语境中，才可以发现其真实的语篇功能，而 Bolinger 的讨论局限于小句层面。

2.1.3 语用研究

语用上，学者们主要考察 $there_1$ 在表达说话人的语篇意图中所起的作用。

Breivik(1981)认为，尽管 $there_1$ 没有语义意义，但从语用的角度看，它是有意义的。$there_1$ 可以看作是呈现新信息的一种手段，小句以它为起始点，通过语义较弱的 be 动词，发展至真正的主语，即存在物。这一句型较多用在语篇中呈现新的事物。

也就是说，尽管 $there_1$ 不表示语义意义，但可以传递语用信息：它暗示听话人某一事物即将作为新信息呈现出来，Breivik 称之为“暗示功能”(signal function)。这种功能与 is 动词融为一体，形成缩写形式 $there_1$'s，在实际使用中较为固定。这种功能可以解释为什么 $there_1$'s 后面可以接复数名词，即 $there_1$'s 是一个有特定语用功能的程式化成分，只用于呈现信息，与所呈现信息的语法属性无关。正因如此，$there_1$'s 还可与定指名词一起使用，此时，它的功能大致相当于“Don't forget.”。

此外，Hukin 和 Pesante(1988)也有类似的观点。他们认为，人们使用 $there_1$ 有语用上的目的，即宣称事物的存在、呈现新信息、引入新话题以及总结话题等。张绍杰、于飞(2004)认为，$there_1$ 的话语功能之一，就是为全句提供了一个信息结构所需的主位，而将原来处于主位位置上的包含新信息的表意主语按照话语原则移至句末。

2.2 功能语言学研究

由于研究重点及理论倾向等原因，以上研究都不能在同一框架下兼顾 $there_1$ 的语法特征、意义和功能各个方面。功能语言学可以提供这种框架。该理论认为，某一语言成分的功能不应该只局限于某一方面，该成分某一方面的意义和功能必须结合它所表现的其他方面的意义和功能来理解。只有通过功能才能解释语言形式，因为“语言的特性和人们通过它完成的功能密切相关”(Halliday 1970：141)。语言同时实现三个纯理功能(metafunction)：经验功能、人际功能和语篇功能，这即是语言的多功能性(multifunctionality)(参见 Halliday 1994：30－34)。这些不同的功能通过不同的结构同时体现在某一语言形式上。基于这种理论，我们认为可以将 $there_1$ 在存在句中体现的不同的意义和功能纳入同一框架下考察。

2.2.1 经验功能

经验功能是指用语言表达人们在现实世界中各种经验的功能。功能语言学者一般认为，$there_1$在存在句的经验功能中既不是参与者，也不是环境成分，更不是过程，它在小句的及物结构中不承载表现客观事物的功能，即没有“表征功能”（representational function）（Eggins 1994：254－255；Halliday 1994：142－143）。也就是说，它没有经验意义，因而在经验意义中不充当任何功能角色。以 *There*$_1$ *is a man at the door.*为例，存在句的经验功能可图示如下：

表 2.1 存在小句的经验功能分析（参见 Halliday 1994：143）

$there_1$	is	a man	at the door
	过程	存在物	环境

存在过程有两个必备成分，即存在过程（Existential Process）和存在物（Existent）；一个可选成分，即环境成分（Circumstance）。这些成分在上句中分别由 is、a man 及 at the door 充当。在经验功能层面上对 $there_1$作上述分析是可行的，把 $there_1$单独隔开，不加以功能标示，因为它在经验功能层面上没有实在意义。

$There_1$的经验功能分析大体相当于传统的语义分析。对 $there_1$的经验功能分析与传统分析认为它不表示实在的语义意义的观点是相契合的。在功能语言学的框架下，各种成分在不同功能结构中的角色都明确化了，我们不必勉强给所有的成分都贴上功能标签，具体分析应视实际意义而定。尽管 $there_1$在存在句的经验功能中不充当角色，但它在另外两种功能结构中起着不可或缺的作用。

2.2.2 人际功能

人际功能是指人们通过话语参与交际的功能。小句作为一个交际事件(interactive event),其人际功能主要通过语气部分来实现,语气部分由主语(Subject)和限定成分(Finite)构成,如陈述句和一般疑问句的交际功能是通过主语和限定成分的顺序来实现的。

功能语言学中主语的概念相当于传统语法中的语法主语(grammatical subject)(Halliday 1994:31-32)。"一般来讲,英语中任何一个独立的小句都必须有主语,因为没有主语就无法表现小句的语气"(Halliday & Matthiessen 2004:151)。鉴于语气部分表现小句的交际功能,我们可以通过添加附加问句的办法来辨认小句的主语,因为附加问句就是通过限定成分和主语的组合来完成问句的交际功能的(Halliday 1994:76-77),如:

(6) There_1 is a man at the door, isn't there_1?

由此,可以认为 there_1 充当存在小句的主语。尽管 Halliday(1994)没有对存在小句进行人际功能分析,但我们可以从他的相关讨论中推衍出如下分析(Halliday 1994:142):

表 2.2 存在小句的人际功能分析

<table>
<tr><td>there_1</td><td>is</td><td>a man</td><td>at the door</td></tr>
<tr><td>主语</td><td>限定成分/谓体①</td><td colspan="2" rowspan="2">剩余成分</td></tr>
<tr><td colspan="2">语气</td></tr>
</table>

此分析中 there_1 为小句的主语,它与 is 一起构成整个小句的语气部分,表现小句的人际意义。如对小句所含命题进行肯定和否定必须以 there_1 为参照,整个小句作为一个交际事件的功能维系于 there_1 之上(Halliday 1994:76)。因此 there_1 作为整个句子的主语对小句完成其交际任务起着重要作用。

尽管存在物和环境成分在小句的经验功能中充当重要角色,但它们在人际功能中充当剩余成分,并没有明确的或重要的作用。相反地,尽管 there_1 不表示任何实体,但它作为主语对实现存在小句的人际功能有着不可替代的作用。

对 there_1 人际意义的分析大致相当于上文所说的语法分析。上文说

① Halliday(1994)将 be 动词分析为限定成分,黄国文认为 be 动词实际是限定成分和谓体的重合(conflation)。此处的分析参照黄国文(1999:126-134)。

过，功能语言学中的主语相当于传统语法中的语法主语。但 Halliday 认为，主语不只是一个形式范畴，它有功能特性。因此，形态（如格、数的变化形式等）不能作为判断主语的唯一标准。如上 2.1.1 小节所述，用形式的标准确定 $there_1$ 存在句的主语是有争议的。事实上，"没有一种语法成分的功能只是纯粹的语法功能"（Halliday & Matthiessen 2004：119）。如果我们采用系统功能语言学中通用的三重视角（trinocular approach）（ibid.），这个问题便迎刃而解。自下而上看，主语一般由名词性成分来实现，并在附加问句中出现。从同一层面考察，主语和限定成分构成语气部分完成小句的交际功能。自上而下看，主语承载小句的情态责任（modal responsibility），即小句作为一个交际事件的有效性维系于主语。这些都表明，在存在小句的人际功能结构中 $there_1$ 充当主语。

2.2.3 语篇功能

语篇功能是指将语言成分组织成语篇的功能，它包括：主位结构、信息结构以及衔接。由于考察信息结构及衔接需借助于比小句范围更广的语境，又由于本章的目的是探讨 $there_1$ 的意义和功能，故重点讨论存在小句的主位结构。小句的主位结构由主位（Theme）和述位（Rheme）两部分组成。Halliday 和 Matthiessen（2004：257）认为，$there_1$ 存在句中的主位是 $there_1$，它的作用是"向说话人预示某一事物将要引入语篇"，同时将这一事物作为新信息呈现出来。因此，Halliday（参见 Halliday 1994：44）的分析为：

表 2.3 存在小句的主位结构分析（I）

$there_1$	is a man at the door
主位	述位

我们知道，Halliday（1994：34）定义主位有两个标准（参见 Gomez-Gonzales 2001：94）：（1）信息的起始点（point of departure），这是句法上的标准，凡是小句句首的一个或几个成分都符合这个标准；（2）小句内容的相关点（concern of the message），这是一个语义标准，按照这个标准，主

位成分必须延伸到小句的第一个经验功能成分(Halliday 1994: 52－54)。这意味着,主位结构的划分必须以经验功能为参照。如果将 $there_1$ 单独划为主位只符合第一个标准,而不符合第二个标准,因为 $there_1$ 不表示任何经验意义。作为句子的起始成分,它并不能表明小句的信息将和什么有关,将其分析为信息的起点(即主位)意义不大。因此,Thompson(1996: 138)、黄国文(1999: 142)等提出了不同的分析方法:

表 2.4　存在小句的主位结构分析(II)

$there_1$ is	a man at the door
主位	述位

Thompson 认为,存在句的功能是表示某一实体的存在,这种功能正是由 $there_1$ 和存在过程来实现,因此这两种成分组合起来可以作为信息的起始点,这样,主位就包含了有经验意义的成分(即存在过程)。

我们认为,对存在小句主位结构的分析既要考虑其句法和功能上的特殊性,还应考虑主位和述位的功能和配置。

存在句是各种语法都讨论的一种特殊句型,如 Quirk 等(1985)、Biber 等(1999)以及 Huddleston 和 Pullum(2002)都将其作为一种信息包装的手段(information packaging device),通过特殊的句法手段(即 $there_1$ +存在动词)将存在物作为新信息呈现出来。在功能语言学看来,这种描述只是存在小句语篇功能的一个方面,即信息结构,另外一个重要方面是主位结构。这两种结构有各自的突出点:主位结构的突出点在主位,即主位突出(thematic prominence);信息结构的突出点在新信息,即焦点突出(focal prominence)(Halliday 1994: 336)。因此,在将存在句看成信息包装的手段的同时,还可以将其看成主位包装的手段(Theme packaging device)。事实上,一些功能语言学者正是从这个角度来研究这类特殊句型的主位结构,如 Gomez-Gonzales (2001: 245－246)称这类结构为"特殊主位"(special Theme)结构以区别于基本结构的句型。正因如此,对这类结构的主位结构分析不同于其他的基本结构。

另一方面,在实际使用中,存在句不只是呈现某一事物,而且对其有所陈述,这由存在物后面的成分实现,Gomez-Gonzales(2001: 258)称之为扩展成分(extension)。她通过语料库统计发现 93% 的 $there_1$ 存在句带有扩展成分；所谓的光杆存在句（bare-existential）（即没有扩展成分）只占7%（ibid.：260），并且都是出现于特定语境中，其扩展成分在上下文中可以补充进来。扩展成分通常说明存在物的属性、存在的时间或方位，或在其他方面对存在物进行限定。这样，存在物、扩展成分的功能恰好和主位、述位的功能契合。

鉴于这些特点，我们采用黄国文（1999：139－141）、Fawcett（2003）强势主位的概念和分析方法，将 $there_1$ 存在小句的主位结构分析如下：

表 2.5　存在小句的主位结构分析（III）

$there_1$ was	a cat	on the mat
主位加强成分	存在型强势主位	述位

此分析中，主位部分进一步分析为主位加强成分和存在型强势主位两部分，$there_1$ was 起强化主位的作用，a cat 才是真正的被强势化了的主位。因此，黄国文、Fawcett 等将这种结构命名为“存在型强势主位结构”，以突显其功能特征。

有很多研究用末端重心（end-weight）和末端焦点（end-focus）原则解释存在句（参见 Breivik 1981；Quirk，*et al.* 1985：1402），这些原则不能完全解释这一结构。Fawcett（2003）认为，存在小句有两个语篇功能：一是宣告某一事物存在，二是对存在物在空间、时间等方面进行限定。这两个功能分别由主位和述位实现。这种分析在 Thompson 的基础上有了发展，将存在物分析为主位，而且明确了 $there_1$ 及存在过程的语篇功能。由此可以看出，$there_1$ 单独不承担语篇功能，它和 was 一起预示着强势主位即将出现，并起强化主位的作用。这样，存在物作为主位在主位结构中的突出地位得到进一步加强。

2.3　结语

在以上讨论中，我们首先综述了有关 $there_1$ 的研究，发现这些研究关注的只是其意义或功能的某一方面。这对于我们全面理解 $there_1$ 在实际使用中的意义和功能帮助不大。如果将其置于功能语言学的框架之下，从三个纯理功能的角度分析其在不同功能结构中的作用，可以发现，尽管 $there_1$ 在存在小句的经验意义中无参与者角色，但在人际意义和语篇意义中有着重要的功能。其人际意义是充当小句的主语，对完成存在小句的交际功能不可或缺；其语篇功能是和存在过程一起充当主位加强成分，凸现和强化存在物作为主位的语篇意义。这两种功能在一定程度上构成这一句型的功能理据(functional motivation)，可以解释这一句型为什么以这种特殊形式出现。这种分析不但解决了传统语法中的纷争，而且此前所谓语法、语义和语用的研究都可在功能语言学的框架之下统领起来。语法功能的讨论可纳入人际功能，语义意义虚实的讨论可纳入经验功能，语用意义可纳入语篇功能，这样我们可以在系统功能语言学的理论框架下全面地观照 $there_1$ 的意义和功能，更好地把握它的用法。

第三章

预指代词 it 的系统功能语言学研究[①]

预指代词 it (anticipatory *it*) 区别于虚指词 it(empty prop *it*) 及指示代词 it (referential pronoun *it*)。这种用法的 it 在句中预指后面的成分,如限定性或非限定性小句、名词词组等,一般认为其有预指功能,但至于具体的语义和句法功能,学者们的观点各不一致。本章以 it-外位结构(it-extraposition)为例,如 It was good to see you after a long time,其中 to see you after a long time 被称为后置主语(postponed subject),从语义、句法等不同角度研究 it 的预指用法。我们首先综述相关研究,然后将外位结构纳入系统功能语法的理论框架下进行研究,旨在从不同角度全面揭示预指用法的 it 在该句式中的功能。

3.1 Jespersen (1937,1949) 和 Quirk 等(1985)的研究

Jespersen(1937: 72-73,1949: 148)认为 it 主要有四种用法:(1) 前

---

① 本章原载于《现代外语》2005 年第 3 期。

指示语(anaphoric)：指代上文中出现过的不能用 he 或 she 指代的人或事物(如婴儿、动物、动作及其他事物)；(2) 用于预指(preparatory, anticipatory or representative *it*)(ibid.：144)：指代下文将要出现的事物；(3) 用于分裂句(cleft sentence)中；(4) 非定指(unspecified)，如表示天气、时间、距离等。

预指用法的 it 可指较长的词组或句子以免句子显得头重脚轻(top-heavy)，这即是 Jespersen 所谓虚主语(dummy subject)。It 预指后置的主语或宾语，包括 that 从句、间接问句、关系从句、-ing 分词短语、动词不定式等(ibid.：145－147)，如以下各例：

(1) *It* seems certain that he is dead.

(2) She would have *it* that all men hailed him.

(3) *It* mattered little who filled the town.

(4) *It* is no use her listening at keyholes.

Jespersen 认为，任何语法作用相当于从句的语言单位都可由 it 预指(1949：147)，如：

(5) *It* was perfectly horrible the way that people were being kept in the dark [=how people were being kept in the dark].

Quirk 等(1985：749) 认为 it 有三种用法：作为指代词(referring)、支柱词(prop)和预指词(anticipatory)。他们认为预指用法的 it 主要用于分裂句及外位句(extraposition)中，语义较虚。如：

(6) Isn't *it* a shame that they lost the game?

(7) *It* must have been here that I first met her.

(8) I take *it* then that you're resigning.

Quirk 等人认为，在外位结构中，it 只是在结构上起作用，几乎没有任何语义意义，是应句子的语法需要而出现。如果说 it 有语义功能的话，它表明句子的真正主语将在句子的后面出现(1985：89, 349)。

3.2 Bolinger(1977)和 Kaltenbock(2003)的研究

Bolinger(1977: 66)认为,预指用法的 it 和表示时间、天气、距离、环境的 it 一样,都是一种有实际意义的指示代词,只不过它表示相当模糊、相当大概的意义。

(9) *I understand *it* that the election hurt them.

(10) I can understand *it* that the election hurt them.

此处 it 指已经提出的事实,can understand 是对已提出事实的评价。而(9)中,the election hurt them 不是作为事实提出来的,故不能用 it 来指代。又如:

(11) *He can't swallow that you dislike him.

(12) He can't swallow it that you dislike him.

以上两例中,swallow 是一个表示事实的动词,它后面的宾语从句为已提出的事实,故其前面须由 it 来指代。正因如此,用于表示设想、劝告等的动词通常不表示已然的事实,故其后不用 it(Bolinger 1977: 70),如:

(13) I presume (*it*) that you are Dr. Living Stone.

但:

(14) I was the one who guessed *it* that you would win.

是可以接受的,因为 guess 是过去时态,它后面的宾语为已然事实。

Bolinger (1977: 71) 认为外位结构,特别是强调句型①是 it 意义的最好佐证。他认为,要强调一个句子的某一成分,就必须有一些共知的信息作基础。因此:

(15) When will we know? — *It*'s tomorrow that we'll know.

---

① Bolinger 认为强调句型属于一种外位结构,这种分类方法显然和传统的分类不一致。

是可以接受的，因为知道的时间已事先确定了。正因如此，下面的强调句是不可接受的：

（16）When will you tell me? — * *It*'s tomorrow that I'll tell you.

因为在此句中，说话人询问的是事先没有共知基础的信息。

事先共知的信息基础也可以用来解释不定式外位结构和 that 从句外位结构（Bolinger 1977：72 – 74）。

（17）What do you think of running him as a candidate?

— * To do that would be a good idea.

— It would be a good idea to do that.

第一个回答是不合适的，因为 that 是一个指示语，它预设了一个共知的信息基础，说话人必须从前一句话中获取其所指对象，这样第二个回答便是更自然的选择。

（18）? *It* would be inexcusable that they should run away.

It would be inexcusable that they should do such a thing.

第二例更可接受些，因为 such a thing 回指上文中谈到过的事情。

Bolinger（1977：74）认为 it 在语义上相当于定冠词加上一个意义非常概括的名词，如：the story, the fact, the word, the news, the rumor, the matter, the business, the idea。如下面的例子：

（19）Not for a minute did I believe the story（believe *it*）that she had disappeared.

（20）What about the fact（What about *it*）that I wasn't there?

（21）I have *it*（I have the word）on good authority that you are to be selected.

I intend to make *it* public（make the news public）that I am a candidate.

总之，Bolinger（1977：85）认为 it 是一个中性的有定的名词性成分（definite nominal），可以用 things 来替代，但意义更概括。意义概括并不等于没有意义。这样，it 意义的虚实可以看作是一个连续体。在一端它有词汇意义，相当于一个指示代词，在另一端它只有句法意义。下面几个句子是 it 的意义由实到虚的排列：

(22) *It*'s (this is) nice, isn't it? — What's nice?

— Sitting around and talking.

(23) *It*'s nice sitting around talking.

(24) *It*'s tough to make him understand.

It was so nice of him to have us over last night.

在最后一句中，尽管 it 的主要功能是组织句子语序，但它的所指意义还是存在的，这种意义构成 it 作为代词的语义基础。

Kaltenbock(2003)综述了对预指代词 it 的不同研究，如将其视为虚指词、指示代词或归为本质上有后指功能的代词等不同类别。他在实际语料的基础上研究预指代词 it。与 Bolinger(1977)相同，Kaltenbock 认为 it 是一个有一定指示功能的特定名词性成分，它可以在句子成分之间建立一种指示联系。这样，可以认为 it 的预指用法介乎虚指用法和实指用法之间，并可以根据所指范围的大小，将 it 的这三种用法置于一个连续体上。这样既可以解释预指代词 it 的后指用法，也可以解释 it-外位结构中 it 省略的情形。

以上各家都认为预指用法的 it 与其作为指示代词或作为虚指词的用法不一样，尽管对其语义的虚实程度意见不一，但都认为其主要的语法功能是充当句子的形式主语或宾语并预示后面的内容。这些研究只关注其语义的虚实，没有多角度地去审视这种用法。这样得出的结论对我们理解这种用法的 it，即它在句子中的功能没有多大帮助。要真正理解预指代词 it 的用法，我们必须从多角度去考察它。下面我们将以外位结构中的 it 为例，从系统功能语法的角度对预指代词 it 进行分析。

3.3 预指代词 it 的系统功能语法研究

传统语法认为，外位结构中的 it 作为主语只是在语法上起作用，其真正的逻辑主语为后面的外置成分(Jespersen 1937/1965: 73; Quirk, *et al.* 1972: 963 - 964; Quirk, *et al.* 1985: 1391 - 1392)。而功能语法认为，某

一成分的功能不应该只局限于语法功能(Halliday 1994；Matthiessen 1989),在句法分析时特别强调小句结构中各个成分所表示的意义(功能)(Halliday 1994)。小句同时实现三种既有联系又各有侧重的纯理功能(metafunction),即概念功能、人际功能和语篇功能。因此,可以从这三种功能的角度去考察某一成分在小句中的作用。

系统功能语法是一种"自然"语法,通过语言的实际使用以及意义和功能来解释语言的形式(Halliday 1994：xiii)。形式是意义的实现手段,因此,形式分析的目的应在于揭示意义的表达(黄国文 1999：106)。下面我们从三个纯理功能入手对主语外位结构中的 it[①] 进行句法分析。

3.3.1 概念功能

一般认为,外位结构的 it 在经验功能结构中不充当任何参与者角色,就现有的文献看,只有 Fawcett (2003,forthcoming)对此结构做出过明确的分析,我们可以照此分析上述小句"It was good to see you after a long time."

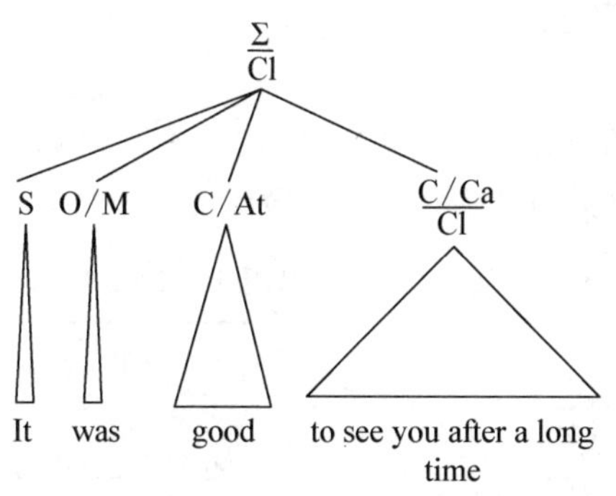

注：
Σ = 句子(Sentence)　Cl = 小句(Clause)　S = 主语(Subject)　O = 操作词(Operator)
M = 主要动词(Main Verb)　C = 补语(Complement)　A = 附加成分(Adjunct)
/ = 重合("is conflated with")　At = 属性　Ca = 载体

图 3.1　经验功能分析(参看 Fawcett 2003,forthcoming)

---

① 外位结构包括主语外位结构和宾语外位结构(subject-extraposition and object-extraposition)(Quirk, *et al.* 1985：1391-1393)。本章以主语外位结构为例分析 it 的预指用法。

此图包括人际功能分析和经验功能分析，其经验功能分析可用表格形式呈现为：

表 3.1 经验功能分析（参看 Fawcett 2003，forthcoming）

It	was	good	to see you after a long time
	修饰型	属性	载体

由此分析可以看出，it 在小句的经验功能结构中无任何功能，小句为一个修饰型的关系过程（attributive relational process）①，其中的载体（Carrier）、过程（Pro：Attributive）和属性（Attribute）分别由 to see you after a long time、was 和 good 充当。经验功能反映经验世界，关注的是过程、参与者等概念。It 不承担任何参与者角色，因为它只在语法上有预示功能，不表示客观事物。句中的 to see you after a long time 属传统意义上的逻辑主语，在经验功能中有参与者角色，但在人际功能中，情形就不同了，请看下节的分析。

3.3.2 人际功能

在人际功能结构上，Halliday 认为外位结构的主语是非连续的（discontinuous），因此其人际功能结构为：

表 3.2 人际功能分析（Ⅰ）（参看 Halliday 1994：97－98）

It	was	good	to see you after a long time
主	限定成分	补语	语
		剩余成分	
语气			

以上分析中，it 和后置的不定式小句共同构成整个句子的主语。而主语又和限定成分 was 一起构成整个句子的语气部分。实际上，此处 it 扮演着语法主语的角色（grammatical subject）（Halliday 1994：31－32）。整

① 典型的 it-外位结构为关系过程，但其他过程也不少见（参看 Herriman 2001）。

个句子的有效性维系于 it 上。我们进行句型转换也主要是围绕 it 和 was 进行。It 作为主语的人际功能表现在它与限定成分 was 的配置上（configuration）。它们构成整个句子的语气部分，体现小句的人际意义（ibid.：34）。如对小句所含命题进行肯定和否定必须以 it 为参照，整个小句作为一个交际事件（interactive event）的功能维系于 it 之上（Halliday 1994：76）。因此 it 作为整个句子的主语对小句完成其交际任务起着不可或缺的作用。

由此可见，后置成分在人际功能中并没有明确的或重要的作用，它只是作为逻辑主语，在概念功能中扮演参与者角色。因此，将后置成分划为主语在语法上缺乏足够的理由。系统功能语法中的主语即是传统意义上的"语法主语"，它表示的是"纯粹的形式上的语法关系"（Halliday 1994：31）。主语的各种语法特征体现在 it（而不是后置成分）上，如格的特征、数的特征等（it 以主格的形式出现并与后面的动词（即 was）在数的特征上保持一致）。此外，由主语在句中的位置、句子的倒装、并列、增加附加问句等都可以印证这一点（cf. Huddleston & Pullum 2002：241－243）。因此该小句的人际功能可分析为：

表 3.3　人际功能分析（Ⅱ）

It	was	good	to see you after a long time
主语	限定成分	补语	补语①
语气		剩余成分	

此分析中 it 为小句的主语，与 was 一起构成整个小句的语气部分，表现小句的人际意义。所谓后置主语（to see you after a long time）只是作为剩余成分的一部分，在小句的人际功能中不起重要作用。

3.3.3　语篇功能

这里我们主要分析此类句子的主位结构并考察 it 在其中的功能。

① 此处参照 Fawcett（2000，2003）的分析将 to see you after a long time 分析为补语（Complement）。

Halliday 对外位结构没有作专门的主位分析，他认为其主位即是句首成分，即 it 为小句的主位（1994：61）。因此，其主位分析为：

表 3.4 语篇功能分析（Ⅰ）（参看 Halliday 1994：61）

It	was good to see you after a long time
主位	述位

我们认为，这种分析不能反映此类小句的特征。如上所述，it 作为预指代词，只是表明逻辑主语将在小句的后面出现，并没有较特定的指代对象，作为句子的起始成分，它并不能表明小句的信息将和什么有关，因此将其分析为信息的起点（即主位）意义不大。因为主位有两个判断标准：1）信息的起点（point of departure），这是一个句法上的标准，任何句首成分都符合这个标准。2）小句内容之所关（aboutness），这是一个语义上的标准，即主位成分必须延伸到小句的第一个有经验功能的成分。如果将 it 划为主位只符合第一个标准，而不符合第二个标准（参看 Halliday 1994：31－32）。我们发现，Thompson（1996）及 Fawcett（2003）的分析更能揭示此类小句的语篇功能。

Thompson 认为此类句型代表一种特殊的主位结构，说话人通过它表达对后置成分的一种评价，这种句型起着主位化的评价作用（thematised comment）（1996：129）。因此 Thompson 的分析为：

表 3.5 语篇功能分析（Ⅱ）（参看 Thompson 1996：129；Gomez-Gonzales 2001：266－274）

It was good	to see you after a long time
主位	述位

由此可见，Thompson 认为 it 只是主位的一部分。这种分析更符合语言使用的实际，人们在说话的时候往往倾向于以自己的评价态度为出发点。因此，it-外位结构在不同类型的语篇中都较常见。并且，我们在实际考察中发现，此句型（或者说其评价意义）在语篇中多起承上启下的作用①，将 it 单独分析为主位不能揭示这一句型在构建语篇中所起的作用，也不符合语言使用的客观实际（参看 Gomez-Gonzales 2001：266－274）。

---

① 参看第五章。

Fawcett(2003)对这一结构的主位分析大体和 Thompson 相同,但 Fawcett 在此基础上更进了一步,他对主位成分作了更细致的分析①。具体如下:

表 3.6 语篇功能分析(Ⅲ)(参看 Fawcett 2003)

It is	likely	that Ivy had a Margarita.
主位加强成分	评价型强势主位	

Fawcett 将 Thompson 的主位部分进一步分析为主位加强成分和评价型强势主位两部分,it is 起着强化主位的作用, likely 才是真正的被强势化了的主位。因此,Fawcett 等将这种结构命名为"评价型强势主位"(Fawcett & Huang 1995; Fawcett 2003, forthcoming; Huang 2003),以突显其主位结构的特征。

这种分析在 Thompson 的基础上有了发展,Fawcett 不但合理地将评价部分分析为主位,而且作了进一步分析,明确了不同成分的功能。由此可以看出,it 单独不承担语篇功能,它和 is 一同预示着强势主位即将出现,并起强化主位的作用(Fawcett forthcoming)。

有很多研究用末端重心(end-weight)和末端焦点(end-focus)原则解释 it-外位结构(Quirk, *et al.* 1972: 963,1985: 1392f; Huddleston & Pullum 2002: 1405),Fawcett 认为这些原则不能完全解释这一结构,只能解释为什么将主语内容后置,却不能解释为什么 it 及其后面的评价部分要采取这种结构。Fawcett(2003)认为正是因为强化主位的需要才产生了主位加强成分。

以上分析显示,it 在主语外位结构中主要有两种功能。第一,在人际意义上,it 作为主语与操作词一起构成整个句子的语气部分;第二,在语篇功能上,它构成主位强化部分,起加强主位的作用(Fawcett 2003, forthcoming)。尽管在经验意义中无参与者角色,但 it 在人际意义和语篇意义中担负着重要的功能。这两种功能在一定程度上构成这一句型的功能理据(functional motivation),可以解释这一句型为什么以这种特殊的形式出现。

---

① Fawcett 完整的分析为树形图和表格的结合,这里呈现的只是表格中的主位结构部分(cf. Fawcett 2003)。并且,Fawcett 认为在主位分析中没有必要标明述位,因为主位标明了,述位自然就清楚了。

3.4 结语

本章首先综述了有关预指代词 it 的研究,发现这些研究关注的只是 it 语义的虚实,而不是通过考察其在小句中的语法功能来对其进行分析。因而,这些研究对于理解预指代词 it 在实际使用中的意义和功能帮助不大。如果将其置于系统功能语法的框架之下,从三个纯理功能的角度去认识外位结构中的 it,可以发现在分析时不一定要局限于 it 与其所指对象之间的虚实关系,通过分析 it 在不同功能结构中的作用就可较全面地揭示它的语法功能。

第四章

评价型强势主位结构的功能理据分析[①]

4.1 引言

所谓评价型强势主位结构大体相当于传统语法中的外位结构。本章采用这一有功能倾向的术语,因为传统术语预设了外位结构和非外位结构之间的转换关系,如 Quirk 等(1985)认为外位结构由与之相应的非外位结构转换而来,二者表达的命题内容相同:

(1) To hear him say that + surprises me → It + surprises me + to hear him say that (Quirk *et al*. 1985: 1391)

在我们看来,这种转换关系是不存在的。从意义和功能出发,我们可以发现这一结构的两个显著特点:一是这类结构大都表示评价意义;二是在形式上,这种评价意义被置于主句,处于主位突出的位置,并且通过特殊的句法手段使之强势化了(Wang 2008: 3 - 5)。正是基于这两点,我们称这一结构为"评价型强势主位结构"(Evaluative Enhanced Theme Construction,

① 本章原载于《外语学刊》2011 年第 2 期。

EETC)，其典型实例如下：

(2) It was true that she would not enter a shop in her own country. (BNC CDX 2931)①

(3) It is hard to read these sentences without a smile. (BNC A7C 1523)

我们将本结构的语义功能成分分析为②：

表 4.1 EETC 的功能成分分析

<table>
<tr><td>It</td><td>is</td><td>hard</td><td>to read these sentences without a smile</td></tr>
<tr><td>It</td><td>was</td><td>true</td><td>that she would not enter a shop in her own country</td></tr>
<tr><td></td><td>连接项</td><td>评价项</td><td rowspan="2">评价对象</td></tr>
<tr><td colspan="3">评价部分</td></tr>
</table>

在系统功能语法的框架下，外位结构和非外位结构被看成是同一系统中的两个选择项，二者表达的经验意义相同，但语篇意义不同，即彼此相似但不相同(They are alike but different, Berry 1996: 10)。要探讨选择EETC的理据，必须回答这样的问题：为什么说话人选取了系统中的一个选项而不是另一个？要回答这个问题必须以系统中的其他选项为参照。我们认为，这一对相对应的结构属于不同的主位模式(thematic pattern)，就像不同的语气模式表达不同的话语功能、不同的及物性表达不同的经验功能一样，不同的主位模式"不只是可有可无的风格变体；而是语言意义不可分割的一部分"(Halliday 1978: 134)。

系统功能语言学认为，结构是在相关的网络系统中选择的结果。说话人选择某一结构而不选择另外相关的或相应的结构是有充足理由的，即选择是有理据的(motivated)，这就是Halliday(1970: 159)所谓的充分理由原则(good reasons principle)。本章旨在探讨说话人选择EETC而不是与之相应的非外位结构的理据。选择有两个前提条件：可选性和语境。前者使选择成为可能，后者使选择成为必要。可选性是指系统中有可供

① BNC即英国国家语料库(British National Corpus)，后面的字母和数字表示该例句在其中的出处，下同。

② 此处的语义结构分析可以认为是经验功能分析的具体化，it在此功能结构中不充当任何语义角色，故对其不做分析。但它在该结构的人际功能和语篇功能中充当重要角色，4.3.4节在分析EETC的语篇功能时对it作了分析。又见第三章。

选择的选项，结合语境才可以真正探求选择的理据。具体说来，我们将考察重心、信息结构、主位结构、客观性等因素来寻求说话人选择 EETC 的理据。

4.2 EETC 及其对应结构之间的关系

EETC 是一种特殊主位结构，其特殊性在于它的主位部分包含了特殊的句法手段（Gomez-Gonzales 2001：248）（详见下文），与之相对应的非特殊主位结构即是所谓非外位结构，它们表达相同的经验意义。例如，下面两个句子可以视作相同经验意义的不同表达形式：

（4） a. It was true that she would not enter a shop in her own country.（BNC CDX 2931）

b. That she would not enter a shop in her own country was true.

传统文献大都认为（4b）为基本结构（basic/canonical structure）（Huddleston 1984；Biber *et al.* 1999；Huddleston & Pullum 2002），（4a）是由（4b）转换而来。

我们不同意这种观点，理由如下：从数据统计来看，（4a）类结构在各类文体中出现的频率远远高于（4b）类结构。Collins（1994）的统计数据为 92.9%：7.1%，Kaltenböck（1999，2004）的统计数据为 90.2%：9.8%。在系统功能语言学中频率是辨别标记性（markedness）最主要的标准。因此 Kaltenböck（2004：222）认为，"从统计的角度看来，it-外位结构（即 EETC）为原型结构；而非外位结构是一种标记结构，尽管后者从句法上看是原型结构"。同样，Mair（1990：29－30）在语料库调查的基础上得出结论，认为 EETC 是"中性的或非标记形式"。

并且，基于语料库的研究显示，EETC（而不是与之对应的非特殊主位结构）在非正式的、口语化语体中使用更多一些。Kaltenböck（2004：222）的统计表明愈是非正式的、口语化语体中前者的使用频率愈高；愈是正式的语体后者的使用频率愈高。Mair（1990：40）、Collins（1994：8）、Biber *et al.*（1999：676,724－725）等也报告了相同的统计结果。如果某一结构在即兴的、无准备的语体中使用愈频繁，愈有可能属于非标记形式。在非正式的、口头语体中说话人准备话语的时间更少，更倾向于使用基本的结构。

这些证据显示结构原型和功能原型可能不一致。人们会有这样的疑问，即在语法分析时追溯 EETC 原型的做法是否可取，因为这种原型尽管在句法上更合常态但却更复杂、更少见或根本不可接受；相比之下，转换后得到的结构反而更自然、更常见（Mair 1990：30）。在系统功能语言学的框架之下，EETC 及其对应结构被看作是属于同一系统的两个选择项，就像主动结构和被动结构属于同一系统的两个选择项一样。基于上述原因，我们认为 EETC 是该系统中的非标记选项，这两个选项之间没有一一对应的关系，它们之间不是任意的、无理据的转换关系。说话人在此系统中的选择依赖于语境，并且有相当多的功能因素在此选择中起作用。

4.3 EETC 的功能理据

4.3.1 语法因素

在有些情况下，语法因素使我们不得不选取 EETC，这就是传统语法中所谓的强制外位结构①（obligatory extirpation）（Quirk *et al.* 1972：964），如：

（5）a. It would seem that students need something in the way of formal

① 有些学者（如 Huddleston & Pullum 2002：960－962；Seppänen & Herriman 2002）与 Quirk 等人的观点不同。他们认为这类结构不属外位结构，因为其中 seem 和 appear 是连系动词，其后的 that-从句是表语从句（而不是后置的主语从句），因此不存在强制外位结构。

instruction as well as acquisition by natural exposure and engagement. (BNC CBR 243)

b. * That students need something in the way of formal instruction as well as acquisition by natural exposure and engagement would seem.

(6) a. It would appear that the injector pump timing is set incorrectly. (BNC AN2 275)

b. * That the injector pump timing is set incorrectly would appear.

我们(Wang 2008,参见 Fawcett 2003)认为所谓的强制外位结构仍属于 EETC①,如果在 seem 和 appear 的后面补上 to be the case/to be true,就成了典型的 EETC,而表达的意义不受影响,并且与之对应的非特殊主位结构是可以接受的:

(7) a. It would seem *to be the case/to be true* that students need something in the way of formal instruction as well as acquisition by natural exposure and engagement.

b. That students need something in the way of formal instruction as well as acquisition by natural exposure and engagement would seem *to be the case/to be true*.

(8) a. It would appear *to be the case/to be true* that the injector pump timing is set incorrectly.

b. That the injector pump timing is set incorrectly would appear *to be the case/to be true*.

这是因为 seem 和 appear 表示评价意义,即它们分别实现各自结构中的评价项(它们表达的评价意义为言据性(evidentiality)意义)(Wang 2008),而 to be the case/to be true 在此结构中几乎不表示评价意义,故可省略。一旦省略,整个小句的句法结构发生了变化。从人际功能的角度看,在 EETC 中,that 从句在省略前充当两个补足语中的一个(另一补足语是 to be the case/to be true),省略后充当唯一的补足语(Wang 2008; Huang 1999: 194; Fawcett 2000: 304 - 305,2003)。这种变化如表 4.2、表 4.3 所示:

① 类似用法的词还有 happen、chance、occur 等等。

表 4.2 (6a)的人际功能分析(省略前)

It	would	appear	to be the case/ to be true	that the injector pump timing is set incorrectly
主语	限定词	谓体	补足语	补足语
语气			剩余成分	

表 4.3 (6a)的人际功能分析(省略后)

It	would	appear	that the injector pump timing is set incorrectly
主语	限定词	谓体	补足语
语气			剩余成分

通过以上对比可知,在省略前,由于小句有两个补足语,即使 that-从句提前,seem 和 appear 仍后接补足语,故(7b)和(8b)是可以接受的。如果选用(5b)、(6b),that-从句分别充当小句的主语,小句的补足语空缺,而 seem、appear 等词要求后接补足语,所以(5b)、(6b)不可接受,必选 EETC。

除此之外,决定说话人选择 EETC 的语法动因还有:EETC 中主语和限定成分的倒装(如在一般疑问句中)以及评价项前置(如为了强调等):

(9) a. *Is it not possible to* put many of those documents in the public domain and publish them as Public Accounts Committee documents? (BNC HHV 24967)

b. * Is not to put many of those documents in the public domain and publish them as Public Accounts Committee documents possible?

(10) a. … *how agreeable it would be* to find these delicious potatoes on an English restaurant menu today … (BNC EFU 614)

b. * How agreeable to find these delicious potatoes on an English restaurant menu today would be.

(11) a. *True it was* that … (BNC H81 1119)

b. * True that … was.

从传统语法的角度看,说话人选取 EETC 是由于句法上的限制,但在功能语言学看来,为了达到特定的话语功能(如提问、感叹、强调等),说话人选取了 EETC。因为这些功能属小句的人际功能,它是通过主语(即 it)与相关成分的组合实现的(王勇 2005)。

4.3.2 末端重心原则

小句中不同成分的长度、复杂程度不一,重量不等。例如,实现主语的名词词组可以是代词或者是包含前置修饰语和后置有修饰语的复杂结构,后者的重量显然大于前者的重量。小句中不同重量成分的分布遵循这样的原则,即较长的或较复杂的成分倾向于置于句子的末端,这就是末端重心原则(end-weight principle)(Biber *et al.* 1999: 898; Huddleston & Pullum 2002: 1370)。

末端重心原则与末端焦点原则(end-focus principle)不同,二者是不同范畴的概念,在小句中的作用也不相同。焦点是小句的信息结构中的一个成分,而重心则是一个与语言单位的长度或复杂程度有关的概念(参见下节)。重量的概念经常被用于解释 EETC(Jespersen 1937/1965: 73; Quirk *et al.* 1972: 963,1985: 1391; Huddleston 1984: 453; Huddleston & Pullum 2002: 1404 – 1405; Collins 1994: 15; Kaltenböck 1999: 165 – 167, 2004: 227 – 229; Gomez-Gonzales 2001: 271)。如 Huddleston (1984: 453)认为,"外位结构的一个主要效果是较重的单位在句子的末尾出现,这样整个句子处理起来就更容易些。内嵌的小句越长,就越有可能选用外位结构。"

有学者通过语料库统计考察过 EETC 中评价部分和评价对象的相对重量,他们的一致结论是选择 EETC 与末端重心原则相符。这些学者通过计算单词数量的办法来比较各成分的重量。例如,Collins(1994: 17)发现评价部分的平均重量要比评价对象轻得多,二者的单词数之比为 4.4 : 12.4。相形之下,EETC 的对应结构的各成分的重量分布就要平衡一些:评价对象和评价部分的单词数之比为 13.1 : 10.5。Collins 指出,这对对应结构在重量分布上最大的悬殊在于评价部分的重量: EETC 中主句较轻,平均为 4.4 个单词;而其对应结构中评价部分则重得多,平均为 10.5 个单词。这种差别说明末端重心原则在 EETC 的选择中发挥作用。

Kaltenböck(1999：165－167,2004：227－229)统计得出的结论与 Collins (1994)一致,尽管具体数字略有差别。

本章不准备再进行新的统计,这种统计没有必要,因为其结果完全可以预料。我们同意这样的结论,即末端重心原则是影响说话人选择 EETC 的重要因素之一。与此同时,我们认为重量不是决定选择 EETC 的唯一因素,因为有些实例与这一原则相悖,仅凭末端重心原则是无法解释的。如:

(12) It is too early to say whether this is the way the brain works but, as Rolls (1987) points out, *it would make a lot of sense of a lot of uninterpretable data if it was*; it also makes sense on logical grounds, ...① (BNC CMH 1569)

(13) *It does not take an intimate knowledge of logic, never mind Greek and Hebrew, to conclude that they cannot all be right.* (BNC B1J 842)

另一方面,说话人选取 EETC 的对应结构也不一定是这一原则作用的结果,例如:

(14) But, we must never forget, most of the appropriate heroes and their legends were created overnight, to answer immediate needs ... Most of the legends that are created to fan the fires of patriotism are essentially propagandistic and are not folk legends at all ... Naturally, such scholarly facts are of little concern to the man trying to make money or fan patriotism by means of folklore. *That much of what he calls folklore is the result of beliefs carefully sown among the people with the conscious aim of producing a desired mass emotional reaction to a particular situation or set of situations is irrelevant.* (Huddleston & Pullum 2002：1405)

以上三个例子表明,有除末端重心原则以外的因素在 EETC 的选择中起作用,并且可能凌驾于末端重心原则之上。下文探求这些因素。

---

① 与传统语法不同,我们认为评价对象为 if-从句的结构也属于 EETC,因为它符合我们在“引言”中所作的描述。

4.3.3 EETC 作为一种信息包装手段

小句的语篇功能包括两个方面,即信息结构和主位结构。本节探讨 EETC 的信息结构。在小句的信息结构中,说话人将某一成分作为新信息呈现出来。所谓新信息就是说话人让听众将其视作新的、意料之外的或重要的信息,旧信息是听众已知的或已经给出的信息(Halliday 1994:59)。在小句的信息结构中,新信息是突出成分,通常通过声调突出来实现。声调突出的成分即是信息焦点,通常位于信息结构的末端,这即是末端焦点原则(the end-focus principle)(Quirk *et al.* 1985:1357;Halliday 1994:296;Huddleston & Pullum 2002:1370)。

一般认为,末端焦点原则是说话人选择 EETC 的重要理据之一。例如,Huddleston(1984:453 - 454)、Collins(1994)、Kaltenböck(1999,2004)、Gomez-Gonzales(2001:271)及 Miller(2001)在各自研究的基础上分别得出结论认为,语境在说话人选择 EETC 或是其对应结构时起重要作用,即在某一语境中如果评价对象的内容是已知信息,则更倾向于选择对应结构,如果从属句包含语篇的上文没有给出的信息,多会选择 EETC。

末端焦点原则和末端重心原则相互协调,相互加强。新信息往往需要更充分的陈述,因此重量更大些。相反地,旧信息通常通过较简短的形式来表达,因此重量更轻。正因如此,绝大多数 EETC 是与这两个原则相一致的。但这并不排除这两个原则相矛盾的情形。一旦出现这种情况,末端焦点原则往往凌驾于末端重心原则之上,因为语言手段最终服务于传达信息、完成交际的目的。(14)中重量分布不平衡是因为 that-从句是对上文的总结,它传达的是旧信息,整个句子符合信息分布的规律。

但是,即使将这两个原则结合起来仍然解释不了某些情形,例如在(12)中,这两个原则都破坏了,it would make a lot of sense of a lot of uninterpretable data 是新信息,if it was 是旧信息。Kaltenböck 的统计显示,28.5% 的 EETC 中,评价对象传递旧信息,这是一个相当大的比例,我们不能简单地视之为例外情况了事。为了解释这些所谓的例外情况,我们有必要重新审视一下新旧信息的概念。Kaltenböck(1999, 2004) 基本上是从听众的角度来定义新旧信息①，即根据信息的可检索性（retrievability）辨别新旧信息。如果我们将视角从听众转到说话人，会发现那些不好解释的情形不再是难题了。事实上，Halliday（1994：299，336）明确指出新旧信息是以听众为导向（listener-oriented）的，但却是说话人选择的结果（speaker-selected），是说话人使得听众将某一信息处理为新信息或旧信息。

在理解新旧信息的时候，有三点必须注意：（1）新旧信息其实是说话人给听众的一种指示，听众根据这种指示去诠释已经说出的内容，并将其与已经获得的信息联系起来。（2）新旧信息不应根据可检索性或熟悉程度来辨别。小句的任何一个部分都可作为新信息呈现出来，不管它的可检索性如何。（3）将某一成分呈现为新信息或旧信息取决于说话人。

新旧信息间的区别不在于客观上的可检索性，新信息可以是上文出现过的信息或听众熟知的信息。当然，在一般情况下，新信息与不可检索的信息相对应，旧信息与可检索的信息相对应。但例外情形并不少见。例如，

（15）If I judge that the agreement is not in the interests of this country, *it would not be right for me to sign it* and I will not sign it.（BNC HHV 476）

尽管上例中的评价对象 for me to sign it 表示一种可检索的实体，其中的 me、it 以及 sign 都可以从上文中推导出来，但整个成分的信息价值就在于它实现一种变量。这个变量就是评价对象。因为与其相对应的评价部分已经给出，评价对象就自然而然成了说话人要呈现的新信息。这就是说，在所有 EETC 中，评价对象都是作为新信息呈现出来的，它的信息价值在于它实现了评价对象这个变量，这个变量与评价项构成一种评价关系。因此，我们可以进一步说，某一实体的信息状态不是指称性的（即与定指和非定指没有必然的联系）而是相对的。正如 Gomez-Gonzales（2001：35）所言，在某一范围内（如小句）旧信息之所以为旧是相对于新信息或焦点而言的；新信息之所以为新是相对于旧信息而言的。同样地，Lembrecht（1994：209）认为，新信息在事先没有联系的两个成分之间建

① 事实上，Kaltenböck（1999：170－171）也承认从说话人的视角来辨别新旧信息更符合信息概念的心理事实，他采取听众的视角，以可检索性为标准，因为这样可操作性更强些，更易用于语料库研究中。

立一种联系：信息不是由单个的词或单个的句子成分表达的，而是通过实体或特征与命题之间的关系来表达的。相应地，信息焦点通过语言上的手段来表达这种关系，而不是将句子成分所代表的实体或特征表示为新信息。

据此，我们认为说话人将评价对象置于信息焦点的位置，评价对象作为新信息其新不在于这一实体本身的信息状态。EETC 的信息意义在于整个小句，在于评价项和评价对象之间的评价关系。尽管这二者均有可能在客观上为可知信息，但它们之间的评价关系即是整个小句的信息意义所在，表达评价关系正是说话人的交际意图所在。如果我们从说话人的角度，将信息看成关系性的而不是指称性的，上文中那些例外的情况就可迎刃而解。

4.3.4 EETC 作为主位包装的手段

就小句的语篇功能而言，小句中有两种突出位置，即主位突出和焦点突出。学者们对后者注意较多，但前者也是小句语篇功能非常重要的一个方面。要全面地了解 EETC 的动因，我们需要考察它的主位结构。以上的考察充其量只能解释为什么评价对象位于 EETC 的末端并处于焦点突出的位置。至于为什么评价项总是位于句首部分，我们不得而知。

就信息结构而言，作者将评价项作为已知信息呈现出来，评价对象因实现一个未知变量而成为信息的焦点。因此，Gomez-Gonzales (2001: 271)认为，焦点突出可以解释为什么评价对象位于 EETC 的末端，主位突出可以解释为什么评价项位于句首。在这一结构中，评价项作为整个小句的信息出发点，表明整个小句将和这一评价相关，同时为这个小句提供一个框架，后面的信息将在这一框架下呈现出来。正是在这些意义上，我们认为，评价项是整个 EETC 的主位，处于主位突出的地位。EETC 的主位结构分析为：

表 4.4 EETC 的主位结构分析(I)

It was good	to see you after a long time
主位	述位

EETC 的特别之处在于，评价项不是简单地置于句首，而是与 it 和连接项一起构成一个主句（即评价部分）。正因如此，EETC 才和评价性副词引导的小句不同：

（16） a. It is *possible* that a failure to distinguish between the two sexes can explain the lack of agreement.（BNC FED 53）

b. *Possibly*, a failure to distinguish between the two sexes can explain the lack of agreement.

在以上两例中，possible 和 possibly 分别居于主位，地位突出，但在（16a）中，it is possible 构成主位部分，而在（16b）中，possibly 只是主位的一部分，即人际主位，它必须和后面的经验主位（即 a failure to distinguish between the two sexes）一起才能构成完整的主位（参见 Halliday 1994：52－54）。在前者中，it is 使 possible 强势化，这样评价部分可构成主位部分。it is 充当主位加强部分，possible 即是被强势化了的主位：

表 4.5　EETC 的主位结构分析（II）

It was	good	to see you after a long time
主位加强部分	强势主位	述位
主位		

以上的分析从功能的角度不但可以解释为什么评价项位于句首部分充当主位，而且解释了为什么这一结构在句法上采取这种特殊的形式：it is 的作用在于加强评价项 possible，使之处于主位突出的位置，并为整个小句的信息发展提供一个框架（即评价），使听众在这一框架下处理后面跟随的信息，这就是称这一结构为“评价性强势主位结构”的主要原因。这种强势化是通过两种句法手段来实现的：其一，评价项被置于句首部分（但不是起始位置）；其二，说话人通过 it is 预示真正的主位将随后出现，通过这种预示，主位部分得到了加强。正是在这种意义上，我们认为 EETC 是一种主位包装的手段。将 EETC 的主位部分分析为强势主位结构比末端重心、末端焦点原则等更能解释 EETC 结构上的特殊性（参见 Fawcett 2003）。

4.3.5 客观性

在系统功能语法的情态系统(Modality System)中,"客观"是相对于"主观"的一种导向(orientation)(Halliday 1994：360)。说话人用很多方式来表达观点,甚至可以在表达观点的同时不让人觉得他是在表达自己的观点。以下是两种表达说话人对命题"Mary doesn't know"的观点的方式,(17)为主观的方式,(18)为客观的方式(Halliday 1994：355)①。

(17) I think Mary doesn't know. (主观)

(18) It's likely Mary doesn't know. (客观)

上述两例中的情态意义都是通过隐喻化的手段以统领小句的形式表现出来的(ibid.)。在(17)中,Mary doesn't know 通过 I think 投射出来。在投射小句中(I think),说话人以明示的方式表达自己的观点;这一统领小句的主语是 I,即说话人将对整个小句的有效性负责,说话人明显地参与眼前的交际事件之中。这样,(17)表现出了较明显的主观性。在(18)中,通过 EETC 这种手段,说话人同样以明示的方式表达了自己的观点,但说话人不出现,统领小句的主语是 it,它对这个结构的有效性负责,但 it 不指代任何事物。这样,本来是说话人作的判断仿佛成了别人的观点②,因而显得更客观些。因此,我们认为,EETC 可用于客观地、明示地表达说话人的观点(参见 Halliday 1994：75－78)。

Herriman(2001)指出,如果 I think 作为主句,发表观点的人明白地出现了,说话人成了此观点的责任人,也显出此观点的主观性。相反地,通过将主句的主语编码为一个非人称代词(impersonal pronoun)it,真正发表观点的人(往往是说话人)可以不出现,这一观点仿佛成了客观的事实或大家的观点。Herriman 进而认为,当某一观点的发出者不为人所知,或者这一观点仿佛是作为普遍接受的观点提出来时,要挑战这样的观点会非

① 这两例都以明示的方式表达情态意义,即情态意义以小句的形式表现(并且是统领小句)(参见 Halliday 1994：356)。

② 我们(Wang 2008)的考察表明,在绝大多数情况下,EETC 表达的是说话人的评价。如果 EETC 表达的是别人的评价,评价者多会出现于 EETC 中。

常困难(相对于那些有特定发出者的观点而言),这和对客观事实的陈述仿佛是一样的,因而显得更客观。Martin(1995：44)将 EETC 描述为"明示的客观隐喻"(explicit objective metaphor)①。他认为,"明示的客观隐喻运用名物化,而不是通过投射小句,将说话人和评价分离开来,并且评价被重新编码为一种经验意义而不是作为人际意义呈现出来。评价不会成为直接争端,并且评价发出者不会受到挑战。"还有其他学者(如 Collins 1994：22；Gomez-Gonzales 2001：272)也针对 EETC 得出了相同的结论。

基于语料库的研究显示,EETC 在新闻类及学术类语篇中出现得较多。Herriman (2000)发现,在她调查的几类文体中,社论中的 EETC 出现的频率较高;Biber 等人(Biber *et al.* 1999：674)的统计显示,EETC 在新闻报道和学术文体中出现的频率较高。究其原因,是因为说话人客观的立场在这些语篇中尤为重要,因此,EETC 就成了说话人取得这种交际效果的一种有效的选择。

4.4 结语

本章首先在系统功能语言学的框架之下阐明 EETC 和它相应的非特殊主位结构之间是同一系统中的两个选择项的关系,而不是任意相互转换的关系。我们认为前者(而不是后者)是非标记选择项,这从二者的出现频率可以看出。尽管表达的概念意义大体相同,但二者在实际使用中的表现大不一样,它们并不是任意互换的,它们之间不存在一一对应的关系。说话人选择其中任何一项都有其功能上的理据。这些理据包括：语法因素、末端重心原则、信息包装、主位包装和客观性五个方面。

在考察过程中,我们既解释了为什么评价对象位于 EETC 的末端,又解释了为什么评价项位于句首,还解释了评价部分特殊的句法特征。我

① 这里的隐喻指语法隐喻(参见 Halliday 1994)。

们发现,末端重心原则和末端焦点原则基本可以回答第一个问题。需要指出的是,就信息结构而言,我们采用说话人的视角而不是听众的视角去看待旧信息和新信息。评价项从客观上讲是不可检索的信息,说话人把它作为旧信息呈现出来,以便后面的评价对象与之通过评价关系联系起来。尽管评价对象常常包含一些可检索的成分,但它还是作为新信息呈现出来,其信息意义在于和评价项之间的评价关系。

为回答后面两个问题,我们考察了 EETC 的主位结构及其客观化功能。我们认为 EETC 不只是一种信息包装手段,也是一种主位包装手段。通过这一手段,评价项不但前置了,而且被主位加强成分(即 it+连接项)强势化了,这个结构变成了一种强势主位。同时,这一结构以非人称代词 it 作主语,并且评价的真正发出者可以不出现,整个结构产生了一种客观性效果,它所表达的评价也不易受到挑战。

需要指出的是,我们并不需要在这五个方面的理据中作选择。它们是相互协调的,共同为说话人的语篇目的服务。例如,将评价项编码为句首成分,评价对象自然而然地处于句末了。尽管这五个方面的理据都不是 EETC 所独有的,但它们组合在一起,相互协调、相互作用,使得 EETC 成了说话人在特定语境下必要的、合适的选择。

第五章

评价型强势主位结构的语篇功能①

功能语言学多从三种视角研究语言的结构：自下而上、自上而下以及同一层面的研究。本章从语篇的角度探讨评价型强势主位结构在语篇组织中的功能，属自上而下的研究。

语篇是一种语义单位，它所包含的句子或句群之间是通过语义联系起来的。另一方面，评价意义在语篇组织中扮演着重要角色。那么，作为一种表达评价意义的典型句型，EETC 在语篇组织中扮演怎样的角色呢？本章旨在通过考察 EETC 在实际语篇中的功能来回答这一问题。此外，我们也将考察不同类型的 EETC 在语篇结构中的不同作用，并试图探讨这种不同在本体特性上的根源。

5.1 语篇中的评价

语言在表达命题意义的同时，还表达主观评价意义。尽管不同的学

---

① 本章原载于《英语研究》2006 年第 4 期。

者用不同的范式来呈现语言的这两个功能，但大致都同意不同语域的语篇都会有评价意义贯穿始终。如 Labov、Hoey 及 Sonja Tirkkonen-Condit 提出的语篇的语义结构模式中都包含有评价成分（参见王勇、黄国文 2006）。Vološinov（1973：105）指出，

> 所有的话语都含有价值判断，每一话语都有一种评价取向（evaluative orientation）。因此，使用的话语中每一个成分不只有意义，而且蕴含一定的价值。（转引自 Sarangi 2003：165）

评价不只是语篇语义结构的一部分，它还是任何语域语篇的旨意（point）所在。Hunston（1994：206）说过，"任何体裁中的评价的作用都是向读者表明语篇（或部分语篇）的旨意"。

作者的意图不止满足于客观地呈现信息（事实上，不存在绝对的客观呈现），呈现信息的旨意在于直接或间接地表达对所呈现信息的评价，任何语篇都是如此（参见 Hunston & Thompson 2000；Davidse & Simon-Vandenbergen 2001；Macken-Horarik & Martin 2003）。即使在科技语篇中，作者的意图不仅在于报告其试验，还有一个更重要的意图是告诉读者对这一报告的诠释、假设等，这就是这类语篇中讨论部分和结论部分的旨意所在（Hunston 1994，2000）。

因此，评价是任何语篇不可缺少的特性，这种特性在语篇的语义结构中表现出来。有评价就意味着说话者与读者之间的互动和协商，作者会设法让读者接受他的评价。反过来，评价在语篇的组织中扮演重要角色（参见 Hunston 1994，2000；Thompson & Zhou 2000）。Bolívar（2001：131）将语篇看作一种互动过程，其中评价起着影响语篇结构的重要作用。Hunston（1994）的分析表明，学术文体中的评价可以分为不同类型，可通过不同类型的评价之间的界限来辨认语篇单位。例如，她发现相关性评价（即有关信息重要性的评价）可以将较大篇幅的语篇联系在一起。这样，评价可以帮助我们发现语篇的组织结构。由于评价大都出现于语篇单位的边界部分，可以通过分析评价意义是如何表达和发展以及如何融入语篇来分析语篇的组织结构。评价往往是作者表述的观点，这种观点通常会得到进一步证明、解释或说明，以使读者能够接受该观点。因此，从语篇组织的角度来看，评价需要在其上文或下文中得到证明、解释或说明。如果说表达评价意义是说话者的重要目的，那么"评价+评价依据"是一种重要的

语篇组织模式，即评价大都可在上下文中找到依据。“评价+评价依据”模式是语篇组织的一种基本的（甚至是最基本的）逻辑语义关系（Hoey 1983，2001；Jordan 2001）。这种关系形成一种语义块在语篇组织中发挥作用。

5.2 EETC 的语篇功能

语篇是一个“语义流动”（semantic flow）的动态过程（Halliday 1982：219），这种语义流动通过语篇的“主位”和“述位”的渐强渐弱（diminuendo-crescendo movement）过程表现出来（Halliday 1982：219－220；Halliday & Hasan 1985：181－182；Martin 1992：437；Martin & Rose 2003）。产生语篇的过程，是从主位向非主位过渡的运动过程，同时又是从非新信息向新信息过渡的运动过程。Halliday（1982：229）认为，段落与小句类似，段落的典型发展模式，是从话题句开始，在中间部分展开分述，到末尾发展至高潮。Martin（1992：437）称这种与小句的主位和新信息相仿的成分为超主位（hyper-Theme）和超新信息（hyper-New），前者预示着某一段落将与什么有关，后者告诉我们这一段落的主旨（Martin & Rose 2003：182）。超主位和超新信息是互补的两个功能，分别起着瞻前顾后的作用。

前面两章提到，EETC 一般都表达评价意义。由此可以假设，这一结构在语篇组织中的作用由评价意义与上下文的语义关系体现出来。在书面语篇中，EETC 以句子的形式出现，而段落是由彼此在语义上发生联系的句子组成。因此，我们关于 EETC 语篇功能的讨论限定在段落范围之内。

在段落中，超主位和超新信息构成两个突显的位置（Martin 1992：437），分别起前瞻和后顾的导向作用。EETC 作为一种强势主位结构，本身就具突出性；当它出现在段首或段末的时候，这种突出性与超主位和超新信息的突出性相得益彰。同时，由于 EETC 表达评价意义，其上下文通常会为这种评价意义提供依据。EETC 通过“评价+评价依据”语义关系与上下文形成语义块。作为超主位，EETC 通常会与下文形成“评价—评价依据”语义块；作为超新信息，EETC 通常会与上文形成“评价依据—评价”语义块。这种语义成块的特性与超主位和超新信息的前瞻和后顾的功能相契合。下面我们分别考察当 EETC 充当超主位和超新信息时,其语篇功能的具体情况。

5.2.1 EETC 充当超主位

Martin 和 Rose (2003: 183)发现,超主位多半会表达评价意义,这种评价经常在下文中得到证明。EETC 是最常见的充当超主位的句型之一。此时,它和下文形成“评价—评价依据”的语义块,如下例:

(1) [1] *It is unlikely that the world will be transformed by some extraordinary invention in the next few decades.* [2] New technology takes time to develop, be implemented and then to have important transformative effects. [3] Any technology which is to have significant social, economic and linguistic effects in the near future will be already known. [4] David (1990) shows how the introduction of the dynamo — permitting commercial use of electricity — took, from the early 1880s, another 40 years to yield significant productivity gains. [5] Likewise, the building of the first computers and development of high-level computer languages in the 1940s only now have a significant impact on people's work and leisure. [6] The impact of technology on everyday life is determined by the speed of institutional and social change rather than by the speed of technological invention and scientific discovery.①

例(1)中的 EETC([1])对 that-从句所表达的命题做出评价(unlikely)。要想读者接受这个评价,作者必须回答这样的问题: Why is it unlikely? 事实上,整个段落的下文回答了这个问题。第[2]、[3]句在总体上为[1]提供依据。其推理是这样的:新技术给社会生活带来重大变化需要一定的时间,如果某一技术将要产生这种变化,现在必为人所知,

① Graddol, D. 1999. *The Future of English?* 北京:外语教学与研究出版社,p.30。

但这样的技术现在还没有出现，所以可得出[1]的评价，即世界不大可能在未来几十年里为重大发明所改变。[4]、[5]句通过发电机和计算机技术的特例对[2]、[3]句作进一步阐述。第[6]句在总体上进行解释。我们可以说，[2]、[3]、[4]、[5]、[6] 句共同为[1]中的评价提供依据。

5.2.2 EETC 充当超新信息

EETC 经常出现的另外一个位置是段落的末尾，此时它通常会充当超新信息，表达整个段落的旨意。和超主位一样，超新信息也是段落的一个突出成分，作为一种强势主位，EETC 可帮助突出超新信息，如下例：

(2) [1] English is rarely the main, or direct cause of this language loss, but its global high profile and its close association with social and economic changes in developing countries are likely to make it a target for those campaigning against the destruction of cultural diversity which language extinction implies. [2] *It would not be surprising if anti-English movements worldwide begin to associate language loss with the rise of global English.*①

例(2)中，作者的旨意是告诉读者反英语者多将语言消亡和英语在全球日益上升的地位联系起来，这种做法不足为怪。实际上，这种联系没有多少根据，因为英语日益上升的地位和其他语言的消亡之间没有直接联系。作者之所以认为如果有人这样联系也不足为怪，是因为英语较高的国际地位及其在发展中国家与社会、经济变化的紧密联系，容易使之成为反对的目标。这样，此例中的[1]、[2]之间构成评价依据和评价的关系，即[1]为[2]提供评价的依据。

这个例子表明，当 EETC 位于段末时，其语篇功能与其位于段首时不同。当其位于段首时，作者先给出评价，然后在后文中提供依据；当其位于段末时，作者先给出依据，在此基础上再给出评价。前者向后形成语义块；后者向前形成语义块。

---

① Graddol, D. 1999. *The Future of English?* 北京：外语教学与研究出版社，p.39。

不难看出，EETC 位于段首或段末的这种导向性正好和超主位及超新信息的导向性相吻合。EETC 位于这两个位置时刚好可以通过“评价+评价依据”的语义关系完成超主位或超新信息所具有的前瞻或后顾的功能。

5.2.3 其他语篇功能

5.2.3.1 EETC 位于段落中间时的语篇功能

除了在段首和段末充当超主位和超新信息外，EETC 也可能位于段落的其他位置。这时其语篇功能也会有所不同。这种不同主要表现在作用范围上。当 EETC 位于段落中间时，其语篇作用的范围不会延伸到整个段落。但这时 EETC 的语篇功能仍可通过与上下文的“评价+评价依据”的语义联系体现出来。这一点与上面讨论的情况是相同的。

在例(3)中，EETC([5])与后文中的评价依据形成语义块，因此它有前瞻的功能：

(3) [1] Wartime leaders have always faced the worst fear: defeat in battle. [2] But in democracies at least, war leaders also confront another danger: success. [3] The qualities that make for great statesmanship in wartime — determination, a single focus on victory, a black-and-white conviction of who is friend or foe — can often seem crude or overbearing when peace comes around. [4] The most dramatic example of this in Western history is Winston Churchill. [5] *It is no exaggeration to say that without him, Britain may well have been destroyed by Hitler.* [6] He was the difference between victory and defeat. [7] But almost the minute that victory was declared, the voters turned on their hero. [8] He lost the postwar election. [9] Even more striking, he lost it in one of the biggest landslides in Britain's parliamentary history. [10] He wasn't just defeated. [11] He was buried.①

① *Time*, March 8, 2004: 56。

本段讨论战争年代与和平年代需要不同的政治才能，并以丘吉尔为例说明，战争年代的政治英雄会变成和平年代的失败者。[1]、[2]、[3]句表明作者总的观点，[4]、[5]、[6]、[7]、[8]、[9]、[10]、[11]句通过丘吉尔的实例证明这一观点。[5]是一个EETC的例子，它与[6]形成"评价+评价依据"的语义关系。[5]、[6]、[7]、[8]、[9]、[10]、[11]是对[4]的具体说明。此例中的EETC的语篇作用范围较小，它只是与[6]形成一个语义块，这个语义块再通过其他的语义关系与其上下文联系起来。

与(3)不同，(4)中的EETC与上文形成"评价依据—评价"的语义块：

(4) [1] The quantity of Internet materials in languages other than English is set to expand dramatically in the next decade. [2] English will remain pre-eminent for some time, but it will eventually become one language amongst many. [3] *It is therefore misleading to suggest English is somehow the native language of the Internet.* [4] It will be used in cyberspace in the same way as it is deployed elsewhere: in international forums, for the dissemination of scientific and technical knowledge, in advertising, for the promotion of consumer goods and for after-sales services.①

此例中，EETC（[3]）中的评价建立在[1]、[2]句的基础上，[4]是对[3]的进一步阐述。这样，[1]、[2]、[3]形成一个"评价依据—评价"的语义块。

5.2.3.2 引进反论点

到目前为止，我们讨论的EETC主要是通过"评价+评价依据"的语义关系在语篇组织中发挥作用。除此之外，EETC也可以通过其他语义关系与其上下文联系起来，我们将考察这些语义联系。

第一种情况，EETC用于引进一个反论点，这种论点一般都会在后文中被作者推翻，如：

(5) *It has been suggested that the English language will provide the key to*

---

① Graddol, D. 1999. *The Future of English?* 北京：外语教学与研究出版社，p.61。

Britain's economic prosperity in the future. After all, if much of the world's business is conducted in English, this surely will be of advantage to native speakers. This book presents arguments which challenge this idea and suggests that in future Britain's monolingualism may become a liability which offsets any economic advantage gained from possessing extensive native-speaker resources in the global language.①

本段中,作者首先通过 EETC 引进一个反论点,即(it has been suggested) that the English language will provide the key to Britain's economic prosperity in the future。EETC 表达的评价意义是言据性(evidentiality)(通常不需要为这种评价意义提供依据),它表明后面的观点不是作者提出的(Wang 2006),因而很可能是一个反观点。在此例中,作者正是为了反驳才引进这一观点。作者首先假设了一种与事实相反的情况,并由此推出相应的结果。然后指出本书中提供的论据表明事实与假设的情况完全不同,因此,英国的单语政策(monolingualism)可能给它带来极大的弊端。从语篇组织的角度看,作者提出反论点,在后文对其进行反驳,并在此基础上提出自己的观点,这本身就是语篇组织的策略,EETC 在这种策略中起着重要作用。

5.2.3.3 引进让步关系

EETC 与其上下文可能形成的另外一种关系是让步关系。这种情况下的 EETC 多由 it is true that …, it may be true …, it seems that …引导,例如:

(6) [1] Cowardice is *prima facie* a fault of the Chinese; but I am not sure that they are really lacking in courage. [2] *It is true that, in battles between rival tuchuns, both sides run away, and victory rests with the side that first discovers the flight of the other*. [3] But this proves only that the Chinese soldier is a rational mean. [4] No cause of any importance is involved, and the armies consist of mere mercenaries.

① Graddol, D. 1999. *The Future of English?* 北京:外语教学与研究出版社,p.67。

[5] When there is a serious issue, as, for instance, in the Taiping Rebellion, the Chinese are said to fight well, particularly if they have good officers. ...①

上例中,[2]与[3]、[4]、[5]形成让步关系。作者首先承认[2]表述情况是真实的。尽管如此,这种观点与后文中作者要表述的观点相比,是不相关或不重要的,因为[2]并不表明中国人怯弱,相反说明中国人理智。作者进而用太平天国的事例表明,中国士兵是勇敢的。这样,[2]与[3]、[4]、[5]形成的让步关系语义块支撑作者在[1]中表明的总的观点。

当用于引进反论点或让步关系时,EETC 与上下文之间不再是“评价+评价依据”的语义关系。这是因为,此时 EETC 表达的评价意义不需要证明：当 EETC 用于引进反论点时,它只是表明这种论点不是作者所持的,将要被反驳;当它用于引进让步关系时,尽管作者承认相关事实,但这一事实与作者所要表述的观点相比,不相关或不重要。在这两种情况下,尽管 EETC 与其上下文不存在“评价+评价依据”的语义关系,但作者仍以 EETC 所表达的评价意义为参照组织语篇。

5.3 EETC 的不同类型及其与语篇功能的相互关系

为了讨论方便,我们可以对 EETC 作简单的结构分析,即将其分析为评价对象、评价成分及连接项三个成分。

表 5.1 EETC 的结构分析

It	was	true	that she would not enter a shop in her own country
	连接项	评价成分	评价对象

① Russell, B. 1994. The Chinese Character (2). *Yingyu Shijie* (《英语世界》“*The World of English*”),第 6 期：14－27。

评价对象是指被评价的实体(如事件、行为、状态、命题等)。评价成分是用来评价评价对象的成分(可由名词、形容词、动词等实现)。连接项是用于连接评价对象和评价成分的成分(典型的连接项由连系动词实现)。

这里所说的不同类型的 EETC,是根据评价对象分类的。EETC 中的评价对象有两大类,即二级实体和三级实体[①]。二级实体作为评价对象主要由不定式小句、-ing 小句、that 小句或 if 小句表示,如下例中的 to read these sentences without a smile:

(7) It is hard to read these sentences without a smile. (BNC A7C 1523)

三级实体作为评价对象一般由 that 小句、wh-小句表示,如表 5.1 中的 that she would not enter a shop in her own country。

这样分类后,我们发现上述有关 EETC 的语篇功能的讨论中,只有(2)中的评价对象属二级实体(其中的 if-小句表示状况/条件)[②],其他的 EETC 中的评价对象都是三级实体。由此我们会做这样的假设:我们在上文中所讨论的语篇功能都是由三级实体作为评价对象的 EETC 来实现的。那么二级实体作为评价对象的 EETC 的语篇功能是怎样的情形呢?先看例(8)和(9):

(8) [1] In the 19th century, *it was common to refer to English as "the language of administration" for one-third of the world's population.* [2] *It is interesting to compare this figure with Crystal's present-day estimate (1997) that the aggregated population of all countries in which English has any special status (the total number of people "exposed to English"), represents around one-third of the world's population.* [3] *It is not surprising that the figures are similar, since the more populous of the 75 or so countries in which*

① Lyons(1977: 442-445)将事物分为三种不同级别的实体:一级实体(first-order entities)、二级实体(second-order entities)和三级实体(third-order entities)。一级实体指存在于一定空间和时间的物体(如动物、人、植物等)。二级实体指事件、过程、活动、状态等,即所谓的事态(states of affairs),这类实体发生于一定的空间和时间。三级实体是抽象的,外在于时间和空间,例如事实、观念、想法等(Lyons 1977: 442ff; Vendler 1967/2002: 242,244,246)。

② 例(3)中的 ... is no exaggeration to say ... (Biber *et al.* 1999: 990),作为一个整体实现评价成分,对评价对象进行评价(Wang 2006)。

*English has special status are former colonies of Britain.*①

(9) [1] So far, I have spoken chiefly of the good sides of the Chinese character; but of course China, like every other nation has its bad sides also. [2] *It is disagreeable to me to speak of these, as I experienced so much courtesy and real kindness from the Chinese that I should prefer to say only nice things about them.* [3] *But for the sake of China, as well as for the sake of truth, it would be a mistake to conceal what is less admirable.* [4] I will only ask the reader to remember that, on the balance, I think the Chinese one of the best nations I have come across, and am prepared to draw up a graver indictment against every one of the Great Powers. ...②

例(8)由三个EETC组成,它们的评价对象同属二级实体③,分别由不定式小句和that-小句实现。尽管这三个EETC都表示评价意义(即*common*、*interesting*、*not surprising*),作者没有为这些评价意义提供依据。它们与上下文之间的联系也不是通过"评价+评价依据"的语义关系建立起来的。这三个句子之间是层层引申(extension)的关系,这种关系不是EETC所特有的。值得一提的是,作者对[3]中的评价有所阐述(since引导的小句为评价提供依据),但这种阐述也只局限于句子的范围之内。

例(9)包含两个EETC的例子([2]和[3]),它们的评价对象都是由不定式小句实现的二级实体。尽管作者为[2]和[3]中的评价提供了一定的依据,但都没有超出句子的范围:[2]的评价依据在句子后半部分出现(as I experienced so much courtesy and real kindness from the Chinese that I should prefer to say only nice things about them);[3]的评价依据在句子的前半部分出现(for the sake of China, as well as for the sake of truth)。它们与段落中其他句子的关系不是建立在评价意义的基础上,也不是以之为参照。

这些例子表明,以三级实体为评价对象的EETC大多通过评价意义

---

① Graddol, D. 1999. *The Future of English?* 北京:外语教学与研究出版社,p.11。

② Russell, B. 1994. The Chinese Character (2). *Yingyu Shijie* (《英语世界》"*The World of English*"),第6期:14-27。

③ [3]中的评价对象是that-从句描述的一种状况,属二级实体。

与上下文发生意义联系(评价意义是可证性的除外),从而发挥其独特的语篇功能,其语篇功能涉及的范围也相对较广一些。以二级实体为评价对象的 EETC 的语篇功能与其他句型相比无特别之处。其语篇功能所涉及的范围相对小一些。

类型不同,EETC 的语篇功能不同,这是不同的评价对象在本体上的特征导致的。用 Hunston(2000)的话说,二级实体属于世界实体(world entities),三级实体属语篇实体(discourse entities)。前者存在于客观和主观世界,在特定的时间和空间发生;后者外在于时间和空间,人们以否认、赞同、推理、相信、记忆等方式对其进行认知。三级实体的命题内容与其所依赖的语言形式很难分开。

另一方面,根据 Sinclair (1981)的理论,语篇分两个不同的层面:互动层面(interactive plane)和自动层面(autonomous plane)。这种区别可以通过作者和读者在语篇产生和理解的过程中的作用来理解。在此过程中,作者既是命题信息的提供者(读者是命题信息的接收者),也是语篇的构建者(读者是语篇结构信息的接收者)。前者属自动层面,后者属互动层面。Sinclair (1981)认为,尽管不同的句子在某一个层面上的作用更明显,但每一个句子同时在这两个层面上发挥作用。

不同类型的 EETC 在语篇功能上的不同表现是与它们在不同的语篇层面的作用相关的。以二级实体为评价对象的 EETC 在自动层面上的作用是主要方面;以三级实体为评价对象的 EETC 在互动层面上的作用更明显。

在互动层面上,每一语篇实体都在语篇组织中发挥作用,作者向读者表明(同时读者从语篇中获悉)每一语篇实体的意义和作用。例如,当作者用 It is true ... But ...来引介两个连续的句子时,他在向读者表明,这两句话构成转折关系,前一句陈述的情况尽管属实,但与后句相比是不重要的,后句才是作者要表达的内容。作者自己的观点和引介的别人的观点的语篇功能是不一样的:前者是作者的意旨所在,作者会对其进行阐述,为其提供论据等;后者通常是作者要反驳的对象。对语篇实体的评价主要在这一层面上发挥作用。在自动层面上,语篇为读者提供命题内容。对世界实体的评价主要在这一层面上起作用,它在语篇组织上一般不起主要作用。

对三级实体的评价主要在语篇互动层面上起作用,对二级实体的评价主要在语篇自动层面上发挥作用。因此，EETC 的评价对象不同，它们在语篇组织中所起的作用也不一样。

5.4 结语

本章探讨 EETC 的语篇功能。我们采取的自上而下的语篇视角，首先考察了语篇的有关特征。语篇是一种语义单位，由语义成分构成。语篇与小句有类似之处，如段落中存在与小句的主位和新信息相对应的超主位和超新信息。

评价一般与上下文中的评价依据构成语义块。作为一种典型的表达评价意义的句型，EETC 一般与其上下文形成"评价+评价依据"的语义关系。随着"评价"和"评价依据"顺序的不同，EETC 在语篇组织中发挥前瞻或后顾的功能。当 EETC 位于段首或段末时，这种前瞻或后顾功能与超主位或超新信息的前瞻或后顾功能相契合。此时，"评价+评价依据"的语义关系使整个段落形成一个语义块。当 EETC 位于段中其他位置时，这种语义关系仍在语篇组织中发挥作用，但涉及的范围要小些。除此之外，EETC 还用于引介反论点和让步关系等。这时 EETC 的语篇功能仍是以它所表现的评价意义作为参照表现出来的。

需要说明的是，我们有关 EETC 语篇功能的描述是倾向性的，而不是绝对的规律，有很多例外的情况没有包括进来。以上讨论更适用于以三级实体作为评价对象的 EETC。以二级实体作为评价对象的 EETC 通常不是通过"评价+评价依据"的关系发挥语篇功能。即使有这种语篇功能，所涉及的范围也相对小一些（如局限于同一句子之内）。这种不同是与不同级别的实体的本体特征相联系的：二级实体属世界实体，在语篇自动层面上的作用更明显一些；三级实体属语篇实体，在语篇互动层面上的作用更明显一些。因此，后者在语篇组织中扮演更重要的角色。

第六章

语篇结构中的递归现象①

6.1 引言

我们大都记得这样的情形：当小孩子缠着大人要听故事，大人无故事可讲时，会拿这样的故事来搪塞：

> 从前有座山，山上有座庙，庙里有两个和尚，一个大和尚、一个小和尚。大和尚在给小和尚讲故事，大和尚说，从前有座山，山上有座庙，庙里有两个和尚，一个大和尚、一个小和尚。大和尚在给小和尚讲故事，大和尚说，……

这是一个永远讲不完的故事，因为故事中的故事可以无休止地循环下去——讲故事者利用了故事结构的递归性。

递归是逻辑学、数学及语言学等学科共同关注的一个话题，是人们的思维过程中普遍存在的动力机制。借助递归的思维路径，人们可以用简单的、自明的低层次要素来描述、构造、说明复杂的整体，通过解决简单问题来解决复杂问题。在语言学中，递归是指相同结构成分的重复或层层

① 本章原载于《外语教学与研究》2006年第5期。

嵌套。在转换生成语法中，递归性被看作是一种生成合乎语法的句子的重要机制。功能句法中也讨论递归性的问题。根据系统功能语言学的理论，语法中存在两种形式的递归：线性递归（linear recursion）和嵌入递归（embedded recursion）（黄国文 1998）。

线性递归指的是属于同一级（rank）单位相连接的关系，相连的两个或更多的同一级单位既可以是平等的，也可以是不平等的（即从属的）。例如：

（1） Henry is a doctor and Helen is a nurse.

这是一个小句复合体（clause complex），由两个地位平等（即互不依赖）的小句组成。例（2）也含有两个小句，但它们的地位是不平等的，第二个小句从属于第一个：

（2） He comes here when he is free.　（黄国文 1998）

通过线性递归，可以将小句和小句连接起来构成小句复合体。

嵌入递归结构在系统功能语法中通常被看作是“级转移”（rankshift）。如 Halliday 所言，所谓级转移实际上只是递归结构的一个名称，这种结构横跨不同的级阶（rankscale）。也就是说，在无级转移的结构中，不管是否递归，每一级单位进入比它高一级的结构之中……但在级转移中，这种关系被打破，某一单位可进入比自己级阶低的结构（Halliday 1963）。

根据系统功能语法理论，一个语法单位通常由比它低（小）一级的单位组成。从级阶方面讲，小句大于词组/短语，词组/短语大于词，词大于词素。当某一单位含有一个与它同级或比它高一级的单位时，便会出现级转移（黄国文 1998）。例如：

（3） The students of English are from Zhongshan University.

（4） The students who came here yesterday study at Zhongshan University.

例（3）中，of English 作为一个介词短语作 the students 的限定语（qualifier），前者嵌入到后者当中。例（4）中定语从句 who came here yesterday 嵌入到名词词组 the students 中作它的限定语。这两个小句中都含有嵌入递归。

到目前为止，系统功能语言学对递归性的研究主要是在句法方面，实际上递归现象还存在于其他层面上,如时态系统和词组/短语的结构中。本章将探讨递归现象在语篇①层面上的体现,即语篇结构的递归性。

6.2 语篇结构的性质

不同的学者对语篇结构的看法不一,但大体都认为可以对语篇进行结构分析(如 Sinclair & Coulthard 1975; Halliday 1982; Stubb 1983: 102),有的学者甚至认为语篇分析应包括对语篇结构的分析(如 Mills 1997: 48)。在讨论语篇结构时,我们首先必须清楚,语篇的结构和小句结构、词组或短语结构等有着本质的不同。语篇不是由句子简单地堆砌而成(参见 Halliday 1982; Hoey 1983: 9),也不是段落的简单堆砌。如果从语义的角度考察语篇结构,考察句子之间和段落之间的逻辑语义联系,会发现语篇呈现出一定的结构特征。因此,Halliday(如 1982, 1994/2000)认为语篇是语义单位,产生语篇的过程就是产生意义的过程,语篇的结构分析必须结合意义。Halliday 明确指出,

> 是否存在比小句复合体高一级的结构?有,但不是语法结构。语篇是有结构的,这是一种语义结构而不是语法结构。语篇由自己的要素构成,这些要素随着语域的不同而不同,如叙事、交易、说明等每一类语篇都有自己的构成要素及其组合方式。(Halliday 1994/2000: 338 - 339)

这意味着,尽管语篇结构和其他结构一样可以分析为功能要素的组合(configuration of functional elements),但这种功能要素与小句等的功能要素有着质的区别。语篇的功能要素是通过逻辑语义关系和整个语篇及其他要素相联系的。Halliday(1982)认为对某些(或许是对所有的)语域

① 语篇(text)是 Halliday 采用的术语,包括书面语篇和口头语篇(如 Halliday 1994/2000)。

而言，可以将语篇的结构以功能组合的形式呈现。这种呈现形式可以包含一些必需(obligatory)成分和一些可选(optional)成分，并且这些成分的顺序有些是确定的，有些是可变的。正是从语义的角度不同的学者提出了不同语域语篇的结构模式。

在所有类型的语篇中，叙事体的结构研究最多。不同的学者从不同的角度研究其结构模式(参看黄国文 2001: 192－194)，其中 Labov 的社会语言学模式最早提出，影响最大。Labov (1972)认为，一个完整的叙事结构包括以下六个组成部分：

> 点题(abstract)+指向(orientation)+进展(complicating action)+评价(evaluation)+结局(resolution)+回应(coda)

此外，影响较大的是修辞结构理论，该理论由 William C. Mann 和 Sandra A. Thompson 提出，用于描写篇章的功能和结构。这些功能和结构使语篇成为人类交际的有效的和可理解的工具。他们认为，语篇结构的研究需考虑在语篇范围内以某种方式相联系的各个部分及其关系。其基本假设包括：(1) 篇章是由功能明显的各个部分组成的(这一假设和功能语言学中语篇结构的概念不谋而合)；(2) 语篇既具整体性又具连续性，因为篇章中所有的部分都是为作者的某个目的服务的；(3) 某个语篇的基本成分组成了较大的单位，这个较大的单位组成更大的单位，这样，整个篇章便形成了等级(这里仿佛有 Halliday 阶和范畴语法的影子)；(4) 同样的功能概念描写适合于各个层次；(5) 一套小的、有限的、循环率很高的、存在于语篇的各个对子之间的各种关系，把各个部分组织起来，形成更大的单位(这种循环就是递归)；(6) 最常见的语篇结构关系类型是“核心成分—卫星成分”。这种关系是不对称的，其中一个成分占据中心的地位，称为核心成分；另一成分居于较为外围的地位，称为卫星成分；等等(参见卫道真 2002: 87－89)。

较有影响的理论还有 Hoey (1983: 46－56, 2001: 119－141)提出的语篇结构模式：

> 情景(Situation)—问题(Problem)—反应(Response)—评价(Evaluation)

Hoey (1983, 2001)认为这是英语语篇最常见的一种结构模式，可以用来描述和解释叙事、广告、说明文等不同语域的语篇结构(参见黄国文2001：230－250)。

受 Hoey 模式的启发,有学者提出论辩体(argumentation)的语篇结构,如 Sonja Tirkkonen-Condit 认为论辩体语篇结构包括四个部分(见Connor 1996：88－89)：

> 情景(Situation)+问题(Problem)+解决方案(Solution)+评价(Evaluation)

此外,还有许多关于论辩体语篇结构的研究(参见 Henkemans 2000)。尽管他们意见不一,但都认为此类语篇是有结构的,这种结构大体可归纳为论据和论点的组合。具体语篇不同,二者的组合模式不同,各论据之间的关系也会呈现不同的模式(ibid.)。Azar(1999)在修辞结构理论的框架下探讨了论辩体语篇的结构,他认为论辩文论点和论据之间的关系即是修辞结构理论中核心成分(nucleus)和卫星成分(satellite)之间的关系(详见下节)。

至于其他类型的语篇,Bhatia(1993)按照功能成分组合的模式提出了推销信(sales promotion letter)、求职信(job application letter)、科技论文摘要及论文介绍的结构模式。Hartford 和 Mahboob(2004)研究了英语投诉信(letter of complaint)的语篇结构。

以上主要是针对书面语篇,下面讨论口语语篇的结构。Sinclair & Coulthard(1975)较早尝试对口头语篇进行结构分析。他们对课堂语篇模式的分析后来发展为伯明翰流派(the Birmingham School)。该理论主要是受 Halliday 阶与范畴理论的启示,在考察课堂语篇的基础上得出的。他们分析出课堂语篇不同级阶的语篇单位,行为(act)级阶最低,它通过在语篇结构中建立的语篇期待来定义。例如,诱发(elicitation)类行为期待着言语反应(linguistic response)或非言语反应(如点头)。再如,指令(directive)类行为要求有非言语反应。行为的上一级单位是语步(move),是最小的自由语篇单位,是某一发话者在一次发话中所说的内容。不同发话者的语步构成交流(exchange),交流再构成其上一级单位——交易(transaction)。最大的语篇单位是交际(interaction)。在课堂语篇中,交际由其下一级单位课(lesson)构成。例如,教学交流(teaching exchange)通常由三种语步组成：(教师)发起(I, initiation),后接(学生)

应答(R, response),后接(教师)反馈(F, feedback)。发起为课堂交流的必要成分,后二者为可选成分(用圆括号表示)。因此,典型的课堂交流的结构可表示为:I (R) (F) (Sinclair & Coulthard 1975: 26)。例如:

(5) T: Do you know what we mean by accent? I
P: It's the way you talk. R
T: The way we talk. This is a very broad comment. F
(ibid.)

Sinclair 认为,可以将交流作为交际中最小的语篇单位,这一单位可以和发起、应答、反馈等基本结构相联系,交流的结构规律为研究口语语篇结构提供最重要的基础(参见 Stubb 1983: 135)。在此基础上,很多学者发展了伯明翰模式,我们将在下节进一步讨论。

Hasan 也研究了口头语篇的结构。她认为所有语域的语篇都有结构,这种结构为理解相关语篇提供参照。她提出了食品零售店员和顾客之间对话的结构 (Halliday & Hasan 1985: 61, 64)。我们在下文中将详细讨论。

除上述研究外,会话分析理论也对口头语篇进行结构分析(如 Sacks 1992;刘虹 2004 等),这里不一一赘述。

6.3 语篇结构的递归性

上文考察了不同学者对不同类型语篇的结构描述。他们大都承认,他们的模式一般只适用于最典型的语篇,实际情形往往更复杂,因为具体语篇结构往往在基本模式的基础上有所变化。在很多情况下,这些变化形式是由语篇结构的递归造成的。很多语篇学者注意到了语篇结构的递归现象,并将递归现象纳入其语篇结构模式,只是他们的着重点不在于此,使用的术语也不尽相同。实际上,语篇结构的递归性是普遍存在的,值得我们注意。本节将从递归性的角度考察语篇结构。功能句法中讨论的两类递归(线性递归和嵌入递归)同样存在于语篇结构中,事实上二者在很多情况下相互依存,相互交织,很难机械地分开。为方便起见,我们分开讨论。

6.3.1 语篇结构中的线性递归

先看口头语篇。Sinclair 和 Coulthard(1975)之后的学者致力于将他们提出的模式引申到其它类型的语篇,并着重研究交换的结构。Burton(1981)发展了 Sinclair 和 Coulthard 课堂会话模式来描述日常会话结构,并总结了不同级阶单位的结构(如交流、交易、交换等的结构),在他总结出的结构模式中存在线性递归现象。Stubb(1983: 139 – 140)发展了 Sinclair 和 Coulthard(1975)提出的交换的基本结构,即 IRF。他发现还可以有 Inf(F^n)交换结构模式,如讲座者提供信息的语步(Inform)后可接多个反馈语步,这些反馈是这类交换的可选语步。同样地,I R 及 I R/I R 的交换结构可后接多个可选的反馈语步,这些交换结构可表示为(Stubb 1983: 140):

I R (F^n)

I R/I^n R (F^n)

注: I (Initiate): 发起　　R (Response): 反应
R/I (Respond-Initiate): 反应-发起　　F (Feedback): 反馈
"()": 可选成分　　"n": 递归出现

在 Stubb 的模式中,语步 F 和 R/I 可以多次出现,这种同一类别的单位重复出现即是线性递归。用这个模式可以分析以下语篇:

(6) 甲:(手里翻着一本字典)哎(·)你看它那个次序(·)不知道按什么顺序排啊? 1)　I
乙:不是按音序吗? 2)　R/I
甲:是按音序吗? 3)　R/I
乙:可能是按音序吧? 4)　R/I
甲:噢(·)对(·)是按音序。5)　F

(刘虹 2004: 100)

语篇(6)中的2)、3)、4)都属于反馈-发起类语步，即这些语步不只是回应上一语步而且发起下一语步。这类语步的重复连续出现形成线性递归。另外，据Butler（1985：154）观察，在医患对话的交易结构中，F(反馈)可出现三次。行业委员会议中最常见的交换结构是：IF^n。这些都表明在不同语境的交换结构中存在线性递归现象。

上文提到Hasan总结出了店员和顾客之间的对话结构。后来她将其发展为体裁结构潜势(Generic Structure Potential)理论，用于概括某一体裁可能出现的结构(Halliday & Hasan 1985)。如Hasan概括出的店员和顾客对话的结构潜势为（ibid.：64）：

$$[(G)(SI)\ \hat{}\ ]\ [(SE^n)\ \{SR\ \hat{}\ SC\}^{n}\ \hat{}\ S\ \hat{}\ ]\ P\ \hat{}\ PC\ \hat{}\ (F)$$

注：

G（Greeting）：问候	SI（Sale Initiation）：发起
SE（Sale Enquiry）：问询	SR（Sale Request）：请求
SC（Sale Compliance）：依从	S（Sale）：销售
P（Purchase）：购买	PC（Purchase Closure）：购买结束
F（Finis）：结尾	^：接续
( )：可选成分	^{n}：递归
[ ]：内含成分顺序可变	{ }：内含成分重复出现的次数相同

由此模式可以看出，此类语篇结构中有三类单位以线性递归的形式出现：问询、请求和依从，其中后二者形成一个相对固定的系列，递归出现。Hasan举出了实例来印证这一模式(Halliday & Hasan 1985：61)。限于篇幅，这里不举例。

至于书面语篇，上文提到了Hoey（1983，2001）提出"问题-解决办法"这种语篇结构的基本模式。Hoey同时指出真实的语篇结构往往更复杂，其中一个重要原因是这种基本结构呈现出"多层次性"(multi-layering)(Hoey 1983：81)，后来Hoey（2001：130－131)称之为基本语篇模式的"再循环"（recycling)。这里的多层次性或再循环就是我们所说的语篇结构的递归。例如，如果对某一反应作出否定评价，意味着问题没有解决或新问题出现。如果该问题没有解决，语篇就显得不完整，必须做出新的反应，再对新的反应做出新的评价，如果新的评价又为否定的，则需再做出新的反应……直到问题得到解决或彻底不能解决(如主人公死了)。也就是说，在此类语篇中，"问题-反应-评价"系列可能重复出现，层层包围，故Hoey称之为多层次性。递归性可呈现不同的形式：可以是链条式的，即每一次对问题做出的反应都会引发出一个不同的新问题；可以是螺旋式的，即对同一问题做出不同反应，每一反应都未能解决问题，于是这一模式递归出现；也可以是前二者的结合，即某个反应解决了部分问题，但还有部分问题需要解决，于是出现递归。Hoey 认为这是最常见的一种模式。

语篇(7)是乌鸦喝水①的故事，其递归结构属于 Hoey 所说的第三种情况：

(7) 1) 一个干旱炎热的夏天，一只口渴的乌鸦找不到水喝。2) 乌鸦飞来飞去，已经累得精疲力尽了。3) 乌鸦突然发现地面上有一口井，他兴奋地朝井边飞去。4) 乌鸦心想：终于找到水喝了！5) 可是，井里一滴水也没有。6) 这时，乌鸦发现井边有一个水瓶。7) 乌鸦高兴极了，心想：我可以从瓶里弄到水喝了！8) 可是，瓶里的水很少，瓶口又很小。9) 乌鸦把嘴伸进瓶里试了试，根本喝不到水。10) 乌鸦想把水瓶撞倒，他撞了几下，11) 水瓶动也没动。12) 眼看着瓶里的水喝不到嘴，乌鸦又气又急。13) 乌鸦搂住水瓶，用力地摇晃，14) 水瓶仍然没动。15) 乌鸦用头使劲顶，16) 水瓶还是不动。17) 唉！乌鸦觉得自己太笨了。18) 又累又渴的乌鸦失望地坐在了地上。19) 这时，乌鸦看到地上有许多石子，忽然想起了一个好主意。20) 乌鸦用嘴叼起石子，投进水瓶里。21) 乌鸦投了一些石子，瓶里的水位开始上升了。22) 乌鸦不停地往瓶里投石子，瓶子里的水位越升越高。23) 乌鸦越投越起劲，眼看就要喝到水了。24) 瓶子里的水已经升到了瓶口，乌鸦终于喝到水了！25) 乌鸦喝足了水，快乐地飞走了。

这个故事中 1) 提出问题(问题 1)，2)—4) 是对该问题作出的第一个反应(反应 1a)，5) 是对此反应的否定评价。问题 1 尚未解决，6)、7) 对其作出新的反应(反应 1b)，后者引出一个新的问题(问题 2) 由 8)、9) 呈现。反应 2a、2b、2c 分别是对问题 2 作出的不同反应，各接一个否定评价，即否定评价 2a、2b、2c，这些否定评价分别导致对问题 2 的新反应，直至反应

① 禾稼编，《乌鸦喝水》。长春：吉林美术出版社，2005 年。

2d,问题2)才得到解决,这也最终解决了问题1),因而对反应2d的评价是肯定的,故事圆满结束。本故事的结构分析可图示如下：

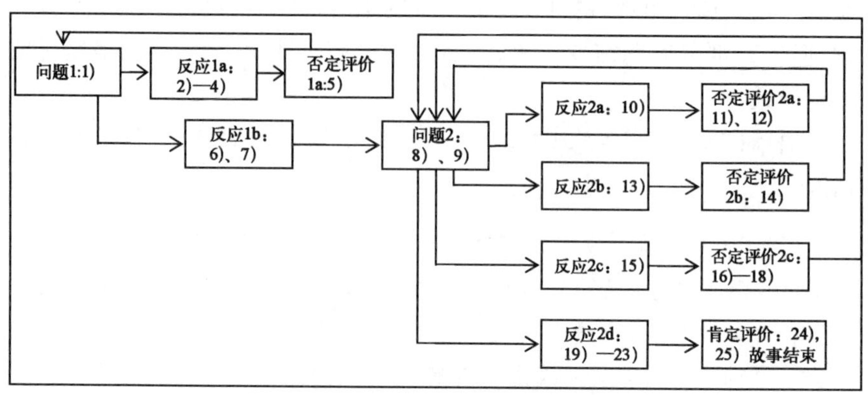

图6.1 语篇(7)递归结构示意图

根据修辞结构理论(Azar 1999),论辩文中结论和论据之间的关系即是修辞结构理论中核心成分和卫星成分的关系。这种关系在实际语篇中也会递归出现,如：

(8) 1) I come from a middle-class family, 2) and neither of my parents attended college. 3) I also have a younger sister who will be attending college in a couple of years. 4) So when it came down to choose between the Ivy League and affordability, 5) I made a choice that, for me, was obvious — I went to Tulane University, 6) which offered me a full four-year scholarship. 7) Shouldn't students go to the college that offers the best chance to study, 8) and not to work three jobs, 9) lose sleep, 10) over growing debts 11) and force their family into hardship? 12) I have absolutely no regrets. 13) There are plenty of opportunities available at every school for strong students who have the ambition, self-confidence and drive to succeed. 14) After all, in four years, when you graduate, what you have achieved will reflect far more about you than where you achieved it.

(Azar 1999)

上文可分为两部分,1)—6)提供背景知识以使读者理解文章的核心(核心部分和背景是一种核心-卫星关系),7)—14)为核心部分。在核心部分中,论点(核心成分)由7)及12)来呈现(它们是同一论点的不同表述),8)、9)、10)、11)、13)及14)作为论据(卫星成分)支撑论点。应注意的是7)—11)和12)表面上看来是问题和回答,但此处的问句是反诘,表明作者的观点,该观点又有论据8)—11)支撑。因此,这一语篇呈现出不同层次的核心成分-卫星成分①的关系,图示如下:

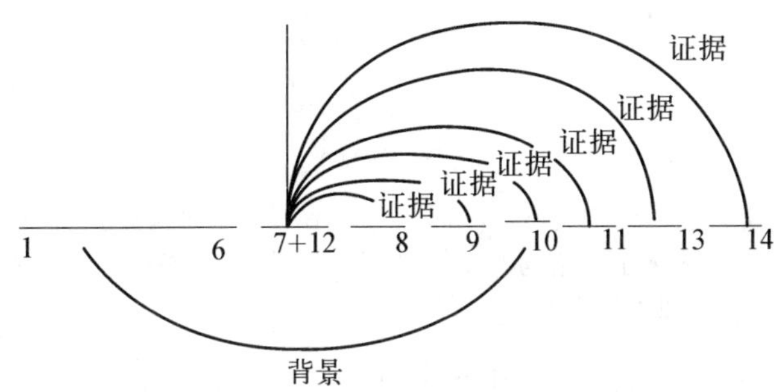

图6.2 论辩体语篇的递归结构(参看 Azar 1999)

1)—6)及7)—12)间的背景关系处于第一层次。8)、9)、10)、11)、13)、14)及7)、12)之间的论证关系处于第二层次。这种不同层次的核心-卫星关系就是语篇结构的递归现象。这种递归现象正是修辞结构理论企图揭示的语篇现象,即一套小的、有限的、循环率很高的、存在于语篇的各个对子之间的各种关系,把各个部分组织起来,形成更大的部分,组成语篇(参见卫道真 2002: 88)。在该语篇中各论据并列排列,分别与论点构成核心-卫星关系,呈线性递归。

6.3.2 语篇结构中的嵌入递归

下面考察嵌入递归在语篇结构中的体现。Sinclair 和 Coulthard (1975: 25, 57)发现课堂语篇结构中存在递归现象,这在交易(transaction)结构中

① Azar(1999)认为论辩体语篇有其特有的核心成分-卫星成分关系的体现形式,此处的背景关系(background)和证据关系(evidence)属于其中两种。

表现尤其典型，可出现在提供信息类（informing）交易、指令类（directing）交易和诱发类（eliciting）交易中。如在提供信息类交易的结构中（一个交易结构由若干个交换组成，见 6.1.3），教师诱发（teacher-elicit）的交换和学生诱发（pupil-elicit）的交换可以重复出现（Sinclair & Coulthard 1975：57）：

E — Boundary
E — T-Inform
(<E>)^{n} — T-Elicit
(<E>)^{n} — P-Elicit
E — Boundary

注：E：交换　　“(　)”：可选成分
“<　>”：嵌入上一结构　　上标“^{n}”：多次重复出现
Boundary：边界类交换

在上面的交易结构中存在两个层次的嵌入递归，出现在交换这一级阶上。首先，学生诱发类交换可以嵌入到教师诱发类交换中；再者，教师诱发类交换又可以嵌入到教师提供信息类的交换中去。此外，教师诱发的交换和学生诱发的交换可以重复出现，构成线性递归。这样两类递归交错出现，实际语篇呈现出丰富多样的结构特征。

嵌入递归在叙事类语篇中也很常见，如本章开头的故事就属于此种情形。故事中的故事可以永远地循环下去，这种无限循环的嵌入递归使之成为一个永远讲不完的故事。

所有的故事都是由叙述者讲述的，一个叙述者的故事可能嵌入到另一个叙述者的故事中。很多经典文学作品包含有这种嵌入递归结构。如乔叟的《坎特伯雷故事集》中，二十三位香客的故事都嵌入在作者的叙述之中，形成一种嵌入结构，同时这二十三位香客的故事并列排列呈线性递归结构。实际上很多传统故事都采用这种模式，如中国的《西游记》、阿拉伯的《一千零一夜》等等。

《呼啸山庄》中的故事嵌入现象更为复杂，Lockwood 先生讲述的故事嵌套着 Nelly Dean 讲述的故事及 Catherine Earnshaw 讲述的故事，Nelly Dean 的故事又嵌套另外三个人，即 Isabella、Heathcliff 及仆人 Zillah 讲述的故事。叙事文学作品中嵌入递归现象相当普遍。有人甚至认为嵌入结构是叙事体语篇的一种基本结构特征（见邹颉 2002：93）。

另外，嵌入递归经常和线性递归交错使用（如本节中的语篇实例），因而实际语篇结构更加纷繁复杂、富于变化。

6.4 语篇递归现象的特征及其意义

由以上分析我们了解到两种不同类型的递归现象存在于语篇结构之中。本节探讨这些递归现象的特征及其意义。我们总结出两种特征，即可选性和理论上的无限性。

所谓可选性（optionality）是指递归出现的成分在语篇的结构中是可有可无的，不是语篇结构的必要成分。递归实际上是某一结构或某一成分的重复出现。如语篇（7）中问题-反应重复出现形成递归，直到问题得到解决。这里前面三次出现的问题-反应系列实际上是可有可无的，如果将其删除，不影响故事的完整性。递归现象的可选性并不是指与递归相联系的那一类结构成分对整个语篇结构都是可有可无的。如在问题-解决方案的模式中，并不是说问题和反应这两个成分是可有可无的（相反，它们是此类语篇结构的必要成分），而是说递归出现的同类成分是可选的，即如果某种成分多次出现，只要保留一次就可维持语篇的完整性。事实上，《坎特伯雷故事集》的情形也证明了这一点——作者原计划让三十位（包括作者）朝圣者各讲两个故事，实际上总共才二十三个故事，而这整首长诗的完整性没有受到大的影响。

语篇递归现象的第二个特征是其理论上的无限性。这也是递归现象共有的特性。当某一成分出现两次或两次以上时称之为递归（Halliday & Hasan 1985：63），这种重复出现的次数在理论上是无限的。这就是为什么本章开头的故事可以无休止地讲下去。实际上，人们在组织语篇时并不会无休止地运用递归机制（除非在游戏中），否则就有机械重复之嫌，令人生厌。

递归性由这两个特征而衍生出来的一个主要功能是可以丰富语篇结

构。试想,如果所有的语篇都遵照一个既定的结构模式,势必会导致语篇结构的千篇一律,各种语言的话语世界将要单调得多,枯燥得多。递归性让说话者/作者在建构语篇的时候既遵循一定的规律,又可以对其进行变化。由 6.3 的分析可知,语篇的递归性呈现出不同的模式,这些模式还可相互组合,因而实际使用中语篇的结构纷繁变化。另一方面,这种变化是有规律的,这主要表现在两方面。其一,变化是基于一定的结构模式的。在第二节中我们谈到,语篇分析学者大都认为语篇是有一定的结构规律的,递归性是建立在这些规律的基础之上的,对它们加以变化,从而产生实际语篇。其二,递归现象本身是有规律可循的。如上所述,递归有可选性和理论上的无限性的特征,并且递归现象有两种类型(线性递归和嵌入递归),这些都是其规律性的表现。另外,据我们观察,并不是所有的语篇结构成分都会递归出现,即递归是和一定的结构成分相联系的。如在 Hoey 的模式中,情景成分不大可能递归出现。正因为递归现象有规律可循又富于变化,它使语篇的结构既具规律性又具多样性,并使多样性与规律性得到统一。

这就意味着,语篇研究者可以透过这种表面的纷繁变化,通过归纳递归性认识语篇的结构,把握语篇结构的基本规律。这样,我们可以用相对简单的模式来描述纷繁复杂的实际现象,也就是本章开头所说的用相对简单的办法来解决复杂的问题。

6.5 结语

我们有关语篇结构递归性的讨论都是描述性的而不是生成性的。我们描述真实语篇的结构,而不试图生成可能的语篇。事实上,学者们在提出生成语篇的网络系统的时候,递归性也是需要考虑的重要因素。例如,Fawcett 等人(1988)在提出生成性交换的流程图(flowchart)的时候,递归性在其中起着重要作用。在该模式中,一个语篇单位可以嵌入另一个同级单位中,某些单位还可以重复出现等等。另外,在 Butler (1985)和

Ventola (1988)提出的语篇生成模式中,递归性也被纳入其中。

本章的考察发现,递归是语篇结构中较为普遍的现象。功能句法中讨论的两类递归同样存在于语篇结构中。语篇结构的递归性具有可选性和理论上的无限性两个特点,这使得实际语篇的结构既有一定的基本规律又富于变化。递归性能够帮助我们透过表面的纷繁变化把握语篇的基本模式和变化规律,这对语篇理解和生成都会有所裨益。

第二部分

汉语存在句研究

第七章

汉语存在句的构式语法研究[①]

7.1 构式语法述要

本章分析基于 Lakoff、Goldberg 等提出的构式语法[②]。

构式语法的提出是基于这样的事实，即一定的表达式总是对应于一定的意义，习语就是典型的例子(Croft & Cruse 2004：236 - 247)。这一判断适用于各种层级的语法结构。据此，Goldberg(1995/2007：2)提出，具体的语义结构和与其相关的形式表达可以看作是独立于词项而存在的构式。构式就是形式和意义的配对。如果语法中存在的其他构式的知识不能完全预测某个构式的一个或多个特征，那么该构式在语法中独立存在(ibid.：4)。

在语法中提出某个构式的原因是该构式的意义和(或)形式不能从语言中已经存在的其他构式中综合推导出来。构式是语言中的基本单位。构式语法的一个基本假设是"情景编码假设"，即与基本句子类型对应的

---

① 本章原载于《语言研究》2010 年第 3 期。

② Croft 和 Cruse 介绍了四种不同的构式语法模式(Croft & Cruse 2004：257 - 290)。Lakoff 和 Goldberg 的模式是其中的一种。

构式把与人类经验相关的基本事件编码为这些构式的中心意义(ibid.: 38)。例如,Lakoff认为,英语中存在构式的核心意义是表示某物存在于某一心理空间(Lakoff 1987: 555)。

具体构式的意义源于词项和构式固有意义的整合。但"句式的整体意义不等于各组成部分的简单相加,整体可能有这样一些属性,它们不是从对组成部分的分析中推断出来的,因此不能通过对各部分的分析来认识整体的全部性质"(沈家煊 1997)。此外,一定的构式还和一定的语用意义相联系。构式语法学家力图解释在什么条件下,构式能够被恰当地使用。焦点成分、话题性以及语域等信息和语义信息都应在构式中得到表达(Goldberg 1995/2007: 6-7)。构式意义(包括语义意义和语用意义)一经形成便独立于具体构式,并反过来制约着组成成分的意义(沈家煊 2000)。

7.2 汉语中的存在构式

Langacker认为,语言是根据某些概念原型组织的:"在我们的经验中,那些反复出现并且截然不同的方面,是作为原型出现的。在尽可能的情况下,我们一般使用这些原型来组织思想。由于语言是描述经验的手段,因此,我们自然而然地把这些原型看作是基本语言构式的原型特征"(Langacker 1991: 294-495)。构式语法认为,简单句构式与反映人类经验的基本情景的语义结构直接相联(Goldberg 1995/2007: 5)。这种人类经验的基本情景构成一种经验格式塔(experience gestalt)(Lakoff 1987: 450),也就是理想认知模型(ICM)。语言中的基本句型组成一个相互联系的网络,在该网络中语义结构以一种最普遍的方式与具体的形式配对。汉语中的存在句就是一种构式,这一构式的语义意义是"某地方存在某人或某物",其语用意义是宣告某人或某物的存在,并将其带入听众的意识之中。这种构式意义是不能从存在句的各构成成分中推导出来的。以存在句中的动词为例:

(1) 桌子上是一摞书。

上例中，动词“是”的基本意义不表示存在①，但当它出现在存在句式中可以表示存在意义。一般认为，“是”是判断词，其基本意义是表示某人或物的身份或属性：

(2) 张三是排长。/排长是张三。

(3) 树叶是红色的。/红色的树叶。

“桌子上是一摞书”中的“是”既不表示身份也不表示属性，我们既不能说“*一摞书是桌子上”，也不能说“*一摞书的桌子上”。此处“是”表示“存在”的意义，并且“是”的这种意义只能出现在存在句式中。可以认为，“是”的这种意义是存在句式赋予的，其全部意义则是存在构式与其自身的意义互动和合成的结果②。又如：

(4) 桌子上摊着三张白纸。

“摊”不表示动作（动作的执行者不得而知），更不表示一种持续的动作，只表示一种状态，即桌子上有三张白纸，并且这三张白纸是摊在上面的。除非把“有”或“存在”这一意义与构式相联，否则只能认为“摊”自身带有“有”或“存在”的意义。设定其带有“有”或“存在”的意义仅仅是为了避免把语义归结于构式。考虑到很多不同类型的动词都可以出现在该构式中，这种增加义项的做法是不经济的，会大大地增加大脑中心理词典的负担（Goldberg 1995/2007：9；袁毓林 2004：11－12）。

此外，人们还注意到，这一构式中的存在主体通常是无定的。如：

(5) 桌子上摊着三张白纸/*这张白纸。
三张白纸/这张白纸摊在桌子上。

(6) 班上最近来了一位新同学/*张三。
一位新同学/张三来到了班上。

因为相应的一般主谓句没有这种限制，我们可以把这些语义限制归结于存在构式。

---

① 《现代汉语词典》对“是”的解释中，有“存在”这一义项，但这是专为存在句设立的。这种为某一构式中的特定的动词设定义项的做法正是构式语法要避免的（Goldberg 1995/2007：8－11）。

② 宋玉柱发现“是”字存在句表示存在主体是存在方位中唯一的人或物（宋玉柱 2007：64－65）。这种意义的获得是“是”本身的意义和存在构式意义互动和合成的结果。

试图把整个存在构式的意义归结于个别词项的意义的研究方法不能解释语言事实，且存在句的句法特征不能从其他构式中预测，语法中需要单独设定一个存在构式。

7.3 存在构式的语义角色及其扩展形式

单独设立存在构式的另一理由是，按照对一般主谓句进行语义分析的办法分析存在句式是行不通的。在结构上，存在句一般可以分析为三个成分：方位成分（A 段）+存在谓词（B 段）+存在物（C 段）。如 A 段（一般分析为主语）既不是施事也不是受事，而是方位成分；C 段名词词组有时是施事，有时是受事，有时既不是施事也不是受事，很难归入已有的语义角色。我们有必要对存在构式单独进行语义角色分析。另外，对于存在句的中段动词有各种不同的描述和分类，令人眼花缭乱，莫衷一是。出现这些困难和分歧的原因是，人们总是有意无意地将存在句和一般主谓句作比照，试图用分析其他句型的方法分析存在句式；没有真正将存在句看作是一个独立的句式，在此基础上描述、分析和解释其形式特征和意义特征。

语法构式是一个整体，它的意义以各组成部分的意义为基础，但不是由它们简单相加而成。各构成要素固有的义项是该要素进入一个句式的前提，也是一个句式得以成立的基础。同时，该要素所实现的语义又可为句式所调整，能在句式中获取与其固有义相关并同句式义相契合的附加义（任鹰 2007）。

下面分别对存在构式三个构成成分的语义特征进行描述，以刻画其原型语义特征及其系统的扩展形式，考察三个成分之间、各自和整个构式之间相互联系、相互制约的关系。

7.3.1 方位成分

存在即定位（Lakoff 1987），所有事物必然存在于一定的位置。存在构式原型语义意义是通过方位成分和存在主体之间的述谓关系实现的。典型的方位成分是由方位短语、处所名词、方位指代词、方位词等充当。如:

(7) 墙外是个足球场。

(8) 里屋住着一位老太太。

(9) 老王走到大门口一看,那里早就停满了自行车。

(10) 上有天堂,下有苏杭。

这些词语充当方位成分符合核心原则(central principle)(Lakoff 1987: 463, 492),因为它们是和方位意义直接对应的语言形式。上述各例中的方位成分指称的都是实在的物理空间,这是方位成分的原型实现形式。在实际使用中,方位成分可以在原型的基础上有所扩展,可以通过隐喻映射、转喻映射等方式扩展至抽象的方位或感知空间。如:

(11) 他满身都是酒气。

(12) 人群中传出一阵嬉笑声。

(13) 我们班最近走了一位同学。

(14) 他家死了一头牛。

(15) 经理眼中闪过一种微妙的眼光。

(16) 胖大姐真能说,随机应变,还满嘴新名词儿。

(17) 他满脸都是得意的神情。

(18) 满脑子都是坏主意。

以上存在句中的方位成分从具体到抽象形成一个连续统。"满身""人群中"所定义的方位虽然不确定,但分别可以通过"他"和"人群"确定大致范围;"我们班"和"他家"定义的不是物理空间,而是由一群人组成的集体,我们姑且称之为一种社会空间;"眼中""满嘴"和"满脸"虽然从字面上看指称具体的方位,但实际上只是指存在主体分别与眼、嘴和脸有关,不指具体的方位,试比较:

(19) 眼中噙满泪水。

(20) 满嘴黄牙。

(21) 满脸雀斑。

最后一例中"满脑子"指称的是一个非常抽象的感知空间。由于构式的限制,出现于存在句句首的成分必须表示方位意义,通过隐喻映射,感知空间像物理空间一样可以成为方位成分。同样的原因,出现于存在句句首的时间词语通过“时间即空间”的隐喻映射充当方位成分。如:

(22) 从前有座山。

(23) 昨天来了三位客人。

(24) 不到半夜又回来四五十人。

下面探讨介词短语是如何获得方位意义的。陈昌来认为,在以下两例中,

(25) 在桌子上有一只茶杯。

(26) 在那边,在一只底儿朝上反扣在沙滩上的木船旁边,是一簇刚从田里收割麦子归来的人们。

划线部分为介词短语,它们在语义上发生了范畴变化,成了起事(陈昌来 2002:111)。但对于这种语义转化是如何发生的,文献中没有说明。我们认为,对不同的介词词组应作不同的分析。介词“在”引介处所词表示方位意义,这是介词“在”的原型意义,不需要转化就可以表示存在处所。在以下两例中,介词短语表示方位意义经过了转化,这种语义转化借助转喻映射完成:

(27) 从大门口到二门外,种着几畦蔬菜。

(28) 沿着水渠栽着一排排花椒树。

“从大门口到二门外”本来表示路线的起点和终点,由于路线与其所经过的方位紧密相连,通过转喻映射,路线转指路线所经过的方位。由此,介词短语获得了方位意义。同理,本来表示路线的“沿着水渠”转指该路线所经过的方位。

另外,动词短语也可以通过转喻映射表示方位意义①。如:

(29) 拐过月亮门就是后殿。

(30) 出门就是一条大马路。

“拐过月亮门”和“出门”都和一定的方位紧密相联:这两个动作完成

---

① 此前的研究(如宋玉柱 2007:4),尽管有的提到了动词短语充当方位成分的情况,但对此没有合理的解释。

后，都会致使动作的执行者到达某一方位，而方位意义正是存在构式的句首成分所要求的。因此，这两个动词短语通过转喻映射转指相关动作所到达的方位便是顺理成章的事了。

以上讨论显示，在充当方位成分的各类表达中，表示实在的物理空间的方位词语、处所词语表示核心的、典型的方位意义。在此基础上，通过系统的扩展延伸，模糊的、抽象的物理空间、感知空间、时间等都可进入存在句获得方位意义。同时，一些介词短语和动词短语也可以通过转喻映射等方式获得方位意义。这种扩展延伸，以典型范畴为核心呈辐射状向外扩展。

7.3.2 存在谓词

7.3.2.1 “存在谓词”即是存在构式中的中段动词。这一位置的动词和前面的方位成分之间有一种述谓关系。它表达的基本意义是“有”或“存在”，这一意义是该构式固有的，并由构式强加给出现在这一位置的动词。

文献中对这一成分的描述和分析分歧较大。对存在句的分类主要是围绕存在谓词展开的，对存在谓词描述和分析的分歧直接导致了有关分类的分歧（范方莲 1963；潘文 2006；吴卸耀 2006；宋玉柱 2007）。有关存在动词的描述中，范方莲从动词的及物性出发，列举了可进入这一位置的动词，她发现及物动词、不及物动词以及及物不及物两用动词都可进入这一位置（范方莲 1963）；宋玉柱根据动词的动作性列举了存在动词，他发现动作动词（包括动态动词和静态动词）、非动作动词（包括其中的状态动词）都可以充当存在谓词（宋玉柱 2007）。是不是说任何动词都可以出现在这一位置呢？显然不是。范方莲发现“吃、喝、洗、剪、杀、敲、锄”不能充当存在谓词。宋玉柱认为下面两例不能说（宋玉柱 2007：22）：

（31）*这里住着一片黑暗。

（32）*她身上躺着无限温柔。

本部分的讨论试图说明为什么同一类动词中，有些可以出现在存在句中，有些不能。

7.3.2.2 根据存在句的构式意义,我们认为存在谓词表示的基本意义是“存在”。这一意义对应的典型动词是“有”“存在”等,因为它们的基本意义同存在句的构式义完全一致,并且它们固有的参与者角色和该构式所提供的论元角色完全契合。存在义的“是”也是常见的存在动词,但不及“有”“存在”典型,因为它在存在句中不单纯表存在,还有其他的意义卷入进来。(见上文。)

另外一种情况是,存在谓词由动作动词充当。如:

(33) 台上坐着主席团。

(34) 纸条上面写有“魂兮归来”四个字。

(35) 主楼顶上飘着一面红旗。

(36) 门前挖了一道沟。

下划线的动词本来不表示存在意义,要进入存在构式,它们必须获得存在意义。

根据任鹰(1995)的分析,存在句中的存在谓词的语义特征可描述为“[+动作][+存在]”,“[+动作]是底层的静态的和语句无关的语义特征”,[+存在]则是“表层的动态的与句式相关的语义特征”,“是为句式所要求并由句式所赋予的语义特征,是动词在句式中所呈现的语义特征”。动词进入存在句式必须满足这样的条件,即动词必须能够接纳存在构式所赋予的含义,同时句式必须能够接纳动词所提供的语义特征;也就是说,动词本身的语义特征必须与句式义相契合,这样动词才能在与句式的互动中实现“语义合成”。任鹰认为“下位事象条件”是完成这种语义合成的必要条件。所谓“下位事象条件”是指句式中动词所表示的具体动作,应为句式所表示的抽象行为的下位事象,应为某种抽象行为的呈现形式。例如,在存在句中,动词所表示的动作是具体的存在状态,是抽象的存在行为的下位概念或事例。较为具体的下位事象可以代表较为抽象的上位事象(沈家煊 2000)①。

任鹰的分析在一定程度上解释了动作动词进入存在构式的条件,但至于动词是如何获得构式意义的,我们不得而知。我们发现 Goldberg 关于动词和构式互动机制的描述可以解决这一问题。Goldberg 认为,动词

① 参见袁毓林(2004)的相关讨论。

表示的意义和构式表示的意义必须通过一种(时间上连续的)因果关系而整合(Goldberg 1995/2007：59)。例如：

(37) 墙上挂着一幅画像。/*墙上笑着一位老人的画像。

(38) 路上躺着一个人。/*路上哭着一个人。

当动词表示存在的方式,且与存在同时发生时,该类动词可以自由地出现在存在句中。如果某一状态跟存在没有必然的联系,而是一种偶然的或特有的现象,则此类动词不能出现在存在句中。如例(37)中,“笑着”是画中老人偶然的表情,甚至老人本身也是画像偶然的表现内容,即无论画的主题是老人还是其他的人或物,无论画中的老人是“笑着”还是别的神态,对画存在的状态都无影响,即画仍然可以挂在墙上。同理,例(38)中,“哭着”是存在主体“一个人”偶然的表情,跟他存在于“路上”没有必然的联系;而“躺着”跟存在有必然的联系,可以充当存在谓词。

另外,任鹰的讨论只是局限于动词通过表示存在状态而获得存在意义的情形。我们的考察发现,动词还可以通过其他的方式获得存在意义。例如,下面两例中动词表示与构式意义相联的特定前提条件：

(39) 门前挖了一道沟。/*门前填平了一道沟。

(40) 黑板上写了几个字。/*黑板上擦去了几个字。

“挖”和“写”分别是“沟”和“字”存在的前提：“挖”和“写”的动作完成了,“沟”和“字”自然就存在了,因此它们可以作为存在动词。相反,如果“沟”被“填平了”,“字”被“擦去了”,“沟”和“字”不复存在,这两个动词也就不能充当存在谓词。

Goldberg 总结了构式表示的事件类型(e_c)和动词表示的事件类型(e_v)相联系的五种方式(Goldberg 1995/2007：63－64)①,这种总结适合用来分析存在句的构式义和存在谓词之间的关系。通过对实际语料的观察,我们对 Goldberg 总结的五种情形作了一些调整(因为她的第五种情形与前面四种有重复之处)。存在句的构式义和存在谓词之间的语义关系

① 这五种方式是：1) ev 是 ec 的一个子类,2) ev 表示 ec 的手段,3) ev 表示 ec 的结果,4) ev 表示 ec 的前提条件,5) 在极有限的范围内,ev 表示 ec 的方式、确定 ec 的手段或有意造成 ec 的结果(Goldberg 1995/2007：63－64)。

有以下几种情况①：

1）存在谓词以典型的方式表示存在主体的存在，如典型存在动词“有”和“存在”。

2）存在谓词表示存在主体存在的状态。如上文中的例(33)、(35)中，“坐着”和“飘着”分别是“主席团”和“一面红旗”存在的状态。

3）存在谓词表示存在主体的存在带来的结果。如“碗上凝了一层油脂”、“礼堂里坐满了形形色色的男女老少”中，“油脂”存在的结果是凝在了碗面上，“形形色色的男女老少”存在的结果是坐满了礼堂。

4）存在谓词表示存在主体存在的前提条件。见例(39)、(40)及其说明。

5）存在谓词表示存在主体的存在方式或手段。如“嘴里哼着小曲”、“墙上挂着一幅画”中，“小曲”和“一幅画”分别通过“哼”和“挂”的方式存在，即“小曲是哼出来的”，“画是挂上去的”。这种情形有时很难和第二种情形区分。如“墙上挂着一幅画”中，“挂”既表示存在的方式，也表示存在的状态，因为画挂上墙之后，就挂在那儿了。

7.3.2.3　为什么一个事件中含有的手段、前提、方式和状态更有可能在表示整个事件的构式中使用，而某一参与者的情绪却不能这样用(如例(37)、(38)中的第二句)？Goldberg 提出，“某些动词的内在意义与构式意义之间存在着一种转喻关系”，这种转喻关系使得动词获得构式意义(Goldberg 1995/2007：63)。如在“墙上挂着一幅画”和“黑板上写了几个字”中，“挂着”和“写了”分别是存在主体“一幅画”和“几个字”存在的方式②和存在的前提。由于存在手段、前提、方式及状态和存在意义之间的必然联系，可以直接用前者转指后者。这样前者在本身义项及语义特征的基础上又获得了存在义，它们比单纯表述存在的谓词(如“存在”、“有”等)语义更丰富。因此在实际使用中，这类存在谓词使用更普遍，可以表

① 沈家煊认为，动词进入构式的条件包括三种情形：1）动词义项为句式义的一个实例，2）动词表示相应句式义实现的“手段”，以及 3）动词表示相应句式义实现的“原因”(沈家煊 2000)。Yang 和 Pan 分析了存在构式对存在谓词的语义限制，并列举了四种类型。但其中前三类是针对存在主体的，而第四类是针对方位成分的，分类标准不尽统一(Yang & Pan 2001,2：189－208)。

② 也可以说是状态；同时还可以说是手段，因为画是挂上去的，并以“挂着”的状态呈现于墙上。

示除存在义外更丰富的语义特征①。

7.3.2.4 到目前为止,我们充其量只是回答了为什么非典型存在谓词可以进入存在句式表示存在意义的问题,而没有回答为什么有些动词不能进入这一句式的问题。我们只是解决了动词进入存在构式的必要条件的问题,而没有解决其充分条件的问题。如在"*这里住着一片黑暗"和"*路上哭着一个人"中,"住着"和"哭着"都表示存在主体的存在状态,但这两句都不可接受。

这里涉及语义成分配置的"常规"问题。邢福义(1991)认为,"所谓'常规',是就动作和事物之间所建立的联系来说的。这种常规联系,为说汉语的人所共同认识和共同接受。"任鹰(2007)运用这种常规语义联系分析存在谓词和存在主体的关系,和邢福义(1991)②不同的是,任鹰以存在主体为出发点,考察可能出现在存在谓词位置上的动词。她发现,"可以进入存在句的动作动词,大都是表示存在主体的常态动作即常规的存在状态的动词"。在以"人"为存在主体的存在句中,中段动词常由人的身体行为动词(如"坐、躺、站、蹲"等)充当。然而,并不是所有的身体行为动词都能进入存在句,例如,与"坐、躺、站、蹲"的语义特征和句法功能相近的"跳、蹦、游"等,通常就不能单独进入以"人"为存在主体的存在句。如:

(41) *院子里跳着一个人。/院子里跳着一只猴子。

(42) *田埂上蹦着一个人。/田埂上蹦着一只蚱蜢。

(43) *水里游着一个人。/水里游着一条鱼。

对此,任鹰解释道,按照惯常逻辑,人虽然能够做出跳、蹦、游之类的动作,但这些却非人的常态动作,更难以理解为人的常规存在方式。相反,如果存在主体是以跳、蹦、游为常规存在方式的其他动物(如猴子、蚱蜢、鱼等)便可以用作存在句的中段动词。

从存在主体的常规存在状态入手考察存在构式对存在谓词的限制,是非常入理的分析,具有极强的解释力。但有些现象任鹰的分析不能解释。首先,任鹰的例子中,"人"、"猴子"、"鱼"都是有生命的存在主体,它们跟自主的常规存在状态相联系,但如果存在主体是无生命的事物时,情

① 参见沈家煊(2000)、袁毓林(2004)的相关讨论。

② 邢福义(1991)从动词出发,考察动词宾语的分布规律。

况又有不同：

(44) 墙上挂着一幅画。

(45) 肩上扛着一幅画。

(46) 包里装着一幅画。

(47) 绳子下面悬着一幅画。

(48) 脑子里面构思着一幅画。

很显然，以上存在谓词的选用受方位成分的制约。这种制约也表现为一种常规联系，即在常规状况下，墙上可以挂装饰品，肩上可以扛东西，包里可以装东西，绳子可以悬东西，脑子可以构思作品等。这些例子表明，存在谓词不光受存在主体的制约，而且受方位成分的制约。也就是说，存在谓词的选用受存在主体和方位成分的双重制约，那么这两种制约是何种关系，它们有否先后主次之分呢？

首先，在一般情况下，二者可以相互契合，相互统一。如“墙上挂着一幅画”“水里游着一条鱼”，在常规情况下，画可以挂在墙上，同时“墙上”这种方位成分可以用来挂东西；“水里”可供生物游动，同时，鱼的常规存在状态是在水里游动。因此，这两例中的存在谓词和它们的存在方位及存在主体之间，通过常规联系协调统一了起来。

另外，在三者不能全部协调的情况下，存在谓词必定与存在方位和存在主体中的二者之一有常规联系，并为另一成分允准。如在“包里装着一幅画”和“锅里煎着一条鱼”中，“装着”“煎着”分别与“包”和“锅”形成常规配置；同时，尽管画和鱼的常规存在状态不是“装着”和“煎着”，但它们分别允准这两种存在状态，即画可以装进包里，鱼可以煎着吃。因此，这两例是可以接受的。

既然方位成分和存在主体都可以通过常规的语义联系对存在谓词进行语义限制，那么当前两者不能协调统一时，即当存在谓词不能同时接受二者限制的情况下，它通常会接受哪一成分的限制呢？这是一个较复杂的问题，据我们的初步考察，这和方位成分功用的专门性、存在主体的生命性以及人们对存在主体的常规安排、处理方式有关。

先看方位成分。方位成分的功用就是给人或事物的存在提供场所。不同的场所其功用的专门性不一样，如“桌子下”就是专门性不是很强的场所，不同的事物可以以不同的方式存在于桌子下。如凳子、椅子等可以放在桌子下，猫、狗等可以睡在桌子下，大人可以蹲在或躲在桌子下，小孩可以站在桌子下，另外，桌子下还可以悬挂物品或隐藏物品，等等。因此，“桌子下”这一方位成分，对存在谓词的语义限制相对较弱。此时，存在谓词主要接受存在主体的常规语义限制或人们对存在主体的常规安置方式的限制。如：

(49) 观众看见桌子下面悬挂着一颗炸弹。

(50) 墙角、桌子下放着毒饵，可见这屋常有耗子出没。

(51) 桌子下，窗台上，到处放满罐头瓶子。

(52) 旁边桌子下边，还躲着两个腿似筛糠的公司职员。

相反地，如果存在场所功用的专门性强，即事物只能以极其有限并且特殊的方式存在其中，这类场所充当方位成分就对存在谓词的语义限制较强。如“包”通常是用来装东西的，当“包里”用作方位成分时，相应的存在谓词通常是“装”之类的动词。再如“笼子”通常用来关或囚禁人或动物，当“笼子里”用作方位成分时，相应的存在谓词通常是“关、囚禁、困”之类的动词。同时，我们发现与功用专门性强的方位成分相匹配的一般是及物动词，因为一定的方位成分通常和人们对事物的安排、处置方式联系在一起，这种安排和处置通常由及物动词表示。

生命性是用来区分生物（包括人类）和非生物的一种特性，前者具有生命性，后者不具生命性。反映在存在句中，具有生命性的存在主体对存在谓词发挥的控制作用大；反之，控制作用小。如：

(53) 桌子上睡着一只猫。

(54) 桌子上放着一本《圣经》。

一般情况下，桌子是可供摆放物品，不是供宠物睡觉的典型场所，但由于猫具有生命性，可以自主选择符合其常规存在状态的存在谓词；而书（《圣经》）不具生命性，它对存在谓词的控制力不如“猫”强。因此例(53)的存在谓词（“睡着”）主要受存在主体（“一只猫”）的限制，例(54)中的存在谓词（“放着”）表示人们对书（“《圣经》”）的常规安置方式。之所以会有这种联系，其原因在于：具有生命性的存在主体，多可以自主存在，并且有一些典型的存在状态与之联系；在表示此类实体的存在时，要求相应的自主存在状态与之相匹配。不具生命性的存在实体，多不会自主存在，其存在状态多是某种安排或处置的结果，这种安排或处置的状态或方式多会与相应的存在场所相联系，因此，方位成分对其有较强的限制作用。

与具有生命性的存在主体相联系的存在谓词多为不及物动词，与不具生命性的存在主体相联系的存在谓词多为及物动词。这可以解释及物动词和不及物动词在存在句中的分布规律。具有生命性的存在主体多可以自主地选择存在方式或状态，不需借助外界的力量，这种存在方式或状态通常通过不及物动词表示①；不具生命性的存在主体的存在通常是某种安排或处置的结果，这涉及其他动作参与者的介入（尽管该参与者在句中不出现），这类事物的存在通常由及物动词表示。有时及物动词也可以表示人或动物的存在（如例（55）、（56）），这里表现的不是存在主体自主的存在，而是外界对它们的安排或处置。

这种分析势必让我们设想这样的情形：在存在场所功用的专门性和存在主体的生命性程度都很高时，哪种成分的限制作用会更大些？在这种情况下，方位成分一般会发挥更大的限制作用。如：

（55）铁笼子里关着个丑陋的小矮人。

（56）锅里煎着一条鱼。

“小矮人”和“鱼”都是具有生命性的存在主体，但上述两例中的方位成分功用专门性的程度也较高（即笼子的功用一般是用来关人或动物，锅的功用是炒菜做饭），存在谓词的选择主要是受方位成分的限制，即“关着”和“煎着”的选择分别是受“铁笼子里”和“锅里”的限制。

最后要考虑的一种情形是，当方位成分功用的专门性和存在主体生命性程度都很低时，存在谓词的选择受什么因素的制约？此时的存在谓词多表示人们对存在主体的常规的安排和处置方式，同时为方位成分所允准，即存在主体可以以某种方式被安置于某一场所。例（49）、（50）、（51）及（54）就属于此类情形。

对以上各类情形的区分是为了分析的方便，事实上它们很难截然分开。一种情形和另一种情形不是非此即彼的关系，而是轻重主次的分别。

---

① 有些事物或现象，它们的存在或发生是自然力作用的结果，而不是人们安排和处置的结果。与此类存在主体相联系的存在谓词，通常是不及物动词，它们更主要是受存在主体的限制和制约。如：“山上笼罩着浓雾”、“外面下着雨”、“屋檐上滴着水”等就属于这种情形。

总而言之,尽管方位成分和存在主体对存在谓词的选用有限制作用,但这三者之间是相互协调、相互允准和相互统一的,共同表达存在句的构式意义。

7.3.3 存在主体

7.3.3.1 典型的存在主体是具体的、客观的人或事物。如:

(57) 里屋住着一位老太太。

(58) 老王走到大门口一看,那里早就停满了自行车。

"一位老太太"和"自行车"都是具体、客观的事物。人们认知事物往往以具体、客观的事物为基础,在此基础上进行隐喻扩展。这样,抽象的事物被当作客观的事物,存在于某一方位。如:

(59) 胖大姐真能说,随机应变,还满嘴新名词儿。

(60) 满脑子都是坏主意。

以上两例中,语言现象("新名词儿")和思想("坏主意")被隐喻成客观具体的事物,分别存在于嘴里和脑子里。我们注意到,与抽象的存在主体相应的方位成分一般也是抽象的,这是客观世界中事物的相互制约、相互联系的关系通过人的认知在语言中的反映。

7.3.3.2 从语用上讲,存在句式的功能是宣告某一事物的存在,并将其带到听话人的意识之中。因此,存在主体通常是存在句所要强调的新信息,更准确地说,是说话人认为对听众来说是新的信息。语用意义是促使构式意义和形式形成的重要因素。存在构式这种语用意义一旦确立,就要求有适当的语言形式与之匹配。在汉语中,这种匹配表现为,存在主体位于句末并由不定名词充当,即一般由数量定语修饰的名词词组充当。

这种构式意义对出现在存在主体位置上的名词有限制作用。当专有名词出现在存在主体位置上时,其前面会出现数量定语,将定指名词不定化①②。如:

① 吕叔湘认为存在主体的这种形式特征是存在句式的要求(吕叔湘 1944/1984)。

② 张伯江认为这类存在句实际上包含着两个表述,一个是存在表述,一个是判断表述(张伯江 2006)。

(61) 中国出了个毛泽东。

(62) 半路杀出个程咬金。

(63) 在斜对门的豆腐店里确乎终日坐着一个杨二嫂。

以上各例中的划线部分都是专有名词,表示独一无二的人,是人所共知的信息,属旧信息,但当它们作为存在主体出现在存在句中时,说话人将其作为新信息呈现给听众(至少他认为对听众来说是新信息)。因此,它们以新信息的形式出现,可以接受定语"(一)个"的修饰①。有时,专有名词前不加"(一)个",如:

(64) 然而那群雍容揖让的人物中就有范爱农。

(65) 高高的兴安岭一片大森林,森林里住着勇敢的鄂伦春。

这时说话人仍然将其作为新信息呈现给听众。在说话人明示前,"那群雍容揖让的人物中"所包括的人和"森林里住着"的人或动物是不确定的,存在句的语用意义就是确定这些人或物,而"范爱农"和"勇敢的鄂伦春"确定相应的存在主体。这样说来,如果说话人有意将专有名词或定指名词作为未知信息呈现给听众,它们就可以充当存在主体。只不过,这两类名词通常表示已知信息,较少表示未知信息,一般不充当存在主体。

7.4 结语

存在句所对应的原型语义意义是"某地方存在某人或某物",其语用意义是宣告某人或某物的存在,从而将其带入听众的意识之中。存在构式可分析为三个语义成分:方位成分、存在谓词和存在主体。存在句式表达的构式意义在各成分原型意义的基础上整合而成;这种意义一经形成,

① 此时"一个"不是和"两个""三个"等并列的数量结构,可以认为它是将专有名词标记为新信息的一种手段。正因数字"一"的概念很虚,所以可以将"一个"缩为"个"(参见吕叔湘 1944/1984)。

便反过来对各构成成分形成制约和限制。本章重点探讨了存在句式各构成成分的原型语义特征及其系统的扩展形式，考察了三个成分之间、各自和整个构式之间的相互联系、相互制约的关系。

构式语法为解决存在句研究中一些有争议的问题提供了新的视角。在本范式下，我们解释了各成分语义扩展的理据，如动词词组如何获得方位意义从而充当方位成分、本来不表存在的存在谓词如何获得存在意义以及专有名词为何可以充当存在主体。我们发现，存在谓词的选用不只受存在主体的限制，还受方位成分的限制。它受存在主体的生命性、方位成分功用的专门性以及人们对存在主体的常规安排或处置方式等因素的限制；及物动词和不及物动词在存在句中的分布规律也和这些因素有关。我们认为，汉语中的存在句式是一种理据性极强的构式。典型的存在句式的形式和意义可以通过核心原则对应，各成分及整个构式的扩展都是有理据的且呈辐射状，这种辐射状结构本身就是理据性的表现。

关于存在句，还有很多问题值得探讨。如从语法结构上讲，各类动词是如何适配到该句式中的，该句式的论元角色如何和动词的语义角色互动，存在句式和其他相关句式（如领有句、方位句以及隐现句）的关系如何等等，这些问题都可以在构式语法的范式下进行新的探索，也是下一章讨论的问题。

第八章

存在句中论元结构与动词参与者角色之间的整合[①]

8.1 引言：构式作为独立的语法实体

一定的表达式总是对应于一定的意义，习语就是典型的例子，由此，Goldberg 等提出构式语法的概念，并认为这一概念适用于各种层级的语法结构。Goldberg（1995/2007：2）认为，“具体的语义结构和与其相关的形式表达必须被看作是独立于词项而存在的构式”。简单说来，构式就是形式和意义的配对。如果某一构式的特征不能通过其他构式的知识预测，那么该构式在语法中独立存在（ibid.：4）。构式是语言的基本单位，其独立性表现在意义和结构两个方面。提出某个构式的原因是该构式的意义和/或结构不能从语言中已经存在的其他构式中综合推导出来。

汉语中存在句的核心意义是表示某地方存在某人或某物。具体的存在句的意义源于其词项意义和构式固有意义的整合（王勇、徐杰 2010）。但“句式的整体意义不等于各组成部分的简单相加，整体可能有这样一些属性，不是从对组成部分的分析中推断出来的，因此不能通过对各部分的

① 本章原载于《语言学论丛》2012 年第 46 辑。

分析来认识整体的全部性质"（沈家煊 1999）。构式意义一经形成便具有一定的独立性，并反过来制约其组成成分的意义（沈家煊 2000a；王勇、徐杰 2010）。

构式有着独立于动词的论元结构。Goldberg（1995/2007：9）指出，构式的论元结构由框式结构（skeletal construction）提供。例如，在以下两个双及物构式的例子中：

（1）She baked him a cake.

（2）Pat kicked Bob the ball.

不必因为 bake、kick 可以出现在双及物构式中而认为它们有三个论元。双及物构式与施事、受事和与事直接相连。上例中的与事论元是作为双及物构式的论元而非动词的论元得到允准的。这样，句子中各论元之间的关系直接跟框式结构相联系。

这种结构在该构式典型动词的论元角色（本章称之为参与者角色）的基础上形成，但又独立于具体动词，并对进入构式的具体动词的论元结构起制约作用。具体动词进入构式，必须接受构式赋予的论元结构。据此，沈家煊（2000a）认为句式自身有其独立于动词和相关名词性成分的意义。他把配价看成是句式的属性，并指出，句式配价指抽象的句式所配备的、与谓语动词同现的名词性成分的数目和类属（指施事、受事、与事、工具等）。比如：

（3）给予句式：他扔我一个球。　（三价构式）

（4）领主属宾句：王冕死了父亲。（二价构式）

按照这个定义，"他扔我一个球"属于三价句式，它跟"他送我一本书"一样有三个论元：一个施事，一个受事，一个与事，尽管动词"扔"的词义只涉及两个参与者角色；而"（她结婚）你送什么？"属于二价句式，含两个论元：一个施事和一个受事，尽管动词"送"涉及三个参与者角色。同样，"王冕死了父亲"属于二价句式，跟"他丢了一枚戒指"一样含两个论元，而"王冕的父亲死了"则属于一价句式，只含有一个论元。

从动词的配价推导句子的合格性是一种自下而上的研究路向，即通过把握组成成分的差异来把握句子之间的差异。从句式出发来观察动词和相关名词的组配关系，是自上而下的研究路向，自下而上的研究应该跟自上而下的研究结合起来才能对句子的合格性作出充分的解释(沈家煊2000a)。因为具体句子都是句式的体现,而句式有其自身独立于组成成分的整体意义,这个整体意义不是各组成成分意义的简单相加。同时,虽然构式自身具有独立于动词的意义,但是语法的运作不是完全自上而下的,即不能简单地将构式意义强加于动词。实际上,语法分析应该既是自上而下的也是自下而上的。动词参与者角色和构式论元角色互相参照是必要的(Goldberg 1995/2007：23)。

本章主要考察不同类型的动词进入存在构式时,其参与者角色和构式的论元结构相互参照、相互作用、相互适配的具体情形。

8.2 存在句论元结构与动词参与者角色之间的整合

8.2.1 构式的论元角色和动词的参与者角色

Goldberg (1995/2007：41)区分了动词的参与者角色和构式的论元角色。参与者角色是动词语义的一部分,是指在典型状况下某一动词所涉及的参与者。参与者角色和与构式相联的角色不同,后者称为论元角色。动词与具体的框架角色相联;构式则与更具普遍性的论元角色相联。参与者角色是论元角色的实例,而且体现特定的选择限制。例如,汉语中动词"给"的参与者角色包括"给予者、接受者、给予物",双及物构式的论元角色包括"施事、受事、与事"。前者是后者的实例,并且二者之间恰好对应。

语义上,存在构式可分析为三个成分：存在方位、存在谓词和存在物。方位成分一般都分析为方位论元,不会有大的分歧。对存在物论元角色的分析,有关文献的分歧较大。吴传飞(1999)认为其论元角色可以是当事、受事、工具、施事和结果;张成进(2005)将其分析为四种角色,分别是止事、受事、施事和成事;吕云生(2005)则认为存在句中与一价动词相对应的存在物不是施事而是客体(如"路上走着一个人"中的"人")。我们认为存在这些分歧的根本原因是以动词为核心将存在句中的存在物看成是动词的附属属性。如果从构式出发,将存在物看成存在句式的固有论元角色,并参照存在句式的原型动词(如“有”、“存在”)与存在句中两个论元角色的语义关系,可以将存在物的论元角色分析为“客体”(参见Fillmore 1968/2002: 32,144;顾阳 1994;吕云生 2005)。典型的存在动词(“有”、“存在”)的参与者角色包括存在方位和存在物,二者分别和存在句式的方位论元和客体论元对应。

这是二者契合的情况,在二者不一致的情况下,彼此则需进行调配。如动词“挂”的参与者角色包括执行“挂”这一动作的人、被挂的物品以及挂这一动作所涉及的场所。当“挂”作为存在谓词出现在存在构式中时,其参与者角色多于构式的论元角色,且二者的侧重不同,这时需对“挂”的参与者角色进行调整,以便其适配到存在构式的论元结构中去。(详见下文。)

动词的参与者角色来自于该动词的框架语义或ICM,即在某一动词的ICM中有一些典型的实体与之相联,这些实体以某种方式参与到动作之中(Fillmore 1968/2002; Goldberg 1995/2007)。构式的论元主要由其整体意义决定。例如,“王冕死了父亲”所属句式有两个论元,“王冕的父亲死了”所属句式有一个论元。前一句强调王冕因父亲去世而损失惨重,而后一句只是表明王冕的父亲去世这一事实①。二者意义不同,各自涉及的论元数目和结构自然也就不同(沈家煊 2000a)。

动词的参与者角色和构式的论元角色都是以各自的意义和用法为理据,这也是意义作用于结构的表现。这种作用不只表现在角色的类型和数量上,还表现为角色的侧重。先看动词参与者角色的侧重。侧重的参与者角色在情境中必须作为焦点使用,并且得到某种程度的凸现。侧重由动词的意义决定,并且是高度规约的,不受语境的影响(Goldberg 1995/2007: 42)。在有些情况下,侧重的差别反映动词之间的主要差别。例如

---

① 试比较:

王冕七岁上死了父亲。

?王冕七十岁上死了父亲。

之所以有这种差别,“因为古稀之年父亡不像幼年丧父那样是个重大损失”(沈家煊 2000a)。

"rob"和"steal"的参与者角色分别是①(加粗表示侧重):

(5) rob [**抢劫者**、**目标**、抢劫物]
(6) steal [**偷窃者**、目标、**失窃物**]

它们意义上的差别可以归结于二者侧重上的差别。语义框架的差别是侧重差别的基础或动因(Goldberg 1995/2007: 45)。侧重上的差别决定了参与者角色句法实现的不同,被侧重的参与者角色必须与实现为直接语法功能项(主语和宾语)的论元角色熔合(Goldberg 1995/2007: 43):

句法规定:

rob [抢劫者 目标 抢劫物] — 目标 → OBJ
steal [偷窃者 目标 失窃物] — 失窃物 → OBJ

侧重差别:

rob [**抢劫者** **目标** 抢劫物]　　steal [**偷窃者** 目标 **失窃物**]

图 8.1　参与者角色侧重

请看以下典型例句:

(7) **He** stole **money** from his parents.
(8) **They** robbed **him** of all his possessions.

例(7)中,he 和 money 分别对应于主语和宾语,是直接语法功能项,因而也是侧重的参与者角色,而 his parents 不是直接语法功能项,是非侧重的参与者角色;同理,例(8)中,they 和 him 分别对应于主语和宾语,是侧重的参与者角色,而 all his possessions 不是直接语法功能项,是非侧重的参与者角色。

与词项一样,构式也规定侧重哪些角色。在构式中"每一个被联接到直接语法功能项(如主语(SUBJ),宾语(OBJ,包括直接宾语和间接宾语))的论元角色在构式中侧重"(Goldberg 1995/2007: 46)。这些角色要么在语义上突出,要么具有某种话语凸现的特征(例如作为话题或焦点);反之,不与直接语法功能项对应的角色则是非侧重角色。存在构式中的两个论元(处所和客体)分别充当存在构式的主语和宾语,是侧重的

① 汉语的动词"抢"和"偷"也反映出类似侧重差异(沈家煊 2000b)。

论元角色：

(9) 存在构式：[**方位客体**]

区分句式论元和动词的参与者角色，语法中多了一个层次。这不但没有增加系统的复杂性，反而能使论元系统简化，因为一种语言中句式的数量是有限的，句式的论元是确定的，不同的句式对应于不同数目和类属的论元。同一动词出现于不同句式中，其意义和论元结构可能不同，这是句式规约的结果，动词本身并不具有这些不同的意义和论元结构。这样，就不必因为某一动词出现新的用法而在词典中为其添加新的意义，这既符合语法系统的经济性原则，又减轻了心理词典的负担（Goldberg 1995/2007：7－12；沈家煊 2000a；袁毓林 2004）。

8.2.2 存在动词参与者角色与存在构式的论元结构之间的调配

存在构式的论元结构与存在构式中动词的参与者角色之间有时是契合的，有时彼此之间需要进行协调才能统一起来。动词的参与者角色跟句式的论元在数量和类型上的不匹配就是角色误配（role mismatches）。出现角色误配时，动词的参与者角色必须服从句式的论元结构的调配，即动词进入特定句式后必须接受句式赋予的论元结构（袁毓林 2004）。构式规定动词以何种方式与之整合，限制与其整合的动词的类型，而且还必须规定动词表示的事件类型以何种方式整合进构式表示的事件类型（Goldberg 1995/2007：47）。本节对存在构式的论元结构和存在动词的参与者角色之间适配的各类情形进行具体分析。

8.2.2.1 角色匹配：熔合

熔合（fusion）是指动词的参与者角色与句式论元角色之间恰好对应，不必因为句式论元结构的需要对动词的参与者角色进行调整或增删。如果某一动词是与构式相联的典型动词，那么该动词的参与者角色可以在语义上与构式的论元角色熔合（Goldberg 1995/2007：47）。这种匹配遵循“语义一致原则”，即只有语义一致的角色可以熔合。也就是说，如果参与者角色可视为论元角色的一个实例（instance），则两者在语义上相一致，因而可以熔合。就存在句而言，表存在的动词"有"和"存在"包含"存在方位"，这一角色可视为存在句中的方位论元的一个实例，二者语义一致；同理，前者的参与者角色"存在物"与后者的客体论元语义一致。

在这种情况下动词的参与者角色与句式论元之间的意义对应，即每一个词侧重的角色必须与构式中侧重的论元角色熔合。如图 8.2[①]所示：

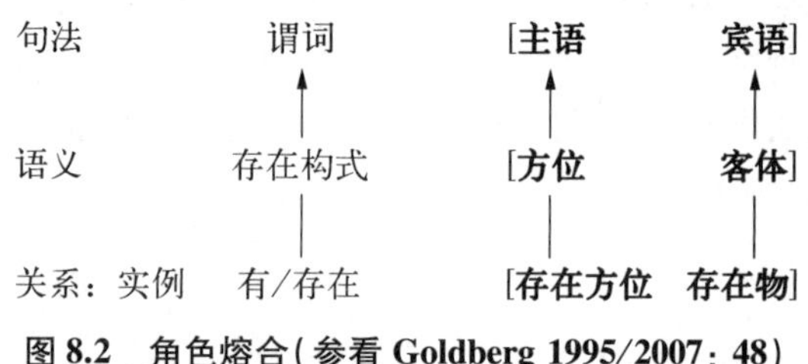

图 8.2　角色熔合（参看 Goldberg 1995/2007：48）

上图中，"关系"表示动词以何种方式整合进构式中。动词充当存在句中存在谓词的前提是它们必须以某种方式表示存在义，"有"和"存在"是实现存在构式中存在谓词的典型实例（参见 Goldberg 1995/2007：63－64；沈家煊 2000a；袁毓林 2004；王勇、徐杰 2010）。此时动词的参与者角色和构式的论元角色之间语义一致且角色对应。存在方位为方位论元的实例，存在物是客体论元的实例，并且参与者角色得到了侧重，论元角色表现为主语和宾语，这些角色都得到侧重，动词的参与者角色与构式的论元角色熔合。

8.2.2.2　角色误配：增容

存在句中动词的参与者角色和构式的论元角色间的角色误配有三种情形：增容、剪切和侧重误配。

先看增容。动词的参与者角色不必一一对应于构式的论元角色，有

① 此图参照 Goldberg（1995/2007：48），但在其基础上有所调整。我们认为，动词的参与者角色经过构式的限制和调整后表现为句式的句法结构。论元结构是构式固有的，它独立于动词而存在，动词必须服从并接受构式赋予的论元结构，句法结构是论元结构的表现。构式的论元结构位于动词的语义角色和句法结构之间，而不是如 Goldberg 所示的那样，动词的参与者角色位于构式的论元结构和它的句法结构之间。

时构式可以增加并非由动词提供的角色,这就是论元增容。例如,在大多数动词的 ICM 中,方位成分不是必要成分,至少不是被侧重的参与者角色,因而在一般的句式中方位论元往往不是必要论元。但在存在句式中,方位论元是句式要求的必要论元,这一论元可能不与动词具有的参与者角色匹配,是构式为表达构式意义的需要增设的。如在一般人的 ICM 中,动词"飘扬"只涉及一个参与者角色,即飘扬的事物,姑且称之为"飘扬物",不包括方位成分,如"红旗飘扬"。但在存在句"屋顶上飘扬着一面红旗"中,通过论元增容,句式中增加了方位论元。如图 8.3 所示:

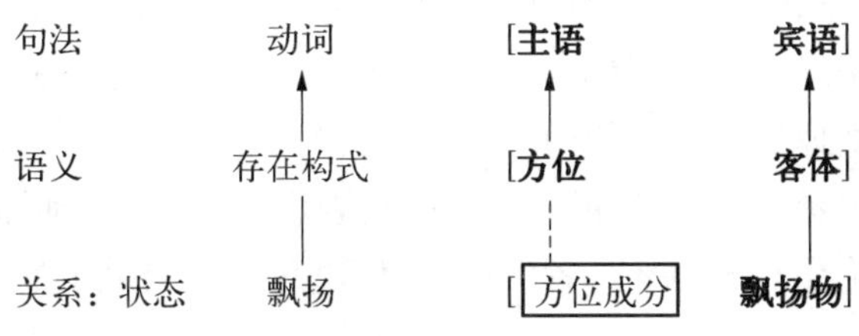

图 8.3 论元增容

上图中"关系:状态"表明,"飘扬"是存在物"红旗"存在的状态①,"方位成分"和虚线表示在动词"飘扬"的 ICM 中不存在和方位论元对应的"方位成分"这一参与者角色,方位论元是句式直接赋予的,并在句式中得到侧重。

8.2.2.3 角色误配:剪切

剪切是指与动词相联系的参与者角色在构式中被隐去了。这类似于导演将某个参与者角色从画面中删除(Goldberg 1995/2007:55)。如在一般人的 ICM 中,动词"挥动"的参与者角色包括动作者即"挥动者"和挥动的对象或称之为"挥动物",不包括方位论元,如"他挥动着红旗"。但在存在句"手中挥动着红旗"中,动作者被剪切掉了:在存在构式中,只有方位和客体两个论元,其他任何与动词相联系的参与者角色进入该构式后都被剪切掉了。(此例中的方位论元是论元通过增容而获得的。)如图 8.4 所示:

① 从语义上讲,动词可以通过不同的语义关系表示存在,通过状态表示存在是动词进入存在句式的必要条件之一(参看 Goldberg 1995/2007:64;王勇、徐杰 2010)。

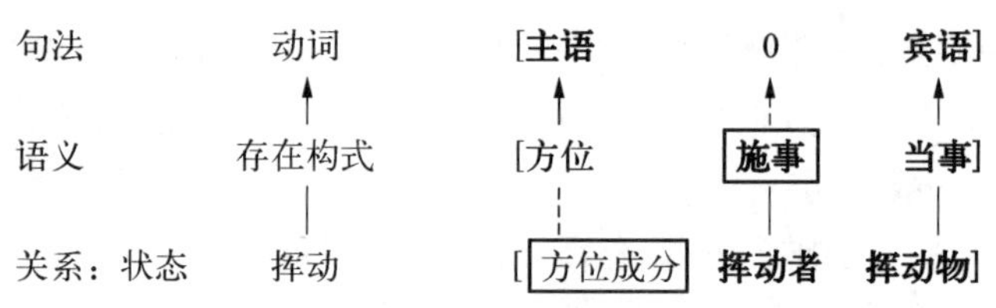

图 8.4 角色剪切

上图中"关系：状态"表明，"挥动"是存在物"红旗"存在的状态，因而表达句式所要求的意义"存在"（参见王勇、徐杰 2010）。"挥动者"和"施事"及其间的实线表示作为动词的参与者"挥动者"是存在的，但该动词进入存在构式后，这一参与者角色不与任何论元角色对应，因而被剪切掉了。被剪切掉的角色在句中不充当任何句法成分（用"施事"和"0"及其间的虚线表示）。"方位成分"和虚线表示在动词"挥动"的 ICM 中不存在和方位论元对应的参与者角色，方位论元是句式赋予的，并在句式中得到侧重。

以上动词参与者角色剪切的分析表明，Goldberg（1995/2007：51）关于"构式必须容纳所有被侧重的参与者角色"的论断不符合汉语事实。例如：

（10）每位中国观众都挥动着小国旗。

（11）手中挥动着红旗。

在非存在句（10）中，动作者（"每位中国观众"）作主语，是侧重角色，但当"挥动"进入存在构式后，动作者不但没有侧重，甚至没有被构式接纳，被剪切掉了（见上文）。这从另一个角度证明构式论元结构的独立性，构式具有现实性。

所有的及物动词进入存在句后，都会发生角色剪切，并且剪切掉的大多是施动者。本章的第三部分探讨施动者被剪切的原因。

8.2.2.4 侧重误配

增容和剪切属于角色数量的误配，即动词的参与者角色和构式的论元角色的数量不一致。增容是指构式中增加了不与任何动词参与者角色对应的论元角色，而剪切是指与动词参与者角色相对应的论元角色在构式中被删除，两个过程刚好相反。与存在句式有关的另外一种误配是侧重误配。这主要涉及方位论元。如上所述,存在句中的方位论元是侧重的论元,但在动词的参与者角色中,与方位论元对应的方位成分往往不是被侧重的参与者角色,这样便出现侧重误配。如在一般人的 ICM 中,动词"挂"侧重的参与者角色包括"悬挂者"和"悬挂物",而挂的方位往往不被侧重。如"老师在墙上挂了一幅画"中,"在墙上"充当状语,如果删除它不影响句子意思的完整性。但"挂"进入存在句式后(如"墙上挂了一幅画"),方位论元得到凸现,成为侧重论元(作主语)。方位成分作为动词"挂"的参与者角色(非侧重角色)与存在构式的方位论元(侧重角色)之间出现侧重误配。这种侧重误配可图示如下:

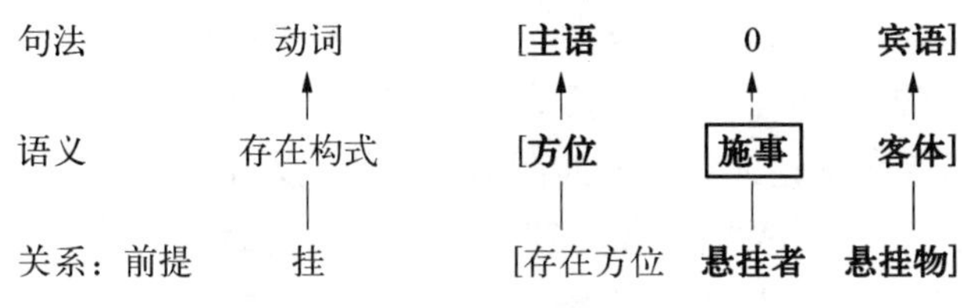

图 8.5　侧重误配

一般动词进入存在句要么经过论元增容,要么发生侧重误配。这种增容或侧重误配都是发生在存在构式的方位论元和动词的方位成分之间。因为存在句中的方位论元(充当主语)始终是被侧重的角色,而动词的方位成分要么不是必要角色(即不出现也不会影响意思表达的完整),要么是不必侧重的论元(即不充当主干成分),前者进入存在句需经过论元增容,后者进入存在句会发生侧重误配。

8.3　角色误配的动因

动词进入存在句后在方位论元上发生侧重或增容,并且及物动词的施动者所对应的施事论元必须剪切掉。否则,存在句不成其为存在句,试比较:

(12) 黑板上写了几个字。

(13) 王老师在黑板上写了几个字。

在(12)的基础上,补上施事论元"王老师"后,"王老师"作主语,被侧重,方位成分作状语,不再被侧重,从(12)到(13),句子的结构发生根本变化。上文提到,我们认为(12)和(13)中的动词"写"分别有两种论元结构(一个带施事论元,一个不带施事论元)的做法是不可取的。为此,潘海华(Pan 1996)提出了施事删除规则,即非完成体标记"着"附着在动词之后,可以删除施事论元①。袁毓林(2004)认为存在句中的施事删除是广义被动化规则作用的结果。在这种作用下,处所论元升级了,表现为不需要介词引导直接作句子的主语和话题,同时,施事论元降级后被省略掉②。他认为这是一种"在词汇规则控制下的词汇衍生过程,在不改变词义的情况下得到了跟句式的论元结构相匹配的动词的论元结构"。

在一定程度上,潘海华和袁毓林的假设都是针对存在句提出的。我们认为,所谓论元增容、侧重误配、论元剪切或施事删除,都是以动词的论元结构(或者说以动词的 ICM)为参照考察句式的论元结构,没有从句式本身的 ICM 出发,考察其论元结构。如果我们换一种视角,从存在构式的基本语义出发,并考虑到它的语用特点,而不是用动词的论元结构来衡量构式的论元结构,就不必借助某种规则或条件来解释句式论元结构和动词论元结构的不匹配现象。存在句式表达的核心意义是"某地方存在某人或某物"。根据意义和形式对应的核心原则(central principle)(Lakoff 1987:463, 492),与这种意义相匹配的句式结构(包括顺序)为③:方位成

① "着"引发施事删除的条件是:(i) 相关动词是定位动词,具有{施事,客体,处所}三种论元角色;(ii) 客体和处所有一种像主语和谓词一样的关系,即处所是客体所在的地方。因此,下面这种句子是不合格的(Pan 1996):

桌子上小明放着一本词典

*桌子上被小明放着一本词典

很显然,这些条件是直接针对存在句式提出的。

② 袁毓林(2004)总结了施事降级的条件:(i) 相关动词是定位动词,具有{施事,客体,处所}三种论元角色;(ii) 客体论元和处所论元有一种像主语和谓词一样的关系,即处所是客体所在的地方;(iii) 客体论元是句子的焦点(focus),处所论元是已知信息。

③ 参见 Lakoff(1987)有关英语中指示构式(deictic construction)和存在构式的相关论述。

分+存在谓词+存在物，即这种意义决定存在句式论元角色的数目、类型和论元结构。换句话说，如果说话人要表达的意义为某人做了某事或对某物实施某动作，他很可能会选择一般主谓句（上文中的（12）和（13）的意义差别就说明了这一点），施事者是相关构式中侧重的论元，并且一般情况下充当其中的主语。受存在句表达的核心意义的影响，即使某一动词在一般情况下有施事与之相联，在存在句中，该动词通过一定的途径表达句式所要求的存在意义，动作的实施者不属句式所要表达的信息，对应的论元也就不必出现。同样的道理，方位论元表达存在句基本意义所需的必要信息，因而这一论元是存在构式必要的并且是侧重的论元。这样说来，所谓角色误配实际上是当动词参与者角色与构式论元角色不匹配时，动词为表达构式所要求的意义而对照构式论元进行的适配。

8.4 结论

构式作为一种独立的语法实体不仅表达独立于词项的意义，而且具有独立于词项的论元结构。存在句作为一种构式其论元结构为[方位，客体]，这种论元结构和充当存在谓词的动词的参与者角色之间有时是匹配的，这就是角色熔合。典型的存在动词“有”和“存在”进入存在句就会出现这种情形，它们的参与者角色“方位成分”和“存在物”分别对应于存在句的方位论元和客体论元。构式的论元角色和动词的参与者角色不匹配的情形称为角色误配。这时构式的论元结构处于支配地位，即动词必须服从并接受构式赋予的论元角色。存在句中构式的论元结构和动词之间的误配有三种情形，即增容、剪切和侧重误配。在动词不具备与存在构式的方位论元对应的参与者角色时，构式自动增设这一论元角色，即增容；当及物动词出现在存在构式中时，施动者角色对应的施事论元被剪切掉；当没有被侧重的方位成分所对应的方位论元在构式中得到侧重时，发生侧重误配。我们发现，一般动词进入存在构式后，要么经过论元增容，要么发生侧重误配后与存在构式中被侧重的方位论元适配；及物动词进入存在构式时发生论元剪切，即施动者角色被剪掉，受动者适配到客体论元，不及物动词的唯一侧重参与者角色适配到存在构式中的客体论元。

存在构式表达的核心语义是“某地方存在某人或某物”，这种意义决定存在构式的论元结构。任何动词进入这一构式都必须服从表达这一核心意义的需要，因而必须服从该意义对应的论元结构。所谓角色误配实际上是当动词参与者角色与构式论元角色不匹配时，动词为应对构式要求表达的语义针对构式论元结构进行的适配和调整。动词进入存在构式必须放弃自己固有的参与者角色（如果这些角色与构式固有的角色不匹配），服从并接受构式赋予的论元角色。一定的构式表达一定的核心意义，这种意义决定构式的论元结构。动词进入这一构式都必须服从表达这一核心意义的需要，因而也就必须与该意义对应的论元结构相匹配。

第九章

“有”字句的历时考察和横向比较[①]

9.1 引言

从古代汉语到现代汉语,“有”出现在多种语法环境中,出现频率极高,其意义和用法既相联系又有区别。据统计,不计重复,“有”在《诗经》中出现 367 次。《论语》中出现超过 100 次的共有 19 个字,“有”字出现 190 次,居第 8 位。从历时的角度看,“有”的不同意义和用法出现和存在的时间不同。《现代汉语八百词》(1999 年增订版)列举了“有”的三个义项:1. 表示领有、具有;2. 表示存在;3. 表示性质、数量等达到某种程度。除此以外,“有”还有其他的用法,如在某些方言中可以表示动作的完成(普通话中虽然不用“有”表示动作的完成,但其否定形式“没有”可用于完成体的否定),它还可以组成一些类似成语的固定用法,如“有意思”“有主见”“有想法”等等。

这些不同的意义和用法之间是否存在联系?如果是,这种联系呈现怎样的规律?这是本章试图回答的问题。研究对象不仅包括“有”字存在

---

① 本章原载于《华中师范大学学报》2012 年第 5 期。

句(如"桌子上有一本书")和领有句(如"我有一本书"),还包括"有"充当不定名词的标记、表示完成体以及固定用法(如"有意思""有主见")等其他意义和用法。

黄正德(1988)、易中正(1994)、张豫峰(1998)、蔡维天(2004)等在不同语法理论背景下,从不同的角度对"有"字句的句法、语义特点进行了研究。袁毓林等(2009)运用情景语义学的有关观念和方法,在"拥有"和"存在"两大语义情景的观照下,梳理"有"字句和"有"的各种意义和用法,抽象出"有"字句四种基本的语义关系模式(领属、包含、包括、存在),并揭示这四种语义模式之间的联系和区别,以及它们在语法表现上的差别。他们认为,"拥有"和"存在"是可以互相转化的,"有"和"有"字句的各种意义之间是有紧密的联系的(袁毓林等 2009)。

从跨语言的角度看,存在句、领有句是各语言中普遍存在的句型。很多语言都用同一动词表示存在和领有,并衍生出其他的意义和用法。同时,各语言中"有"作为动词,不同于其他动词,属于和判断词"是"类似的轻动词。本章在历时上对"有"的各种意义和用法进行梳理,通过跨方言和跨语言考察,检视和论证这些不同意义和用法之间的必然联系,并试图在构式语法的框架下对其进行解释。

9.2 历时视角

9.2.1 先秦及两汉时期

表存在的"有"字句从上古汉语到现代汉语的各个时期一直存在,是汉语中最基本、最中性的存在句式(吴仁甫 1988:185-187;Tao 2007:577),并且表存在的"有"和表领属的"有"难分彼此,其出现的句法形式包括:

一、有+NP

(1) 日月之行,则有冬有夏。(《尚书·洪范》)

(2) 无弱孤有幼。(《尚书·盘庚》)

二、有+NP+VP

(3) 我有大事休。(《尚书·大诰》)

(4) 君有大臣在西南隅。(《左传·哀公十六年》)

三、X+有+VP

(5) 自今辛至于来辛有大雨?(《甲骨文合集》第30048片)

(6) 子曰:"志士仁人,无求生以害人,有杀身以成仁。"(《论语·卫灵公》)

四、NP+有……者

(7) 叶公与孔子曰:"吾党有直躬者,其父攘羊而子證之。"(《论语·子路》)

(8) 宋人有闵其苗不长而揠之者。(《孟子·公孙丑上》)

五、有+VP

(9) 降年有用又不永。(《尚书·洪范》)

(10) 万民多有勤苦冻馁。(《墨子·兼爱》)

李佐丰(2004:399-404)归纳了古代汉语中"有"字的用法:

一、存现句

(11) 野有饿莩。(《孟子·梁惠王上》)

(12) 天有十日,人有十等。(《左传·昭公七年》)

二、领有句

(13) 臣有臣之威仪,其下畏而爱之。(《左传·襄公三十一年》)

(14) 汤有天下,选於众,举伊尹。(《论语·颜渊》)

三、记异句(表示出现了通常并不出现的事物或事实)

(15) 秋,有蜮。(《春秋·庄公十八年》)

(16) 有鸜鹆来巢。(《春秋·昭公二十五年》)

四、介绍句(即用来介绍一个前文不曾出现过的人)

(17) 有献不死之药于荆王者,谒者操之以入。(《韩非子·说林上》)

(18) 有敢偶语诗书者弃市。(《史记·秦始皇本纪》)

此外,《尚书》和《诗经》里,"有"出现在一些朝代名、国名、水名前,王力(1989)认为是"类似词头的前附成分",杨伯峻、何乐士(1992)认为是前缀助词,例如"有虞、有莘、有熊、有库、有济" 等。不管如何看待,"有"的作用都是显示其后名词性成分的存在性,即"有这个名词所指称的事物存在"(储泽祥等 1997: 15),例如"有周不显,帝命不时。"(《诗·大雅·文王》)。因此,这一时期,"有"字句的基本意义仍是"存在"和"领有"。所谓记异和介绍属语用功能,其基本意义(即存在义)仍清晰可见。

9.2.2 魏晋至唐宋时期

在这一时期,"有"除延续上古汉语时期各用法外,还出现了一种新的意义,即表列举,如(吕叔湘 1990: 69):

(19) 疑有二种: 一烦恼疑;二无记疑。(《六朝·佛经·北凉译经》)

(20) 善男子,菩提有三种: 一者从闻而得;二者从思而得;三者从修而得。(《六朝·佛经·北凉译经》)

这里的"列举"是从"存在"引申而来的,"有"仍可以理解为"存在"。

9.2.3 元明清时期

这一时期最明显的变化是,"有"出现了估量的意义。《现代汉语八百词》和《现代汉语词典》把这个意思归纳为"达到、企及某一性状或程度的意义"。如:

(21) 当初我有一个孩儿来,十八年前与了一个官人去了: 如今有呵,也有官人这般大年纪。(关汉卿《刘夫人庆赏五侯宴》)

(22) 俺陈琳便有张良般伎俩,怎当那刘太后有吕氏般机谋? 可搭的把咽喉来当住,唬得咱魂魄全无。(《全元曲·无名氏·金水桥陈琳抱妆盒》)

这里"估计"义是从"存在"义虚化而来的,因为客观的存在是现实的存在,实际上不存在的非客观的存在就是一种猜测、估计。

另一个新的用法是表比较,如:

（23）悟空撩衣上前，摸了一把，乃是一根铁柱子，约有斗来粗，二丈有餘长。（《西游记》第 4 回）

（24）那里有哥这样大福？俺每今日得见嫂子一面，明日死也得好处！（《金瓶梅》第 20 回）

（25）横竖也有书上说的岳老爷的那位教师周先生纳闷个光景儿。（《儿女英雄传》第 37 回）

很明显，比较义是由估计义虚化来的，意义趋虚，功能性加强。

9.2.4 现代汉语中的“有”字句

现代汉语中，“有”字句出现了几种新的用法：

一是“有”作为无定标志，并由此衍生出提示话题的用法：

（26）有两个学生来找过您。

（27）有两个问题我一直没弄明白。

其实，这种用法古已有之。李佐丰（2004：402）认为这是记异用法的引申。“有”还可以引入一个前文不曾出现过的人、物，这个人、物往往是不确定的。这时“有”通常带主谓性宾语：

（28）子适有瞀病，有长者教予曰：“所乘日之车，而游于襄城之野。”（《庄子·徐无鬼》）

（29）过菑水，有老人涉菑而寒，出不能行，坐淤沙中。（《战国策·齐策六》）

吕叔湘（1990：108）称此类句子为“有无繁句” 。其中“有”字起引介的作用，“因为主语是上文没有提过的，带有或多或少的无定性质，需要介绍一下”。他进而认为，“有人敲门”中的“有”字只是一个形式词，既然有敲门的事情，其为“有”人，不言而喻，何必再说？之所以要这样说，因为不知道是谁敲门。为权宜计，也未尝不可把“有”字作为一个表无定性的指称词。詹开第（1981）分析，这种句式形式上是个兼语式，但语义的重点在名动结合上，“有”只起引进、介绍的作用，“有”表明后面的“名词”是无定的。储泽祥等（1997：15）发现这种存在句因为缺少前段，陈述作用不强，因此常常充当始发句，后面一般要有后续句，意思才算完整，在语篇中有起话头或转换话题的作用。因此，此类“有”字句常见于篇首、段首或一句话的前部。可以说，这种用法的“有”和李佐丰所说的“介绍句”没有本质的区别，都是起引介作用，多用于句首，其提示话题的语用功能得到凸现。

一般认为，这种用法的“有”直接显示事物的存在性。“有”在这里首先表示存在这种现象，其次表示这个陈述的主体是无定的。最近有学者从历时或共时的角度运用语法化理论讨论了“有”的这种意义和用法形成的机制和过程。如左思民通过考察“有”字的各种用法，认为“有”的存在义、领有义是最基本的含义，表引介的意义和表完成的意义都是由基本含义虚化而来的（左思民 2008）。孟艳丽（2009）的讨论显示，由于句法环境的变化，“有”的存在义淡化了，由于总是跟不定指数量名词共现，不定指意义被吸收了进来并得到凸显，从而成了一个语法标记词。

在现代汉语中，“有”表示无定的语法功能更加明显，存在义相对而言不引人注意。在此基础上，出现了“有人”、“有些”和“有的”等一些新的用法。

第二种用法是，“有”出现在一些较固定的短语中，如“有意思”、“有想法”、“有学问”等。《现代汉语词典》把这种用法解释为“表示所领有的某种事物（常为抽象的）多或大”，因而有了表程度的意义。刘丹青认为，此处的“有”呈现出“表多表好”的强烈的语义倾向，形成了一定程度的语法制约，这种倾向与汉语句子的信息结构特征有关（刘丹青 2011）。可以肯定的是，这种用法的“有”的语义基础是“领有”，程度义或表多表好的语义倾向不是其原义，而是在一定的句法环境中表现出的语用价值。久而久之，这种语用义被规约了下来，且有一定的能产性（Her 1991）。

第三种用法是，“有”表示完成体。

(30) 那你当时有没有想到是非典？

(31) 最近她父亲有没有来信？

这种用法来源于“有”的领有义（石毓智 2004：98）。在普通话中，“有”表示完成体只限于否定句、疑问句等，肯定句中的完成体由“了”表示。但汉语的很多方言中完成体的表达则是肯定否定对称的，都源于领有动词的肯定和否定形式，如客家话、闽方言、粤方言就是如此（详见下节）。除汉语外，还有很多语言（如英语、法语、瑞典语、意大利语、葡萄牙语、西班牙语等）用领有动词表示完成体，这说明二者之间有必然的联系，并且这种联系具有一定的跨语言普遍性(Heine 1997：207)。

此外,“V+有”的形式,也在这一时期出现。

(32) 他存有一笔钱。(领有)

(33) 石头上刻有篆字。(存在)

其中“V+有”的存在义、领有义主要由“有”承担,“有”是核心。“有”的功能与“V+有”的功能相似(史有为 1984：38－39)。

纵观“有”的各种意义,可作如下归纳：存在义、领有义及引介义存在的时间最长,使用范围最广,列举和估量义在元明时期开始出现,完成义、“V+有”以及固定用法(如“有意思”“有学问”等)在现代汉语中才出现。其中最早的“有”字句是前面不带任何成分的简单结构,见于甲骨文,这可能是“有”字句的原生句(王建军 2003：143;Tao 2007：575－577)。从功能上看,此类句子多出现在篇章或段落之首,用来介绍前文不曾出现过的人或事物,所以李佐丰称之为介绍句。

后来出现存现句和领有句同处一体、难分彼此的阶段(王建军 2003：144)。“有”字的意义中,领有包含存在,存在包含领有。其主要特征是前段多数是表示处所的名词和表示人或动物的名词,并且二者可以混用(吴仁甫 1988：185),如：

(34) 庖有肥肉,厩有肥马,民有饥色,野有饿莩。(《孟子·梁惠王》)

表示人的名词和表示处所的名词处于并列的位置,成为区别领有义和存在义的依据,“有”和人名一起使用表示领有,和地名一起使用表示存在。这种并列说明这两种意义的区别是由前段名词的性质决定的。吴仁甫认为,“凡表领属的,总带些存在的意味,所以对这样的句子可以一刀切,全部视为表存在。”(吴仁甫 1988：187)

(35) 北京动物园有好几只大熊猫。

(36) 这个城市有上百所中学。

(37) 我家有五口人。

(38) 我家有一个规矩。

以上各句既可以理解为领有句,也可以理解为存在句,这主要是方位成分的多义性造成的,即方位成分既可以理解为机构或单位,也可以理解为地点。

总而言之，在“有”的诸多意义和用法中，最原始、最基本的意义是表示存在，这是其他意义的基础。这个基本意义与表示方位的名词一起出现时，表示某物存在于这一方位；和有生命的主体一起出现时，表示某物为这一主体领有。实质上，领有也是一种存在，只不过存在的方位是有生命的主体。因此，领有可以看作是一种机构化、世俗化的存在。二者有时很难分开，古代汉语如此，现代汉语也是这样。以这种意义为基础，其他各种用法都是这两种意义引申和变异的结果。

与这一基本语义意义如影随形的是“有”的语用意义，即表示其引介的事物为新信息。因为存在为事物的基本属性，故存在句中的存在动词“有”传达的信息量不大（因此有人将“有”称为轻动词，light verb），而一个句子必须承载一定的信息量，否则就失去其交际价值，但在存在句中方位成分为已知信息，因此，存在物承担主要的传达信息的任务，这也解释了为什么存在物多为不定名词（王勇、徐杰 2010：68－69）。

记异句中“有”的语用意义得到了凸显，存在义也就相对减弱。在介绍句中，“有”字引介新信息的功能进一步凸显，其存在义进一步减弱，但没有完全消失，有时还较明显（如“齐人有请见者”）。

9.3 跨方言视角

“有”字在各方言中出现的句法环境较多，意义和用法较为丰富。下面以闽南话为例，通过和普通话的比较，描述该方言中“有”的各种用法。闽南语中，“有”字表现出六种用法（曹逢甫、郑萦 1995：158；张振兴 1989：147）：

（39）厝内有侬客。（屋内有客人）（存在）

（40）我有三箍银。（我有三块钱）（领有）

（41）有侬来啊。（有人来了）（呈现）

（42）册有带来咧。（书已经拿来了）（完成体）

（43）伊有待读册。（他现在正在读书）（进行体）

（44）这蕊花有红。（这朵花红了）（状态的存在）

闽南语中，“有”的两个基本意义是表示存在或领有关系，这一点和普通话一样。这两种意义关系密切，有时很难决然分开，其中存在是基本的意义，而呈现、完成体、进行体及强调用法的“有”的共同语义基础是“存在”（ibid.）。

曹逢甫、郑萦认为，上古汉语原来也和闽南语一样，用“有”表示完成体，只是后来在发展过程中普通话（北方官话）肯定句中“有”的这种用法逐渐消失或为“了”所取代，而闽南语一直保留着这种用法。张振兴举《诗经》的例子证明表示状态存在的“有”存在于古代汉语（张振兴 1989：150）。

（45）黾勉同心，不宜有怒。《诗经・谷风》

（46）子兴视夜，明星有烂。《诗经・女曰鸡鸣》

（47）彤管有炜，说怿女美。《诗经・静女》

（48）不我以归，忧心有忡。《诗经・邶风》

表完成体用法的“有”后接非状态动词，而表示状态存在的“有”后接状态动词（即形容词），或称静态动词，一般前者视为体标记，后者视为断定标志。曹逢甫、郑萦认为后者表示强调，和表完成的“有”语义基础相同，即动作或状态已经发生，即已经存在。完成体用法的“有”还出现在福州话、客家话及粤语中。

“有”的意义和用法，尽管在不同方言中表现出一定的差异，但共性是主要的。“有”的各种意义和用法都是基于其最基本、最原始的存在意义和领有意义。我们不禁追问：存在义和领有义有何联系？其理据何在？下面我们将援引跨语言的事实，证明各语言中存在句和领有句之间内在的、必然的联系。

9.4 存在句和领有句：跨语言视角

跨语言考察显示，存在句和领有句在动词的使用、语序、有定性效应、方位特征等方面表现出密切的、本质的联系。本部分通过跨语言考察，揭示存在句和领有句之间从形式到语义上系统的、本质的联系。

9.4.1 形式上的相似点

我们主要从语序、格标记(包括存在物/领有物与方位成分/领有者的格标记)以及动词的使用三个方面,考察形式上的联系。看印地语、芬兰语和苏格兰盖尔语(Scots Gaelic)的例子:

(49) 印地语(Freeze 2001: 943)

a. *Kamree-mẽẽ* *aadmii* *hai.* (存在句)
房子·斜格-在……内 人 系词·单数第三人称
"房间里有一个人。"

b. *Larkee-kee* *paas* *kuttaa* *hai.* (领有句)
男孩·斜格-所有格 由…… 狗 系词·单数第三人称
"那个男孩有一只狗。"

(50) 芬兰语(ibid.)

a. *Pöydä-llä* *on* *kyna.* (存在句)
桌子-近处格 系词 铅笔
"桌子上有一支铅笔"

b. *Liisa-llä* *on* *mies.* (领有句)
Lisa-近处格 系词 男人
"Lisa 有丈夫。"

(51) 苏格兰盖尔语(ibid.)

a. *Tha* *min* *anns* *a'* *phoit.* (存在句)
系词 燕麦 在……内 定冠词 罐子
"罐子里有燕麦。"

b. *Tha* *peann* *aig* *Mairi.* (领有句)
系词 钢笔 在 Mary
"Mary 有一支钢笔。"

印地语中,存在句和领有句的语序分别是"方位成分+存在物+存在动词"和"领有者+领有物+领有动词",其中存在动词和领有动词不但是同一动词，而且形态相同，都是 hai，方位成分和领有者都带有斜格标记，并且方位成分和领有者都后接介词（印地语是一种介词后置（post-position）型的语言），尽管具体介词不同。芬兰语中存在句和领有句的语序分别是“方位成分+存在动词+存在物”和“领有者+领有动词+领有物”，其中存在动词和领有动词不但是同一动词，而且形态相同，都是 on，方位成分和领有者都带有近处格标记-llä。苏格兰盖尔语中存在句和领有句的语序分别是“存在动词+存在物+方位成分”和“领有动词+领有物+领有者”，其中存在动词和领有动词都是同一形态的连系词 tha，而且方位成分和领有物分别带有介词 *anns* 和 *aig*。

上述三种语言中，存在句和领有句式使用同一动词。还有很多语言也如此，罗曼语就是很好的例子：法语中的存在句带类似于“有”的连系动词，在历史上被归入存在句，取代其中的 be 动词。类似的联系还存在于俄语、希伯来语、日语、现代希腊语、老挝语、马来语等等。

9.4.2 语义上的相似点

9.4.2.1 有定性效应

存在句和领有句的有定性效应是指出现在两个句式中的存在物和领有物分别倾向为无定的名词。讨论存在句和领有句的有定性效应需要参照另外两个句式：

（52）存在句：桌子上有一本书。→ 方位句：（那本）书在桌子上。

（53）领有句（I）：我有一本书。 → 领有句（II）：（那本）书是我的。

存在句和方位句表达的事态（state of affairs）相同，也就是说它们表达相同的命题意义，都由三个相同或相当的语义成分（即方位成分、存在过程和存在物）组成。所不同的是语序、动词的选用和存在物的有定性。以下是俄语、芬兰语和日语的例子：

（54）俄语（Freeze 2001：945）

a. *Na*	*stole*	*byla*	*kniga.*	（存在句）
在……上	桌子·方位格	系词	书	

“桌子上有一本书。”

b. *Kniga* *byla* *na* *stole.* （方位句）

书 系词 在……上 桌子・方位格

“书在桌子上。”

（55）芬兰语（Huumo 2003：464）

a. *Piha+llä* *on* *poika.*（存在句）

院子+近处格 系词・现在时・单数第三人称 男孩・主格

“院子里有一个男孩。”

b. *Poika* *on* *piha+llä.*（方位句）

男孩・主格 系词・现在时・单数第三人称 院子+近处格

“男孩在院子里。”

（56）日语

a. *Tsukue-no* *ueni*（*wa*） *honga* *aru.*（存在句）

桌子-的 上面-方位格-（话题） 书-主语 有

“桌子上有一本书。”

b. *Honga* *tsukue-no* *ueni* *aru.*（方位句）

书-话题 桌子-的 上面-方位格 有

“书在桌子上。”

俄语中，存在物“kniga”（书）在存在句和方位句中都是同一形式，方位成分“na stole”（桌子上・方位格）在两个句式中也是同一形式。并且，两个句式中的动词“byla”无任何不同，唯一不同的是它们的语序。存在句的语序是：方位成分+存在动词+存在物；方位句的语序是：存在物+存在动词+方位成分。芬兰语的情形与俄语类似，两种句式的语序分别和俄语中两种句式的语序一样。所不同的是，除方位成分在两个句式中都带近处格标记外，存在物在两个句式中都带主格标记。日语中，存在句中的存在物带主格标记 ga；方位成分带主题标记 wa，或不带任何格标记。方位句的存在物带主题标记 wa，或不带任何格标记，两个句式中的动词都是 aru，所不同的是，存在句的语序是：方位成分+存在物+存在动词；方位句的语序是：存在物+方位成分+存在动词。

很显然，在以上几种语言中，存在句和方位句最大的差别在于语序，而语序只是形式上的表现，其背后必有功能或语义上的动因。这种动因就是存在物的有定性。无论是生成语言学者还是功能语言学者都认识到,存在物的有定性在生成或选择这两个句式时起了决定作用。如 Freeze(2001：941)认为,“尽管世界诸语言中表示存在的句式表现出相当丰富的形式变化,但其表达的语义是一样的：各语言中的存在句式都以某种方式对两个论元之间的关系和有定性特征进行编码。”一般认为,只有无定名词才能作为存在物出现在存在句中,这就是所谓的“有定性效应”(definiteness effect)。名词的有定和无定,说到底是语义的问题,并且需借助于特定的语境才能确定。在语法层面上,有的语言通过冠词来表示,如英语中无定名词用不定冠词 a/an 或 some、a lot of、a number of 等接复数名词表示,而出现在存在句中的存在物一般也只能是这类名词(如：There is a book on the table. There are a lot of people in the room.)。除英语外,还有一些语言通过冠词来表示名词的有定或无定,有定性效应在这些语言中表现明显,以下是荷兰语和匈牙利语的例子(和汉语相似,荷兰语中的存现动词较丰富,有些实义动词如 loopt(走)可以充当存现动词)：

(57) 荷兰语(Dik 1997：209－210)

a. *Er* *loopt* *een* *hond* *in* *de* *tuin*. (存在句)
虚位成分 走 一 狗 在……内 定冠词 花园
“花园里走着一只狗。”(“花园里有一只狗在走。”)

b. *De* *hond* *loopt* *in* *de* *tuin*. (方位句)
定冠词 狗 走 在……内 定冠词 花园
“狗在花园里走。”

c. * *Er* *loopt* *de* *hond* *in* *de* *tuin*.
虚位成分 走 定冠词 狗 在……内 定冠词 花园
“花园里走着那只狗。”

(58) 匈牙利语(de Groot 1989：187)

a. *A* *kert-ben* *van* *egy* *kutya*. (存在句)
定冠词 花园-方位格 系词 一 狗
“花园里有一只狗。”

b. *A* *kutya* *a* *kert-ben* *van*. (方位句)
定冠词 狗 定冠词 花园-方位格 系词
“狗在花园里。”

荷兰语存在句有一个虚位成分 er(类似于英语中的 there)。除此之外,存在句和方位句最显著的区别就是语序,并且存在句中的存在物 hond 带不定标记 een,方位句中的存在物 hond 带有定标记 de,如果存在句中的存在物带有定标记 de,则该句不合语法(见 57c)(Dik 1997:209)。很显然,这种区别正是存在物的有定性导致的。匈牙利语存在句中的存在物带不定标记 egy,方位句中的存在物带有定标记 a。尽管匈牙利语是一种自由语序语言,存在句和方位句的典型语序却有着区别句式的作用。

有的语言中存在句和方位句在句法结构上无任何差异,唯一可作区分二者的依据是存在物的有定性,如爱尔兰语就是这样:

(59) 爱尔兰语(Harley 1995:200)

a. *Tá* *mhin* *sa* *phota.* (存在句)
系词 燕麦 在……内 罐子
"罐子里有燕麦。"

b. *Tá* *an* *mhin* *sa* *phota.* (方位句)
系词 定冠词 燕麦 在……内 罐子
"燕麦在罐子里。"

类似的,领有句(I)、(II)也表现出有定性效应。以下是法语、埃维语(Ewe)和兰戈语(Lango)的例子:

(60) 法语(Baron 2001:6)

a. *Jean* *a* *un* *livre.* (领有句 I)
Jean 有 一 书
"Jean 有一本书。"

b. *Le* *livre* *est* *à* *Jean.* (领有句 II)
定冠词 书 COP 紧跟…… Jean
"这本书是 Jean 的。"

(61) 埃维语(Heine 1997:204)

a. *Ga* *le* *é-si.* (领有句 I)
钱 系词·在 他的-手
"他有钱。"

b. *Ga* *sia* *nyé* *t*ɔ-*nye*. （领有句 II）

钱 这 系词 财产-我的

“这钱是我的。”

（62）兰戈语（Noonan 1992：148）

a. *Okélò* *tíê* *Ì* *gwôk*. （领有句 I）

Okelo 系词 和……一起 狗

“Okelo 有一只狗。”

b. *Gwôk* *tíê* *bòt* *òkélò*. （领有句 II）

狗 系词 紧跟…… Okelo

“狗是 Okelo 的。”

以上几种语言中，两种领有句表示的命题意义相同，都是领有者和领有物之间的领有关系，它们都由三个基本的语义成分组成，即领有者、领有物和领有动词。法语中，领有句（I）和领有句（II）形式上的区别主要有：1）语序不同。前者的语序是“领有者+领有动词+领有物”，后者的语序是“领有物+领有动词+领有者”；2）领有动词不同。前者中由动词 a（有）实现，后者中由动词 est（是）实现；3）在前者中领有者不带介词，后者中带介词 à（紧跟……）；4）领有物的形式不同，前者中领有物带不定冠词 un，后者中领有物带定冠词 le。埃维语中领有句（I）和领有句（II）语序相同，但其中的领有动词和领有者都不一样，前者用 le é-si（在他手中），后者用 nyé tɔ-nye（是他的财产）表示。此外，领有物的有定性不同，前者领有物 ga（钱）不带有定标记，后者带有定标记 sia（这）。领有物的有定性的不同导致表达形式的不同。也就是说，决定选择前者还是后者的关键是领有物的有定性。在兰戈语中，领有句（I）和领有句（II）最大的区别是语序，前者的语序是“领有者+领有动词+领有物”，后者的语序是“领有物+领有动词+领有者”；前者中领有物 gwôk（狗）前带介词 Ì（和……一起），后者中领有者 Okélò 前带介词 bòt（紧跟……），其他语义成分的形态完全相同，而将前者理解成领有句（I），后者理解成领有句（II），起决定作用的也是领有物的有定性（ibid.）。

可以发现，领有句（I）和领有句（II）在语序、动词的选择、领有物的有定性以及领有物或领有者跟介词搭配的情形等方面表现出密切的、系统的联系。在这两个句式中，领有动词属于轻动词，其主要功能是用来表示两个实体之间的领有关系(Lyons 1967：390；Halliday 2004：213－214)。领有者在这两个句式中语义保持不变，领有物特征的变化决定对这两个句式的选用。因此有人认为领有句与存在句一样，也表现出有定性效应(Bach 1997：464)。也就是说，领有句(I)中的领有物是无定的，领有句(II)中的领有者是有定的。试以英语和汉语为例作比较：

(63) a. 我有一本书。 I have a book.

(64) a. 那本书是我的。 The book is mine.

b. *一本书是我的。 *A book is mine.

有些语言中，领有句(I)和领有句(II)的语序一样，动词的选用和领有者无任何差别，唯一不同的是领有物的有定性，这更说明领有物的有定性是决定二者的关键(如埃维语)。如果某一语言中没有定冠词和不定冠词的区别，该语言通常通过语序来区分这两种句式，如：

(65) 泰卢固语(Telugu)(Prakasam 2004：452)

a. *ataniki* *mūdu* *iiḷiḷu* *unnayi*.
他(宾格)·伴随 三 房子 系词
"他有三间房子。"

b. *mūdu* *iiḷiḷu* *unnayi* *ataniki*.
三 房子 系词 他(宾格)·伴随
"那三间房子是他的。"

9.4.2.2 方位特征

存在句和领有句语义上的第二个共同之处是方位性。上文谈到，有些语言存在句中方位成分和领有句中的领有者都带格标记，如在印地语(例49)中二者带斜格标记，在芬兰语(例50、55)中二者都带近处格标记。这两种格标记都具有方位性，典型的斜格是介词宾语，近处格是一种方位格。

二者共同表现方位特征的另一手段是使用介词。如俄语(例54)、兰戈语(例62)、苏格兰盖尔语(例51)等语言都是如此，尽管二者使用的介词不尽相同，但介词本身表示方位关系，体现方位特征。

在有些语言中，方位特征还可以在动词上体现，这类结构中的动词不只起连接作用，还表示方位意义。它们表示的意义是"be 动词+介词"，如埃维语、伊哥洛邦都语（Igorot Bontoc）、玛安晏语（Ma'anyan）就是这样（埃维语见例(61)，以下是伊哥洛邦都语和玛安晏语的例子）：

（66）伊哥洛邦都语（Dryer 2007：244）

a. *Wodá* *nan* *ónash* *id* *Falídfid.* （存在句）
系词·在 冠词 甘蔗园 方位格 Falidfid
"在 Falidfid 有一个甘蔗园。"

b. *Wodáy* *nan* *fákat* *is* *nan* *ongónga.*（领有句 I）
系词·在 冠词 钉子 方位格 冠词 男孩
"那个男孩有一枚钉子。"

（67）玛安晏语（ibid.：241）

a. *Sadiq* *naqan* *tumpuk* *eteqen.* （存在句）
古时候 系词·在 村子 Eteen
"古时候有一个叫 Eteen 的村子。"

b. *Aku* *naqan* *buku.* （领有句 I）
我 系词·在 书
"我有一本书。"

以上两种语言中，存在句和领有句分别使用相同的动词wodá和 naqan（其中 wodá和 wodáy 是同一动词的变体，它们表达的意义都可直译为"be at"，这不但表明存在句和领有句意义上的必然联系，更表明它们都具有方位性（ibid.：245）。

存在句的方位性是不言而喻的：存在句的意义就是通过存在物和方位成分之间的联系来表现的。从语序、格标记和介词的使用看，存在句中的方位成分和领有句中的领有者对应，领有者也相应具有方位特征，但由于典型的领有者是人，人们更注意其生命性特征而忽略了其方位性特征，或者说前者掩盖了后者。

9.4.2.3 相互定义的双重关系

存在句和领有句语义上联系的第三个方面是语义成分的相互依赖性。也就是说，存在句中的存在物和方位成分以及领有句中的领有物和领有者彼此都以对方的存在为前提，都通过对方来定义。

没有存在物就无所谓方位成分,反之亦然。存在物和方位成分是相互定义的,彼此以对方的存在为前提。某个地方只有在放置了某物后,前者才成为地方,后者才成为存在物。如在“桌子上有一本书”中,只有在桌子上放置了书以后,“桌子上”才成为一个地方,而“书”只有相对于“桌子上”这一方位成分,才成为存在物(Baron 2001: 21 - 22)。同理,领有句中的领有物和领有者之间也存在这种相互定义的双重关系。这种关系和施事-受事的关系不一样:施事者可以独立于受事者而存在。人们倾向于通过施事-受事关系来理解领有者和领有物之间的关系,即将领有者看作施事者,将领有物看作受事者。其实,存在物-方位成分的关系图式(即方所图式)与领有句更具可比性(ibid.)。也就是说,与施事-受事图式相比,领有的概念与方所图式更相似。其中,方所图式是最基本、最原始也是更具体的图式,是存在句和领有句共同的语义基础。

9.4.3 小结

据我们考察,存在句(包括存在句和方位句)和领有句(包括领有句(I)和领有句(II))之间的这种联系也体现在中国大陆少数民族语言中(如满语、苏龙语、布赓语、义都语、克蔑语、卡卓语、拉基语等)以及中国台湾境内的南岛语系诸语言中,如雅美语、泰雅语、鲁凯语、卑南语、葛玛兰语、赛夏语、布农语、邵语、排湾语、阿美语等。

因此,可以说存在句和领有句从形式到语义都表现出系统的、密切的、本质的联系。形式联系是语义联系的体现,而语义联系是两个句式之间必然的联系决定的。简而言之,这种必然联系就是,领有是一种存在。以上关于存在句和领有句语义联系的讨论显示,二者在有定性效应、方位性和语义成分相互依赖性等方面都表现出惊人的相似性,将这种相似性简单归因于偶然巧合,不能令人信服。相反,如果承认它们之间的必然联系,问题将迎刃而解。存在句和领有句本质上属同一句式,它们共同的语义基础是存在,以及存在物/领有物和方位成分/领有者之间相互定义的二重联系。领有是一种存在,只不过存在的方位不是空间的、物理的方位,而是人,是领有者。可以说领有是一种世俗化的、机构化的存在(sophisticated and institutionalized existence)。因此,可以认为汉语中“有”

最基本的意义是表存在，领有意义是在存在的基础上发展而来的，其他意义都是在此基础上衍生出来的。

9.5 结论："有"字句的语义扩展图式

在历时及跨语言/方言视角观照下，不难发现"有"字句各种意义和用法之间的联系，从而获得统一的"有"字的各种意义和用法的扩展图式：

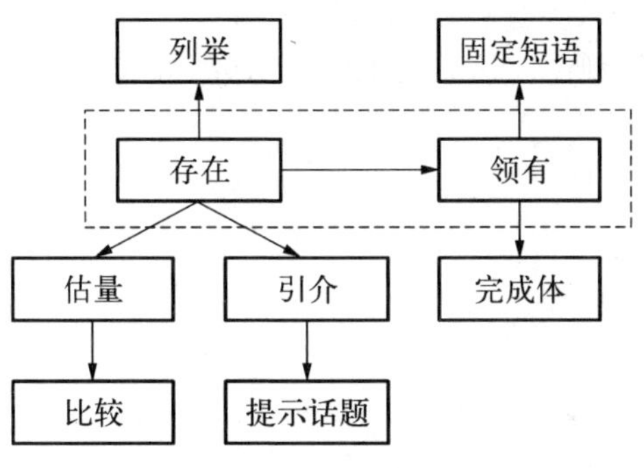

图 9.1 "有"字句语义扩展图

上图显示，"有"最基本、最核心的意义是表示存在，在此基础上衍生出领有义。存在义和领有义构成"有"字的基本意义，这也是其他意义扩展和引申的基础。引介义、列举义、估量义、表完成体、固定用法（如"有意思"、"有学问"）等分别从基本义引申出来。其中完成体用法及一些固定用法从领有义引申而来，其他意义从存在义衍生出来。引介义中又衍生出"有"提示话题的功能，估量义中又引申出比较义。

这种扩展有的是语义意义的延伸，如估量义、列举义等；有的是语用意义的沉淀和凸现，如固定用法、引介义、提示话题的功能。但它们都是基于基本义。

根据构式语法理论，这种语义扩展式是基于基本意义的，呈放射状，是有理据的（Goldberg 1995/2007：65，68）。扩展图式反映出语义扩展在时间上的先后关系,即先出现基本义,然后在此基础上扩展出引申义。各引申义与各自基本意义相联系又相互独立,其联系性表现在它们之间“基于”的关系,其独立性表现在各意义呈现出各自的句法环境等用法和意义特征。这些特征是各意义成为不同于基本意义的理据。必须注意,这些意义都是针对特定构式而言的,不同的意义对应于不同的构式。离开构式,“有”字的意义就无从说起。这种辐射状扩展、各意义之间的独立性和联系性本身就是各相关意义之间理据性的写照。

汉语中存在句和领有句句法上表现出相似性,这种在单一语言/方言中看似偶然的现象,在更广阔的跨语言/方言和历时的视角中,表现出普遍性和规律性。这使得我们进一步探求“有”的各种意义和用法之间的联系,从而发现纷繁复杂的语言现象背后的规律。“有”字句如此,其他语言现象未尝不是这样。循着这样的研究思路,我们可以发现更多类似的一词多义现象背后的规律。这对词汇语义研究、辞典编纂等具有启示意义。

第十章

现代汉语中的事件类存在句[①]

10.1 引言

存在句的概念最初是由吕叔湘(1943)提出来的,他主要是从意义上讲的,这和今天公认的存在句不同[②]。后来,吕叔湘(1946)又认为,表示某处存在、出现和消失的句子总称存在句。20世纪50年代开始,存在句作为一种独特的句式开始受到重视。有关讨论和研究不断涌现。其中存现句的定义、范围的界定、分类以及存在句A、B、C三段的句法语义特征一直是讨论的热点。近年来,随着生成语言学、功能语言学、认知语言学等新兴语言学理论的引进,运用这些理论研究存在句的成果层出不穷,并且取得了一些新的进展。本章将循着存在句范围的界定和分类的讨论,试图提出"事件类存在句"的概念,运用功能语言学理论来描述和解释与存在句有牵连、但无法涵盖在其中的几种句式。

---

① 本章原载于《外国语》2014年第3期。

② 吕叔湘认为有无句有两种:一种是无起词的有无句,如"没你的事";一种是"分母性起词"的有无句,如"船有两种"。二者是真正表"存在"的句子。

先看存在句的界定和分类。雷涛(1993)主张从语义和结构两个方面界定存在句。一方面,并不是所有表示存在语义的句子都是存在句(如:"李老师在家里。");另一方面,存在句还受语义的限制,不能因为某些句子结构上与存在句相同就归为存在句(如:"台上唱着寿戏。")。他进而提出,存在句必须符合三个条件:1)在语义上具有表"存在"的功能,是某个地方(已知)有什么(新知),确认人或事物的存在;2)在结构上具备 A+B+C 的结构顺序,其中 C 段是必须有的成分;3)可以用"……有……"格式替换。邵敬敏等(2009:146)也持类似看法,认为存在句作为现代汉语中的一种特殊句式,首先必须以形式作为判断的标准,即存在句必须具有"名(处)+动+名"的结构特点;其次必须具有表存在的意义。张伯江(2009:243)注意到该句式的语用特征,即着重于介绍一个新出现的角色,并在后文对其做进一步描述。

后来,在存在句的基础上,又出现了隐现句的概念。陈庭珍(1957)认为,叙述事物的出现和消失的句子和存在句属于同一类型。例如:

(1) 校长办公桌上出现了一本厚厚的美丽的册子。
(2) 隔壁店里走了一帮客。

陈庭珍(1957)解释说,从结构上说,这一类句子和处所词作主语的存在句很相似;从意念上看,"出现"是"存在"的开始,"消失"是存在的"终结",所以可以归入存在句。这类句式是表现事物存在的句子,不是叙述行为动作的句子。动词后面的名词不是以行为的施动者或受动者的身份出现的。宋玉柱(2007)明确区分了"存现句"和"存在句",指出表存在、出现或消失某人或某物的句式统称为"存现句",其中表存在的句式叫存在句,表出现或消失的称为隐现句。

"消失类存在句"与其他存在句在形式上有共同之处,在意义上也有一定的牵连。但是,认为消失是存在的结束,因而可以看作是存在句,这种说法未免有些牵强。第一,消失义和存在义刚好相对,语义上不符合。存在句的功能是宣告某物的存在。既然消失了,就肯定存在过,通过消失宣告其存在,这在逻辑上颠倒了。另外,这种句子的语用价值也不是引介新事物,这可以从语料库中得到印证。我们以"……死了一个人"为例,发现在北大语料库中析出的符合条件的例句中,无一例用于引介新事物。这说明,"消失类存现句"作为一类存在句值得怀疑。

另外一个讨论较多且争议较大的问题是存在句的动态和静态之分，以及所谓“假存在句”的问题。范方莲(1963)认为，“台上唱着戏。”“窗外正飘着大雪。”等属动态存在句，“这些句子的动词前可以加‘正’或‘在’表示进行。”宋玉柱(2007：16)的定义是：“凡句中动词不表示动作行为，只表示静止状态的为静态存在句；凡句中动词表示动作行为或句中动词结构表示动作变化过程的是动态存在句。”这样，有关存在句的动静态之说大致确立。但关于动态存在句的分歧较大。范方莲(1963)、张学成(1982)、李临定(1986)、戴雪梅(1988)认为“台上玩着把戏。”属动态存在句，朱德熙(1980)和雷涛(1993)反对因为某些句子结构上与存在句相同就归为存在句。宋玉柱(1988，2007)用一系列变换格式揭示了“台上坐着主席团。”与“外面跑着汽车。”的异同，进而证明二者与“台上唱着寿戏”根本不同，认为前二者是存在句而后者不是(详见下文)。陆俭明(1997：24－26)运用变换分析的方法证明“台上坐着主席团。”和“台上唱着梆子戏。”的语义结构关系不同，这种不同可归结到动词语义特征的不同。至此，学者认识到，尽管“台上唱着戏”的结构形式与存在句相同，但不是存在句，宋玉柱称之为“假存在句”，即这类句子(形式上)像存在句，但(语义上)又不是存在句。它们到底是什么句式，在句法语义上有何特征，与存在句有何牵连等，“假存在句”的概念不足以回答这些问题。

另外一个与存在句有牵连的句式是领主属宾句(如“王冕死了父亲。”)。这一概念最早由郭继懋(1990)正式提出。此前学者(如李钻娘1987)已经注意到存在句和领主属宾句的关联。石毓智(2007)通过历史考察，认为领主属宾句源自存现句，并认为前者属于后者。Lin (2008：76) 提出，“王冕七岁时死了父亲。”句中的“王冕”是方位性主语，而不是事件的经历者，因而这种句子和存在句没有实质差异。李杰(2009)将传统上所谓隐现句和领主属宾句合称为“发生句”，其句式意义是表示某处/某时或某人/某物发生了某事。任鹰(2009)运用构式语法的理论，探讨了“领属”与“存现”两个语义范畴的相似关系及领主属宾句与典型的存现句的构式关联。张翼(2012)认为领主属宾句和存现句在语义和句法层面体现了论元异构现象。其中的动词产生了延伸义，这种延伸义可以解释这两种句式的语义和句法特征。显然，存在句和领主属宾句在语序、动词的论元结构、语义特征等方面有共性。形式上的共性是否有语义功能上的动因，二者在句式义上有何联系等等，这些问题都有待探讨。

即使是典型的存在句，如“船里点着一盏油灯。”“路边又翻了一辆车。”等，如果将其中的动词替换为“有”（范方莲 1963；雷涛 1993；宋玉柱 2007：99－100），即便在句法上成立，但意义完全扭曲了。试比较“船里点着一盏油灯。”和“船里有一盏油灯。”，的确，后者的意义蕴含在前者之中，但前者不仅仅表示“一盏油灯”的存在，更重要的是表示油灯点着的状态。再看动态存在句，如“他额头上滚动着一颗颗汗珠。”，恐怕不能说只是表示汗珠的存在。

鉴于上述问题，本章提出“事件类存在句”的概念，和“事物类存在句”相对。下面，我们将运用功能语言学的有关理论（如 Halliday 1994，2004），围绕事件类存在句的范围、功能语义特征、两类存在句之间的渐变关系等展开讨论。

10.2 事件类存在句的范围

Lyons（1977：442－445）区分了三种层级的实体。一级实体指客观事物，如人、动物、植物、制造物等，这类实体在一定的时间内相对稳定，并存在于三维空间，可供观察。本章称这类实体为“事物”。二级实体是指事件、过程、活动以及状态，即所谓的事态（state of affairs）。这类实体发生于一定的时空之中。三级实体是抽象的，存在于具体时空之外，如事实、概念以及想法等（Lyons 1977：442ff；Vendler 1967/2002：242，244，246；Dik 1997：136）。

本章采用 Vendler（1967/2002）以及 Peterson（1997：7，81）的“事件”这一术语，大致相当于 Lyons（1977）所说的二级实体以及 Dik（1997）所说的事态。事件是一个上位概念，包括动作（actions）、活动（activity）、情景（situation）、条件（condition）、过程（process）等等。与事件相对应的谓词是：发生、持续、开始、结束、致使等（Peterson 1997：92）。

汉语中存在句不仅可以表示事物的存在，还可以表示事件的存在。我们提出“事件类存在句”的概念。一方面，现有的文献都认为存在句只表示事物的存在,如大家公认的存在句的定义是"表示某地方存在某事物",而没有涉及事件的存在。另一方面,有些存在句以及与存在句有牵连的句式的主要的语义功能不是表示事物的存在,而是表示事件的存在。最典型的例子是上文提到的"假存在句",形式上分明和典型的存在句(即事物类存在句)相像,但在语义上和存在句有区别。

有两位学者讨论过事件类存在句,但他们使用的术语不同。Lin(2008:74－76)指出"墙上有一幅画。"和"张三家发生了一起谋杀案。"表示的意义不同,前者是存在句,表示某一地点存在某物;后者是发生句,表示某地发生某事,即表示事件(event)的发生而不是事物(thing)的存在。"存在/有"和"发生"是两个轻动词,二者都允许方位名词作主语。"墙上挂着一幅画。"不仅表示画的存在,还表示其存在方式。"我们村子里沉了两艘船。"表示事件的发生,即两艘船沉了。这并不是说船是在村子里沉的,船不会在陆地上沉。"我们村子"是表示沉船后接受影响的对象。Lin(2008:76)认为"王冕七岁上死了父亲"可以称作是发生句,将"王冕"看作方位主语。但 Lin 只是在讨论普通话中方位性主语时,顺带论及这个问题,没有专门深入讨论事件类存在句。

李杰(2009)发现表示消失意义的隐现句非常少,只占总数的5%,并且有些句子的意义很难用隐现来概括。如:

(3) 地上又碎了一个碗。

(4) 路边又翻了一辆车。

据李杰考察,当发话人使用这类句子时,上下文语境表明他的表达意图不是要表示某处出现或消失了某人或某物,而是表示某处发生了某事。发生包括隐现,但不局限于隐现。据此,李杰提出发生句的概念,和存在句相对,包括领主属宾句和部分存现句。这是非常独到、入理的观察,很大程度上解决了本章提出的问题。但她没有明确概念以及范围,没有将存在句看作连续统,本章讨论的有些句式也没有涵盖。另外,发生句概念很好地解释了该句式中 B 段和 C 段的意义,但没有观照整个小句的意义。我们认为,该句式中的方位成分是必要成分,对表达句式语义不可或缺(详见下节)。另外,"发生"一词并不适用于所有类型的事件,比如状态、情景等不能说"发生"。

Halliday(2004:256)在描述英语存在句的时候,称其既可以表示事物

的存在,也可表示事件的存在和发生。如:

(5) In the caves around the base of Ayers, Rock, *there are aboriginal paintings that tell the legends of this ancient people.*

(6) In Bihar, *there was no comparable political campaign.*

(7) *There was confusion, shouting and breaking of chairs.*

上述例句中,(5)表示事物的存在,(6)和(7)表示事件的存在。Halliday(2004: 258)接着写道:"原则上,很多事情都可以表述为存在:人、物体、机构、抽象事物,乃至行为和事件。"在英语中,事件的存在可以名物化,如(6)、(7)中的 *campaign*、*confusion*、*shouting and breaking of chairs*。因此,事件类存在句和事物类存在句在句法上没有明显不同。但汉语中不存在名物化,表示事件的存在需要借助于动词。试比较:

(8) 屋里在开会。 There was a meeting going on in the room.

所谓事件类存在句是指表示事件发生或状态存在的句子,在形式上由三个成分组成,依次是方位名词词组(NG_L)、动词词组(VG)和名词词组(NG)。很明显,这种结构和存在句相似。典型的存在动词是"有",典型的发生动词是"发生"。所谓"发生"指原来没有的事出现了。和"发生"结合的名词中的成分多为事件。"发生"的主要论元大多出现在动词后面(陶红印 2001: 151)。对事物类存在句(如"墙上有一幅画。")的提问用"墙上有什么?",对事件类存在句(如"台上唱着戏。")提问用"台上发生了什么事?"或"台上在干什么?"。

事件类存在句包括上文提到的各种与存在句有牵连的句式,以及部分存在句,具体包括假存在句、领主属宾句、部分动态存在句以及消失类存在句等。

先看假存在句。这一概念最初是宋玉柱(1988,2007)提出来的,用以描述以下例句:

(9) 台上唱着戏。

(10) 录音机里播放着歌星音乐。

(11) 屋里开着会。

因为结构上相像,这类句子经常被当做事物类存在句(宋玉柱 2007: 98),因为它们都可以分析为: $NG_L \wedge VG \wedge NG$。试比较(9)和(12):

(12) 大街上跑着一辆汽车。

宋玉柱认为它们属于异构现象,即尽管结构相同,但表达的意义不同。范方莲(1963)通过"有"替换其中的动词,解释了这种不同(参看朱德熙 1980: 64;陆俭明 1997: 24-26)。

(13) 床上躺着一个人。→床上有一个人。(有)一个人在床上躺着。
(14) 天上飞着一只鸟。→天上有一只鸟。(有)一只鸟在天上飞着。

但这种转换不适用于"假存在句"(宋玉柱 2007: 99,100)(cf. (9)、(10)、(11)):

(9′) * 台上有戏。　　　　　　* 戏在台上唱着。
(10′) * 录音机里有歌星音乐。　* 歌星音乐在录音机里播放着。
(11′) * 屋里有会。　　　　　　* 会在屋里开着。

范方莲、宋玉柱、朱德熙等认识到假存在句和存在句(特别是动态存在句)的不同之处,并将其从存在句中排除出来,这是非常重要的发现,在存在句的研究历史中具有启发意义。循着这样的思路,我们不禁要问,假存在句不是存在句,是什么句式?如何解释真假存在句之间的异同?在此,我们试图回答这个问题:假存在句实际上也是一种存在句,即"事件类存在句",其中的存在主体不是事物而是事件。例句(9)、(10)、(11)以及(9′)、(10′)、(11′)表明:这些句子不是表示"戏"、"歌星音乐"和"会"这些事物的存在,而是表示"唱戏"、"播放歌星音乐"和"开会"这些事件或动作的存在。另外,两类存在句结构上的共性也是有语义动因的,句首方位名词是必要成分,和后续成分的组合表达存在意义,尽管存在的主体不同:事物类存在句表示事物的存在,事件类存在句表示事件的存在。

事件类存在句的概念也适用于领主属宾句。如:

(15) 王冕死了父亲。
(16) 小张来了同学。

学者们注意到这类句式和存在句的联系,甚至认为它们属于存在句(详见上节)。很显然,上述两例不是表示"父亲"和"同学"的存在,而是表示事件的发生,即"父亲死了"和"同学来了"这两件事分别发生在"王冕"和"小张"身上。Lin (2008: 76)证明了"王冕"和"小张"在这类句式中的方位性。另外，从跨语言的角度看，在“王冕的父亲”、“小张的同学”这种领有关系中，领有者具有方位性，如带方位格、近处格、介词、方位词等表示方位意义的标记。这可以解释，“村子里沉了两艘船”和(15)、(16)之间的可比性。前者可以说成“村子里的两艘船沉了”，这种可比性是由“村子里的两艘船”和“王冕的父亲”之间的可比性造成的。说到底，领有关系实质上是一种存在关系（Lyons 1967；Clark 1978：118；Freeze 1992；Zeitoun *et al.* 1999；Baron & Herslund 2001；Abdoulaye 2006；Peeters 2006；王勇、周迎芳 2012；Wang & Xu 2013）。这就解释了存在句和领主属宾句的牵连：二者的句首成分都具有方位性，整个句式都表示存在意义，只不过前者表示事物的存在，后者表示事件的存在或事件的发生。

同理，认为消失类存在句表示事物的存在，或者说通过消失表示事物的存在，实在说不过去(参见上节，李杰 2009)。我们可用事件类存在句的概念描述这类句子，反映它们和典型事物类存在句的异同，以及它们的句法语义特征(详见下文)。还有另外一些句子，在结构上与存在句相似，意义上与消失类存在句相像(如：“电影院里散了一场电影。”)，但它们既不表示消失，更不表示事物的存在，很难归入隐现句或存在句之中，但可以用事件类存在句的概念进行描述。

最后，还需指出，文献中认为无争议的存在句也不是铁板一块，而是在不同程度上表达事件义以及表达事件的存在。就拿动态存在句来说，如“池子里冒着水泡。”，很难说只是表示水泡的存在，而不表示“池子里在冒水泡。”这种事态的存在。可以说，动态存在句或多或少具有事件性，事件类存在句和事物类存在句之间是渐变的关系。这是以下两部分要讨论的内容。

10.3 事件类存在句的功能语义分析

事件类存在句的概念是参照事物类存在句提出来的。我们在讨论前者的特征时，势必要参照后者。

首先，两类存在句在句法上有共性，即二者都是由“$NG_L \wedge VG \wedge NG$”构成。二者都表示存在的意义，这种存在意义都是通过句首的方位名词及其后续成分的组合实现的。但是，事物类存在句的存在主体是句末名词所表示的人或物，必须在句中出现。如“墙上有一幅画。”中，“一幅画”是存在主体。那么，事件类存在句中的存在主体是什么呢？可以肯定的是，它不是句末的名词所表示的对象。如：

(17) 屋里开着会。

(18) 王冕死了父亲。

(19) 隔壁店里走了一帮客。

上节的分析显示，这些句子不是表示“会”、“父亲”或“一帮客”的存在。最明显的是(17)中的“会”，根本就不是事物，因此就无所谓“会”是存在主体。“会”和“开”一起表示一种活动，活动属于事件(见上节)。同理，“父亲”、“一帮客”分别和“死了”、“走了”一起表示事件。如果说事件类存在句有存在主体的话，那不是具体的人或事物，而是事件。

正因为存在主体的事件性，其中的动词不可或缺，也不能用“有”或“是”等表示事物存在的动词替换或省略(否则该句语义扭曲或语法错误，如“*台上有戏。”，“王冕有父亲。”)①。不仅如此，句中的动词和其后的名词语义上结合紧密，很多时候很难分开(如“冒水泡”)，甚至就是一个词，如“开会”、“唱戏”，表达事件的意义。以下是两类存在句的功能结构分析：

表 10.1　事物类存在句结构分析

墙上	有	一幅画
方位	过程	存在主体：事物

上表反映出，事物类存在句可以分析为三个语义成分，即“方位 ∧ 过程 ∧ 存在主体”，各自直接参与到小句中，表达事物类存在句的意义。在事件类存在句中：

---

① 我们认为，“王冕有父亲。”是“王冕死了父亲。”的前提(presupposition)，前者是后者表达意义的基础，但二者不能互相替换，更不能互相等同。

表 10.2 事件类存在句结构分析

<table>
<tr><td>台上</td><td>唱着</td><td>戏</td></tr>
<tr><td rowspan="2">方位</td><td>过程</td><td>范围</td></tr>
<tr><td colspan="2">存在主体：事件</td></tr>
</table>

首先,整个小句的意义由方位成分和事件组合在一起共同表达,这是第一层次。其次,事件意义由过程和范围[①]共同表达,即事件由“过程 ∧ 范围”实现,过程(如“唱着”)和范围(如“戏”)不直接参与表达小句意义,而是通过表达事件实现小句意义(参见古川裕 2001)。

要表达事件存在的意义,必须具备两个语义成分:一是事件本身,这在句中由动词和它后面的名词一起表达;二是事件存在的方位,由句首的方位名词词组表达。二者按照“方位 ∧ 事件”的方式组合起来,表达某地存在或发生某一事件的意义。如此说来,事件类存在句是名副其实的存在句(而不是“假存在句”),它们表示事件的存在。

事件类存在句的另外一个语义特征是非人称性,这也是这类小句和一般主谓句的一个重要区别。在一般主谓句中,施事(agent)位于动词的前面,且占据主语这一重要位置。但在事件类存在句中,事件的施事被省略或被从主语的位置压制到其他次要的位置(Yamamoto 2006;Afonso 2008;Siewierska 2008)。如在“台上唱着戏。”中,事件的施事(即唱戏的人)被省略。在“王冕死了父亲。”中,事件的主体“父亲”被从句首、主语的位置压制到句末作宾语,而不是像在一般主谓句中一样占据句首的位置作主语。因此,事件类存在句是一种非人称小句(impersonal clause)。就及物性而言,事件类存在句中最多只有一个直接参与者。如果动词是不及物的,那么这个参与者就是施事,如“王冕死了父亲。”中“父亲”就是唯一的直接参与者。如果动词是及物的,施事被压制,如“台上唱着梆子戏。”中,过程的范围“梆子戏”是过程“唱着”的唯一参与者。还有一种情况是小句中的过程没有直接参与者,即事件由过程单独实现,如在“屋里在开会。”、“台上唱着戏。”中的过程“开会”和“唱戏”都没有直接参与者,它们单独表达事件。事件类存在小句的非人称性,表明这类小句的语义功能不是表示人和事物间的动作关系,不是表示做(doing),即谁对谁做

① 对事件类存在句的句末名词词组可以做两种分析,即范围或媒介(详见后文)。

了什么,而是表示发生或存在(happening and existence),即发生了什么事,存在什么状态等(Davidse 1992, 1998; Halliday 2004: 284-285)。这正是非人称小句要表达的语义功能,而且正好和事件类存在句表达事件发生和状态存在的语义功能相吻合。

上述一般主谓句和事件类小句的意义差别正是及物系统(transitivity system)和作格系统(ergativity system)的差别。这种差别可以引导我们发现事件类小句的第三个语义特征,即作格性(ergativity)(吴卸耀 2006: 129-131)。作格性和及物性都是用于识解意义的系统。不同的语言可能倾向于采用二者之一,它们不是互相排斥,而是互相补充,即在同一种语言中二者可能有轻重主次之分,但不是非此即彼的关系(Halliday 1968: 182,2009: 40;吕叔湘 1987;Dixon 1994; Davidse 1998)。及物分析便于揭示语言中重点通过及物系统表达的意义领域,作格分析便于揭示通过作格系统表达的意义领域(Davidse 1992: 132, 1998)。如"小张的同学来了。"属一般主谓句,旨在回答"小张的同学干什么了?"。及物分析可以揭示其语义特征:

表 10.3 及物分析

小张的同学	来了
动作者	过程

"小张来了同学。"属事件类存在句,旨在回答"小张怎么了?"。这正是作格分析展现的内容(Davidse 1992, 1998; Dixon 1994: 214-215):

表 10.4 作格分析

小张	来了	同学
环境成分	过程	媒介

Halliday (2004: 284-285)指出,"做"(doing)和"发生"(happening)不同,前者是由施事发起的,后者是自发发生的。在及物系统中,核心成分是施事,在作格系统中,核心成分是过程和媒介。作格分析可以更好地显示事件类存在句中各结构成分的功能组合情况,更明确地揭示整个小句的语义特征。上文说过,事件类存在小句中过程的唯一直接参与者可

能是不及物过程中的施事或动作者、及物过程的受事或目标等等，这种参与者角色的配置情形，符合作格语言的特征。在作格分析中，这些参与者角色都可以概括为媒介。所谓媒介就是某一过程和事件发生所诉诸的载体（Halliday 1994：163）。如表 10.4 中，“同学”是“来了”这一过程的媒介。又如：

表 10.5　作格分析：媒介

<table>
<tr><td>树枝上</td><td>滴着</td><td>水</td></tr>
<tr><td rowspan="2">方位</td><td>过程</td><td>媒介</td></tr>
<tr><td colspan="2">事件</td></tr>
</table>

“水”是“滴”这一过程发生的媒介。除此以外，事件类存在句中过程的参与者还可能是范围，如“台上唱着戏。”中的“戏”（见表 10.2）。范围这一参与者角色限定过程的范围（Halliday 1994：146）。在事件类存在句中，范围有时不是实体，而是过程的又一名称，如“家里闹离婚。”中的“离婚”、“屋里在开会。”中的“会”等。范围和过程结合非常紧密，有时甚至就是一个词，如“开会”“唱戏”“滴水”等（Halliday 1994：146－147）。因此，可以认为此时过程和范围重合（conflate）：

表 10.6　作格分析：过程和媒介重合

<table>
<tr><td>台上</td><td>唱着戏</td></tr>
<tr><td rowspan="2">方位</td><td>过程/范围</td></tr>
<tr><td>存在主体：事件</td></tr>
</table>

这时，整个小句的语义由“方位 ∧ 事件”实现，事件由过程和方位重合（如“唱戏”）实现。但是，如果范围和过程不是一个固定的词，我们还是采取表 10.2 的分析。如“台上唱着梆子戏。”中，“唱着”和“梆子戏”分别分析为过程和范围，二者不重合。

Halliday（2004：287）区分了两种作格小句。他说，“在更抽象的意义上讲，所有过程的结构方式都是一样的，都是基于一个变量。这个变量就是过程的源头：是什么导致过程发生，过程是自发的还是外因导致的。”如果小句明确说明过程的外因，即致使者，那么该小句属于作格小句（ergative clause）。如果小句不表明过程的外因，过程表现为自发发生，那么该小句是非作格小句(non-ergative clause)(参见 Davidse 1998：102－105)。后者常用于表达外因不明确或不需明确。事件类存在句中语义角色的配置刚好符合非作格小句的特征,表达的意义是事件的发生,而不是事件和原因的致使关系。这可以解释为什么事件类存在小句中过程只有一个直接参与者,即媒介。这一角色对事件的发生至关重要,不可或缺。在汉语中,只要事件的意义完整地表达了出来,甚至媒介都可以省略。如"台上唱着戏。"、"屋里在开会。"就是如此。但事件类存在句除表达事件意义外,还表达事件的存在,这正是本节开头的分析所显示的,即通过方位成分和事件的配置来表达这种意义。

本节分析发现事件类存在句具有四个语义特征,即存在性、事件性、非人称性和作格性。其中存在性是事件类和事物类小句共有的特征(尽管具体语义配置略有不同,见上文),其余的三个特性则为事件类存在句所特有。

10.4 两类存在句之间的关系

上文说过,事件类存在句的概念是参照事物类存在句提出来的。这并不意味着二者完全对立,或是彼此之间泾渭分明。首先,这两类存在句内部不是铁板一块,完全同质,而是包含不同的次类。如事物类存在句有动态、静态之分。宋玉柱(2007：59)发现对"登记站门口排着长队。"之类的句子,很难做非此即彼的划分。事件类存在句包含"假存在句"、消失类隐现句、领主属宾句以及部分事物类存在句等,它们与事物类存在句之间有不同程度的相似性。二者之间以及各自内部都呈渐变的关系。尽管典型的实例容易判断,但二者之间存在难以分辨的过渡地带。比如,很难说,"山上架着炮。"是表示事物的存在还是事件的存在,还是二者兼而有之。因此,我们认为,两类存在句之间是连续的、渐变的关系,可以通过连续统的概念进行描述。

两类存在句构成一个连续统,一端是典型的存在句,即"有"字句,另

一端是典型的事件类存在句,如“假存在句”、领主属宾句等。二者中间是动态存在句、隐现句、静态存在句[①][②]等:

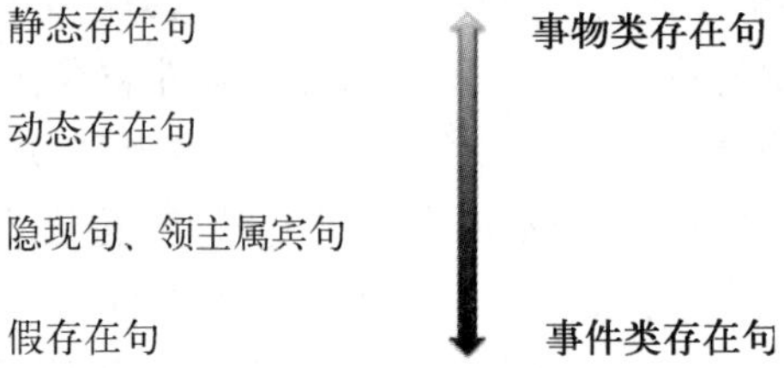

静态存在句	↑	事物类存在句
动态存在句		
隐现句、领主属宾句		
假存在句	↓	事件类存在句

图 10.1　两类存在句之间的渐变关系

这个连续统可以看成是事物性(thingness)向事件性(eventuality)过渡的连续统。典型事物类存在句(“有”字句、“是”字句)单纯表示事物的存在,其中,“有”和“是”的意义很弱(黄正德 1988; Lin 2008: 74 – 76),一般不带时体标记,有人认为它们是连系动词,相比之下,句末的名词词组显著程度很高,前面有数量词组修饰,属于有界的名词词组(沈家煊 1995; 古川裕 2001)。这类存在句的事物性最强,事件性最弱。静态存在句,如“墙上挂着一幅画。”、“在斜对门的豆腐店里确乎终日坐着一个杨二嫂。”等,除表示事物的存在外,还表示(静态)存在的方式或状态,存在动词可以带“着”、“了”等体标记,小句具有一定的事件性。在动态存在句中,事物存在义渐渐成为一种前提意义,事物的动态性成为小句表达的主要意义。如:

(20) 夕阳中摇曳着羽毛草。

(21) 山谷中回荡着我尖利的喊声。

与其说(20)表示的意义是“夕阳中有羽毛草。”,不如说是“羽毛草在夕阳中摇曳。”的状态[③]。同理,(21)更多的是表达“我尖利的喊声回荡在山谷中。”,而不是“山谷中有我尖利的喊声”。此类句中的动词明显具有动态性,除带“着”、“了”等体标记外,还可以接受“正、正在”等副

---

① 针对这种变化使用不同的分析方法,刚好印证了本章提出的两个层次分析方法的合理性。

② 此处援用的是宋玉柱(2007: 15)的分类。

③ 当然,原句除表达这一意义外,还表达非人称性、作格性等其他意义。

词修饰[①]。相反,句末的名词词组可以不带数量标记(宋玉柱 2007: 49-57)[②]。这些都说明,动态存在句的事件性进一步增强,事物性则随之减弱。

再看隐现句。顾名思义,隐现句的首要语义功能不是表存在义,尽管存在义可能是句子的前提义或蕴含义[③],而是表示事物的出现或消失,这本身就是事件义。另外,隐现句中,动词多带完成体标记“了”,表明其较强的有界性,动词所表达的事件显著度较高(沈家煊 1995,2004)。与动态存在句相比,隐现句的事物性更弱,事件性相对更强,不能用“有”来替换隐现句中的中段动词。

假存在句的事件性最强,事物性最弱。其中的动词和句末名词可以组成表示事件的词或词组,而不表示事物,如(9)、(10)以及(11)中的“唱戏”、“播放音乐”、“开会”。并且,这些动词可以接受“正”、“正在”等副词修饰,还可以后接进行体标记“着”,具有很强的动态性。此外,句末名词即使表示事物,大多不带数量词组修饰(吴卸耀 2006: 89),因而是无界的,显著性程度较低,这也更加凸显了小句的事件性。

两类存在句之间的连续性还表现在句中动词词组和句末名词词组之间结合的紧密程度上。“有”字、“是”字存在句中,动词的意义很弱,只起到连系句首的方位成分和句末存在主体的作用,动词和句末名词的结合很松散,中间可以插入较长的数量词或其他修饰成分(宋玉柱 2007: 12, 79)。并且,只有此类存在句中存在动词可以省略,而不影响整个句子的意义表达。静态存在句和动态存在句中动词和句末名词较之“有”字句和“是”字句,结合更紧密。在很多情况下,二者直接结合,名词前不插入修饰语或数量成分。但在这两个次类内部,动态存在句中动词和名词结合更紧密,其间更倾向于不插入数量词组(宋玉柱 2007: 71)。假存在句中,动词和句末名词融合程度最高,它们可以组成固定程度很高的词或词组。其间不能插入数量词,否则句子不可接受(范方莲 1963: 395;吴卸耀

① 据陈月明(1999)观察,“着”和“在”的作用范围是不同的。“着”的句法、语义辖域是动词,表示动作的持续,是一个匀质连续反复的情状;“在”的句法、语义辖域是整个谓语 VP,表示活动的进行,具有较强的动态性(参见范晓 2007: 91)。

② 据宋玉柱(2007: 71)统计,静态存在句中的句末名词大多包含数量定语。动态存在句中的句末名词,65%不包含数量定语。

③ 存在义是出现类存在句的蕴含义,如例(1)蕴含“一本厚厚的美丽的册子”的存在。

2006：89）：

（22）水龙头里滴着水。 *水龙头里滴着一些水。
（23）外面下着雨。 *外面下着一场雨。

沈家煊（1995）也发现这类句子的句末名词排斥数量词。例如，“山上架着炮。”如果是表示“山上正在架炮。”的动态行为（而不是“山上有炮。”的静态存在），那么“炮”不能带数量词。

（24）山上架着炮。 *山上架着两门炮。

相反，如果句末名词通过添加数量词组或其他成分的修饰，变成了有界的事物，其显著程度就会增加，因而小句中动词和句末名词词组的结合就变得松散，整个小句也会呈现出类似于事物类存在句的意义。

（25）收音机里播放着歌星音乐。
*收音机里播放着一段非常流行的歌星音乐。

吴卸燿（2006：45）发现，假存在句中的动宾可以组成结合紧密的词或词组，而动态存在句的动宾关系从逻辑上讲是主谓关系。在功能语法中，前者是过程和范围的关系，后者是不及物过程和媒介/施事的关系。前者在语义上结合更紧，其中过程和范围都是表达过程（Halliday 1994：146）。

两类存在句之间的渐变关系，意味着事物性和事件性的此消彼长。小句表达的意义中，名词的显著度越高，动词的显著度相对越低，事物性越强，事件性越弱，小句也就越多地呈现事物类存在句的意义。反之亦然。典型的事物类存在句和事件类存在句中，事物性和事件性的消长到达极限，分别成为各自最显著的意义。

10.5 结论

汉语中的存在句因为其结构和意义较为特殊，一直成为汉语语法研究中备受关注的话题。关于存在句的定义、范围、分类以及其句法语义特征的研究，在各个不同阶段一直在推进，如存在句概念向隐现句的扩展、存在句的动态静态之分、真假存在句的甄别、领主属宾句的归属等等，这些都为存在句的研究做出了重要贡献。但其中也存在一些问题，如存在义在有些所谓的存在句中只是前提意义或蕴含意义，未必是小句的主要意义，不能因为小句表达了存在的前提意义或蕴含意义就认为它是存在句。另外，存在主体有事物和事件之分，人们有意无意地将存在句研究局限于事物类存在句。

本章提出事件类存在句的概念，与事物类存在句相对，用以描述和解释与存在句有牵连、争议较大的句式，如假存在句、领主属宾句、动态存在句、消失类存在句等。这些句式都是表示事件（而不是事物）的存在。这些句式和存在句一样，都呈现出"$NG_L \wedge VG \wedge NG$"的结构。但它们的语义配置和事物类存在句不同。事件类存在句中，动词和句末名词一起表示事件，事件和句首的方位成分一起表示事件的存在。方位成分占据句首位置作主语，而事件的施事者要么省略，要么压制到句末，因而小句呈现出典型的非人称小句的特征。从动词的参与者角色看，句中只有一个直接参与者，要么是不及物动词的施事，要么是及物动词的受事或范围，整个小句明显呈现出作格小句的特点。因此，事件类存在句的特征可概括为：存在性、事件性、非人称性和作格性。这四个特征是统一的，小句表达的是事件的发生或状态的存在，而不是表示人和其他事物的动作关系或施受关系等。

两类存在句不是非此即彼，泾渭分明，而是渐变的关系，二者形成一个连续统，其间的渐变性主要表现为事物性向事件性的过渡，即小句中句末名词和句中动词显著性的此消彼长，以及二者结合的紧密程度上。

第三部分

句法问题的类型学视角

第十一章

系统功能语言学与语言类型学[1]

语言类型学发展到今天,其任务已不再是根据单一的参项给语言分类,而是以大规模、有代表性的语言样品库为基础,在跨语言比较的基础上发现语言的共性和差异,并企图解释这些共性和差异。从学科渊源来看,语言类型学与西海岸功能语言学联系最为密切,Croft(2003: 4)称现代意义的语言类型学为"功能类型学路径"(functional-typological approach)。语言类型学的任务是通过对世界诸语言的广泛取样发现(证明)人类语言的共性,并寻求解释。类型学寻求的解释通常是外部解释,如通过地域、历史以及人类学的因素解释有统计倾向性的语言共性(王勇 2009)。现代意义的语言类型学发轫之初和形式主义语言学大有水火不相容之势(Croft 2003: 2, 4-6)。后来证明它和包括形式主义语言学在内的各个语言学流派都可以相互补充,相互借鉴[2],语言类型学的研究范式和研究成果逐渐被纳入各语言学流派之中,各理论流派为语言类型学提供更多的研究参项和理论支撑,不断拓宽语言类型的研究领域并提升

---

① 本章原载于《外国语》2011 年第 3 期,人大复印资料《语言文字学》2011 年第 9 期全文转载。

② Croft(1999)、Kortmann(1999)探讨了认知语言学与类型学的互补性。Comrie(2001)、Newmeyer(2005)、Baker & McCloskey(2007)分析了形式语言学和语言类型学结合的现状、前景和具体途径。Rijkhoff(2002)探讨了 Dik 的功能语法与类型学的互补性。

其理论高度(刘丹青 2003)。作为功能语言学的一个重要分支,系统功能语言学(Systemic Functional Linguistics,以下简称 SFL)与语言类型学同样可以相互借鉴、相互补充。事实上,SFL 路径下的语言类型学(系统功能类型学 Systemic Functional Typology,以下简称 SFT)作为 SFL 的一个很有前途的应用领域正在兴起,它的诞生以《语言类型学的功能路径》(*Language Typology: A Functional Perspective*)的出版为标志,并引起了越来越多的功能语言学者的注意。本章对 SFT 的渊源、特点、研究方法作一简介,对有待解决的问题进行探讨,以期更多的研究者关注这一研究领域,使其在理论、方法上更完善,从而反哺功能语言学及语言类型学研究。

11.1 SFL 的类型学渊源

SFL 与语言类型学的渊源有事实基础和理论渊源两个方面。

就事实基础而言,Halliday 本人的语言学研究就是从汉语开始的。他的理论中有些思想直接生发于汉语事实。例如,Halliday 关于关系过程的三分法直接来源于汉语的"是"字句、"有"字句和"在"字句;其作格分析模式则源于汉语小句中及物性系统和信息系统的描述(Caffarel, et al. 2004: 7)。有学者认为 Halliday 接近本族语者的汉语能力对他理论的形成起了重要作用(Davies 2007: 303 - 314)。Halliday 自己曾坦言,如果不懂汉语,他的理论模式会大不一样,汉语带给他不同于一般欧美学者的研究语言问题的视角(王红阳、陈瑜敏 2008)。据 Caffarel 等的介绍,20 世纪 50 年代,Halliday 和 Jeffrey 合作研究了包括汉语、俄语和英语在内的各语言中的时、体系统(Caffarel, et al. 2004: 5)。当时 Halliday 还调查了东亚和东南亚地区语言的 37 种语法特征,Halliday 早期重要的研究之一是运用 Firth 的理论模式研究《元朝秘史》。Halliday 相信口语更能反映语言建构现实的方式,他曾在 1954 年和 1964 年两度对澳洲土著语言进行田野调查(口语是这些语言唯一的存在形式)(王红阳、陈瑜敏 2008)。这些成果尽管有些没有发表，但至少说明从 SFL 理论建构之始 Halliday 就将跨语言的视野纳入自己的研究之中(Caffarel, et al. 2004：5)。这样不但做到理论生发于语言事实，而且保证理论更具跨语言有效性。到目前为止，SFL 用来描述英语的文献占多数，但我们不能将具体的语言描述与普遍语言理论混为一谈。不可否认的是，Halliday 创立 SFL 理论的一个初衷就是帮助非本族语者分析和描述世界诸语言(Davies 2007：305)。事实上自 SFL 创立以来，不断有学者将这一框架应用于描述世界诸语言(Caffarel, et al. 2004：7)。

Caffarel 等强调，必须要澄清这样一种错误的观点，即认为系统功能语法理论是以英语为中心(anglo-centric)的理论(ibid.：6)。SFL 作为一种普通语言学理论，不仅可以应用于描述英语，也可以用于描述世界很多其他的语言。另一方面，在运用 SFL 理论描述一种具体语言的时候，必须以该语言为中心。为了能够显现某一特定语言的特性，必须对这一语言作多方面的描述，必须单独审视这种语言而不应该将它看作拉丁语、英语或其他通用语言的变异，即描述英语时应该以英语为中心，描述汉语时必须以汉语为中心，等等(ibid.：7－8)。Halliday 曾在一次公开演讲中指出[①]，他不赞成用 English Linguistics 或 Chinese Linguistics 之类的术语，因为这样容易引起误解。他说，如果某一语言学只适用于描述英语或汉语，那就不能称其为语言学。道理就像如果 Chinese Medicine(中医)只能治中国人的病，那就不能算是一门科学。

就理论渊源而言，用 Halliday 自己的话说，SFL 是“相当兼收并蓄的”(fairly mixed)(王红阳、陈瑜敏 2008)。Malinowski、Firth、布拉格学派、Whorf 以及中国的罗常培、王力对 SFL 理论的形成都有重要影响(Halliday 2003：186－191；王红阳、陈瑜敏 2008)。Malinowski 是波兰人类学家，他在人类学上的建树主要基于他对太平洋岛屿部落的田野调查。他发现了语境对理解话语的重要意义，这对 Halliday 语境理论的形成有直接影响。在此基础上 Halliday 进一步探讨语境因素如何影响语言系统的选择，发现了三个语境变量和三个纯理功能之间的关系。Firth 和他的同事在 20 世纪 30 年代至 50 年代开展的有关非英语语言的研究直接成为其音律理论及系统理论和功能理论的基础。Firth 非常注意印

① 2004 年 3 月 5 日，中山大学外国语学院。

欧语系以外的语言，特别是印度和南亚诸语言，强调必须重视普通语言学理论的跨语言有效性（Caffarel, et al. 2004：6）。Halliday 对俄国语言学派有所了解，读了 Marr 语言学派的一些著述，以及布拉格学派关于民族语言的发展、语言政策和标准语发展的论述；此外他还涉猎了斯拉夫语言学派在文学语言和民族语言方面的研究（王红阳、陈瑜敏 2008）。

1948 年，Halliday 在北京大学跟随罗常培学习历史比较语言学和汉藏语言研究。1949 年他在王力的指导下进行方言学、语音学、音位学和社会语言学研究，并参与了王力主持的珠江三角洲地区方言调查。他明确表示自己的语言学研究是从方言研究开始的。

> 语言的社会性、语法的合法性、普遍性和特殊性、语法与语义的关系、把语篇作为研究对象、口语和书面语结合、以小句为主要语法单位、语言是一个多层次系统、概率的思想、衔接理论、情态与意态、语态、词类划分、动词的及物性等观点都在王力的著作里有所反映……（ibid.）

此外，美国语言学家 Sapir 和 Whorf 在调查美国和墨西哥的美洲土著语言的基础上提出了“语言相对论”，这对 SFL 的形成也有一定的影响。

这些理论来源的共同特征是，它们大都不是英国的本土理论，更不是以英语为单一的依托语言发展而来的，而是有着更广泛的跨语言基础。Davies 认为 Halliday 最大的一个理论贡献是：将不同的本族语者发展出来的理论模式综合起来并发展成现在的功能语言学模式，该理论是当今所有语言学理论中“最没有民族中心”（the least ethnocentric）倾向的理论（Davies 2007：310）。一方面，SFL 在形成之初，在理论和方法上就兼容并蓄，为我所用，体现了极大的包容性。另一方面，这也决定了这一理论具有很强的“综合性”（comprehensive），语言各个层面的问题都可以在其中进行讨论（Halliday & Matthiessen 2004：19）；同时，SFL 也势必适用于描述更多的语言，更具跨语言有效性。

因此可以说，SFL 与以跨语言的研究视角为本质特征的语言类型学从来就有着密不可分的渊源。从一定程度上，前者提供的不同于其他理论模式的框架更适合描述世界诸语言。

11.2 SFT 的特点

首先,在 SFL 的理论模式中,SFT 是一个应用领域。在很多语言理论框架中,语言类型学以及语言共性的相关问题被看作核心问题甚至是唯一需要解决的问题(Greenberg 1978: 34;沈家煊 2000;刘丹青 2004: 4)。有些理论本身就是为语言类型学或者是语言共性研究量身定做的(Caffarel, et al. 2004: 5)。但 SFL 的理论不是专为语言类型学设计的,它是一种普通语言学理论(黄国文 2007),语言类型学只是其中的一个应用领域(Halliday 1994: xxix - xxx)。除此以外,它还有很多其他的应用,如语篇分析、语言发展、语言学习、计算语言学、病理(临床)(clinical)语言学、文体学、翻译等。正是在这种意义上,SFL 被称作适用语言学(appliable linguistics)(Matthiessen 2006;胡壮麟 2009)。以下图示表明了 SFT 在 SFL 中的定位。

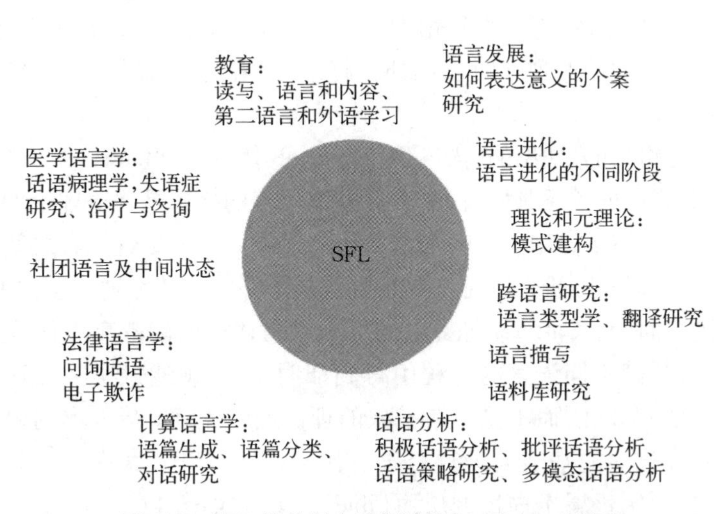

图 11.1 SFL 的若干应用领域(Matthiessen 2006)

其次,SFT 在 SFL 中属于描述层面而不是理论层面。SFL 认为理论和描述是两码事:理论是指关于整个人类语言或其他符号系统的理论,而描述是指对具体语言或具体符号系统的描述。二者都是我们识解语言的资源：前者用来识解人类语言，后者用来识解某一具体语言。在理论层面上，语言被看作是一种符号系统，它包含且高于物理的、生物的以及社会的系统。这一系统具有层级性和元功能性。但理论是关于人类语言的普遍理论，不区分各个语言（如英语、汉语等），这种区分是由描述来完成的，即描述是关于不同的、特定语言的描述（Halliday 2008：56－89）。例如，世界诸语言都以语法的形式识解人类的时间经验，这是人类语言作为一个较高层次的符号系统的共同特征，即时间经验在概念元功能中通过词汇语法手段识解出来，这属于理论层面。但不同语言演化出来的通过词汇语法手段识解时间经验的语法模式属于描述层面。如英语的时间模式被描述为时态系统，可以通过概念功能中的逻辑功能来描述；而汉语中的时间经验被描述为体系统，可以通过概念功能中的经验功能来描述（Halliday & MacDonald 2004：380ff）。由此有人认为英语的时态系统和汉语的体系统代表一个连续统上的两极，这种连续统可以表示从亚欧大陆的西部向东部过渡模式（尚新 2004），这种结论是属于描述层面上的，而不是理论层面。理论在描述过程中的作用是规定用逻辑功能的模式还是用经验功能的模式来描述时间经验，但具体范畴是从描述层面上构议出来的，如描述体系统时用到的完成体、非完成体、持续体、进行体等范畴，描述时态系统时用的现在时、过去时、将来时等，这些都是针对特定语言现象提出来的。

理论是概括的、抽象的，描述是特定的、具体的（Caffarel, et al. 2004：12）。二者之间的关系是实现的关系，具体语言的描述是普遍理论的实际体现。所有具体语言中的范畴都是属于描述层面的。尽管二者之间的界限非常模糊，但实际研究中还是有必要弄清楚哪些范畴是理论层面的、哪些是描述层面的。Caffarel 等提供的标准是描述层面的范畴不能凭空假设，必须在描述不同语言的过程中得到证明，即必须通过实际描述证明这些范畴的有效性，而不是诉诸抽象的理论证明。SFT 最根本的研究方法是在具体描述的基础上进行跨语言比较，因此，SFT 尽管高于具体的语言描述，但它仍属于描述的层面（ibid.：11）。如图 11.2 所示。

再者，一般意义的语言类型学多从结构参项（如形态、语序、双宾结构等）或语义参项（如领有范畴、致使范畴、给予范畴等）入手作跨语言的考察。而 SFT 则强调系统的思想（Caffarel, et al. 2004；Halliday 1957, 2003）。这包含两层意思：一、对语言类型特征的归纳是基于语言是一种

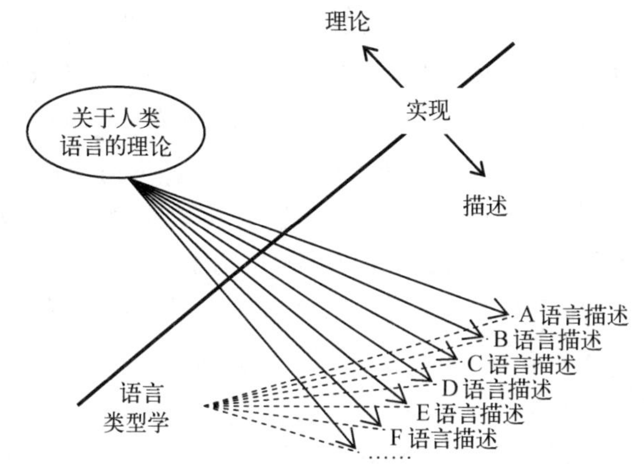

图 11.2　系统功能语言学中类型学的定位(Caffarel, et al.: 17)

资源即意义潜势(而不是一组杂乱无章的结构的集合)的基本理论主张,这种资源以多维的符号空间的形式呈现。这就意味着在对某一范畴作类型学考察时,要将它置于相应的语言系统中,考察它与其他精密度不同的系统的关系。二、类型学研究必须是对某种特定系统的研究(比如主位系统、时态系统、体系统等等)。系统是第一性的,结构只是在系统中选择的产物,系统选择的决定因素是意义。所谓意义即是系统中所包括的特征(features)或选项(options)(Halliday 1994/2000: f53)。例如,如果一种语言的时态三分为过去、现在和将来,那么对现在时的考察必须参照过去时和将来时。

因此,SFT 的做法是,先对各语言的各级系统进行描述,即先描述出某一语言系统总体的轮廓,再在此基础上作类型比较,这样才可以避免挂一漏万、因小失大。SFT 强调任何有关特定语言的描述都必定是针对特定系统的,如果不能对该系统作全面的类型学研究(事实上短期之内不可能这样),至少我们在研究某一范畴时,应该参照与这一范畴相应系统中的其他参项。传统类型学关注的是零散的结构而不参照该结构所在的系统。例如在研究双及物结构时,大多只是对这一结构本身就事论事,而没有把它放在及物系统中讨论,这样得出的结论未必可信。传统类型学中另外一个讨论得较多的话题是领有结构,但如果不知道某一语言中领有小句和其他关系过程小句的关系(包括方位句)以及与存在过程的关系,与给予和领取类物质过程的关系,那么对该语言中领有句的描述就有可能有悖于事实。因此,很多关于领有范畴的研究都将其置于关系过程的系统中,参照存在过程和方位过程进行研究(Lyons 1967; Clark 1978; Halliday 1994/2000; Wang & Xu 2013)。Hopper & Thompson(1980)对及物性参项的研究就表明了基于系统的类型学的巨大潜力,这在很大程度上可以弥补基于结构的类型学的不足。这些都说明类型学研究中参照系统进行研究的重要性(Caffarel, et al. 2004: 13)。

SFT 认为从单一的结构范畴或语义范畴入手进行类型比较难免以偏概全,只见树木不见森林。因此,语序类型学、形态类型学、介词类型学等在 SFT 看来意义不大。

第三,SFL 层级的思想在 SFT 中也有体现。语言类型学最重要的方法是跨语言比较,在此基础上归纳共性和变异模式。如果将这种研究方法和功能语言学中层级的概念相结合:层级越低,各语言表现出的差异性越大;层级越高,各语言表现出的共性越多(ibid.: 5 - 6)。这一特点对类型比较研究对象的选择有指导意义。如果研究者对各语言的共性更感兴趣,就应该注意较高层级的范畴,反之,就应该注意较低层级的范畴。

SFL 的核心思想之一是功能的概念。该概念认为语言同时实现概念、人际、语篇三种元功能。但在传统类型学中,人们关注较多的是概念功能,语篇功能和人际功能则很少涉及。但事实上,如果要对某一语言中的自然语篇进行描述,人际功能和语篇功能是语篇意义的重要组成部分,一开始就应该注意。有时从这两个功能入手描述语言会收到意想不到的效果(ibid.: 60)。

此外,SFL 中语言是一种可变系统的思想、精密度的思想、概然率的思想以及意义、语篇等概念对 SFT 都有重要的指导意义(ibid.: 4,6)。

11.3 SFT 的研究方法

类型比较首先要确立比较对象。以语义类型学①为例,传统的研究路

① 这里所说的语义类型学是指 Wierzbicka、Goddard 等人(Wierzbicka 1996; (转下页)

径是从语义范畴出发,考察各语言中实现某一语义范畴所采用的形态句法手段,然后对这些形态句法手段进行跨语言比较,总结它们反映出的共性和差异。SFT 认为从一个假设具有普遍意义的语义范畴出发,通过自上而下的路径确立比较对象的办法不可取,因为语言是一个系统,考察某一语义范畴不能只局限于该范畴本身而置该范畴与其他范畴的关系于不顾。如果将致使结构(causation)、(述谓)领有结构(predicative possession)等用作类型比较的范畴,首先就要将其看作某一语言总体描述系统中的范畴,即必须考虑到该范畴和系统中其他范畴之间的相互关系,如致使结构作为一种作格系统和整个及物系统的关系等。SFL 认为一种语言的语法范畴是由该语言中相关范畴之间的相互关系决定的。

上文讨论过 SFL 中理论和描述的分别,理论高于描述,比描述更抽象。类型学属于描述层面。理论投射为具体语言的描述,且允许在具体描述时存在变异。这种变异即是类型学要关注的领域(ibid.: 13)。SFL 为类型学提供三种范畴的研究参项。第一是系统范畴,如语气、归一性、时态等;第二是功能结构成分(functional structural element),如主语、谓体、行为者、目标等;第三是语法类别(grammatical class),如名词词组、动词、介词等。正是借助于某一语言相对应的描述范畴,才可以对其进行全面的描述。在对特定的语言进行了特定的描述后,才可以在此基础上进行类型归纳。比如,在描述各语言时,发现归一性系统普遍存在于各语言中,我们就可以考察该系统中肯定和否定的标记性程度,在某一语言中二者哪一项更具标记性,然后再作跨语言比较,并得出结论。SFT 关心的就是这样的结论。

这种路径的好处是避免先入为主的假设,避免将描述英语的一些范畴生硬地套用到别的语言描述上。因为理论出发点是抽象的,只规定描述中应贯彻一些指导性的思想,它不规定具体的描述范畴,更不主张将描述甲语言的范畴套用到乙语言,对那些非通用语言甚至是那些从未描述过的语言而言,这一点尤为重要(ibid.: 3),因为只有这样的描述才是真正基于语言事实的描述。

(接上页)Goddard 2002c)所倡导的"自然语义元语言"(natural semantic metalanguage)框架下的语言类型学。该理论认为人类语言中存在为数不多的、普遍的、原始的核心语义范畴(如行为、事件、存在、生死等),这些范畴在世界诸语言中都会诉诸某种手段得以实现。

在各语言具体描述的基础上，通过类型比较和归纳就可以根据元功能和层级建立起概括的功能网络图。此图包含语气、及物性和主位等具有跨语言共性的核心系统，并指明每一系统变异的限度，同时还包含有这些核心系统延伸出来的子系统；各语言在子系统上表现出更大的变异，如各语言中时和体、情态和可证性之间的渐变分布就是在各相关核心系统的限制下的具体变异。例如，在人际功能、词汇语法层面①、系统轴（与结构轴相对）以及小句级阶属于核心系统。英语中人际功能在词汇语法层面的小句级阶上表现为语气系统、情态系统和归一性系统，而日语中人际功能除相应表现在上述三个系统外还包括礼貌系统（politeness）、尊称系统（honorification）等（ibid.：42）。汉语的人际功能系统更是不同，其中语气（mood）不是通过主语和限定成分的配置来实现，而是通过丰富的语调、语气助词、叹词、语气副词、句法格式、同义选择等语法手段一起实现（Wierzbicka 1996；Goddard 2002c）。

上文提到 SFT 强调语言样品来自于自然语篇，强调语言的功能性和系统性。Caffarel 等人认为 SFT 的结论应该是在描述各种不同语域的自然语篇的基础上得出的（Caffarel, et al. 2004：58－59），而不是使用生造的例子或者是语言调查得来的例子，因为只有来自自然语篇的证据才能保证描述的有效性。如果描述不是基于实际语篇，我们很难知道描述中提出的范畴对所描述的语言是否真正有效，因为或许这些范畴仅仅是在英语、拉丁语等语言的描述框架中得出来的。

简而言之，和只关心类型归纳不注重各语言具体描述的研究不同，SFT 强调类型比较的基础是对诸语言全面深入的描述，然后再作跨语言比较和类型归纳，总结出各语言在 SFL 提供的各参项上反映出的共性和差异。这就要求研究者拥有在 SFL 框架下深入、全面描述过的大规模的语言样品库。事实上，世界上有 5 000 多种语言，到目前为止，只有约 20 种语言在 SFL 的框架下描述过，有些描述还很不全面，这远远不够一个语言样品库的数量。在 SFL 框架下描述世界上所有的语言，这在时间、精力、财力、人力上都必须有大量投入，但 SFT 相信，这是有价值的工作，值得去做。

① 系统功能语法认为语言中存在“语境–语义–词汇语法–音系–语音”等不同的层级。

11.4 有待解决的问题

SFT 作为 SFL 新兴的应用领域，尽管有较完善的现成理论基础，但真正 SFL 意义上的类型学研究才刚刚起步，其中很多问题有待进一步探讨。

首先，SFT 认为类型比较研究的基础是对世界诸语言全面、深入、系统的描述。理论上讲这本无可厚非，但实际上却很难实现。已经在 SFL 框架下描述的语言相对很少。据 Dixon（1997）的估计，除对人员的要求外，对一种语言作一般的传统描述至少要花费 20 万美元费用和 3 年时间。而 Caffarel 等（2004：61）认为，在 SFL 的框架下描述语言要花费的时间和费用是前者的 3 倍（因为它要求全面的、功能的、基于语篇的描述），而世界上至少有 5 000 种语言尚未描述，要在 SFL 的框架下穷尽地描述所有语言几乎不可能。事实上，在目前的情况下，建立一个初具规模的语言样品库都是奢谈[①]。从这种意义上讲，SFT 给自己定了一个可望而不可即的目标，让人望而却步，不利于研究的进展。

其次，由于 SFL 鲜明的理论预设，在其框架下描述语言自然有其优点，但另一方面理论仿佛是描述者戴着的有色眼镜，语言描述必将受其影响。该理论框架无法关照的内容势必会排除在描述之外，也就是说，描述是在理论的允许下展开的。另外，理论框架所提供的参项为描述的变异提供了限制，也就是说这种限制从一开始就是定义好了的。这样，与其说 SFT 通过跨语言的比较和归纳来发现语言的共性和变异，不如说通过描述世界诸语言及相互比较和归纳来证明 SFL 理论模式的有效性。可以说，SFT 有鲜明的功能语言学特征，而一般类型学固有的特征未得到强调，也许从这种意义上讲 SFT 是 SFL 的一个应用领域，而不是一个真正的交叉领域。

从理论框架、研究方法及研究目的上看，SFT 都与一般意义的语言类

① Caffarel 等（2004）只是在描述 8 种语言（这种描述不可能非常深入、全面）的基础上作类型比较和归纳。在一般类型学看来，这样的描述基础在地区分布和谱系分布上都不具代表性。

型学有着很大的区别：SFT 主张从系统入手，从功能入手，主张先做详尽描述再作类型比较和归纳，认为类型学的目的是服务于其他应用学科（而不是发现并解释世界各语言在某一参项上表现出来的共性特征和变异模式）；它对一般意义的语言类型学从结构入手或从单一语义参项入手的做法不以为然。在一般意义的语言类型学看来，SFT 所作的语言描述和语言比较不是主流类型学的研究范式，因为 SFT 没有将对共性以及变异的归纳和解释作为主要任务。这种局面显然不利于 SFT 同主流语言类型学之间的相互交流和相互借鉴，不利于学科的发展。

在各学科交叉和融合的趋势日益明显的今天，本来有着深厚渊源的 SFL 和语言类型学理应互相借鉴，取长补短。本质上看，与其说语言类型学是一种理论流派，不如说它是一种研究范式（刘丹青 2004：5）。和一般的比较语言学不同，语言类型学旨在通过跨语言的比较和归纳发现语言的共性和变异，并在一定的理论框架下解释这些共性和变异。解释或是内部的或是外部的，前者在形式语言学的框架下进行，后者可以是功能的、认知的、历时的等等。很显然，SFL 可以为语言类型学的解释提供理论框架。SFL 中系统的思想、功能的思想、层次的思想等可以成为语言类型学的理论支撑。例如，在类型学文献中，存在句和方位句、领有句和归属句被认为是相互联系的句式，但它们在实际使用中的分布不同，这是语言共性。从 SFL 的角度看，它们同属于关系过程，因为表示的事态（states of affairs）大体相同，所以相互联系。它们的差异主要表现在信息结构和主位结构上，正是这种差异决定了它们分布上的不同。

此外，SFL 可以为语言类型学提供一些重要的研究参项，丰富类型学的研究内容。SFL 中的一些重要概念，如主位系统、信息结构、语气、过程类型等都可以作为跨语言考察的参项。新的参项意味着新的发现；而且，与其他参项不同的是，SFL 中的参项可以在整个语言系统中定位，可以帮助研究者在考察某一参项的同时兼顾系统中其他的参项，克服因小失大的弊端。可以说 SFL 各个层级和级阶上的概念都可以成为类型学的研究参项。另一方面，类型学相当一部分研究参项都可以纳入 SFL 框架中，如及物性、双宾结构、使动范畴、领有范畴、情态、归一性等等，在 SFL 的框架中都可以找到相应的位置。

同时，类型学可以提供跨语言的事实证明 SFL 理论的有效性；或者对理论提出新的挑战，使其进一步发展完善以便可以概括和解释跨更多语言的事实，真正使理论和描述做到类型充分（typological adequacy）。另外，SFL 必须正视语言类型学的研究路径和研究目的，正视这一语言学分支存在的合理性，做到彼此相互尊重、相互借鉴、和谐共处，实现语言学共同发展和繁荣。

11.5 结论

语言类型学主张各语言没有高下主次之分，倡导大规模的跨语言比较研究，以发现语言的共性和变异模式为己任。系统功能语言学是通过考察不同语言的实际使用、综合不同理论建立起来的，是最没有“民族中心主义”倾向的理论。二者的结合是必然的趋势，必将催生出新的令人期待的研究成果。在 SFL 的框架中，类型学是其中的一个应用领域。SFT 在 SFL 中属于描述层面而不是理论层面。SFL 为 SFT 提供理论框架，后者的研究成果可以借助前者提供的框架得到解释。这是 SFT 和其他理论框架下的语言类型学（或者说是没有鲜明理论框架的语言类型学）的差异。SFL 中系统的思想、功能的思想、层级的思想、语法类别的划分等等可以为语言类型学提供新的研究参项，拓宽其研究领域。SFT 通过跨语言比较研究，发现各语言在有关参项上表现出的共性和差异，这些发现可以反哺功能语言学，帮助验证其中的基本理论假设，使其更趋完善、更具跨语言有效性，真正成为类型充分的理论。

第十二章

论语言类型学研究中的解释[①]

12.1 引言

语言学研究不但追求观察充分、描述充分,而且追求解释充分。充分的解释可以提升研究的理论层次,使之更具借鉴意义。语言学理论的核心目标之一是对语言事实进行解释,以寻求人类语言何以如此的深层次理解。各语言学流派都以实现理论完善为终极目标,而检验理论的一个很重要的标准是它的解释力,具有广泛解释力的理论应用领域更广,也更具生命力。

当代语言类型学发轫之初,学者们不以解释为己任,但随着学科的逐渐发展,解释已经成为类型学研究的一个重要环节(Comrie 1981: 22 - 25; Whaley 1997;刘丹青 2004: 56)。典型的类型学研究范式是:研究者首先根据某一范畴跨语言变异情况设立具普遍意义的参项,在语言样品库中进行观察、比较、归纳和分析该参项在不同语言中的体现形式,提炼出各语言在相关参项上表现出的共性和变异特征,即归纳出哪些是有普遍意义的特征,哪些是局部的变异,并在此基础上划分语言类型,总结出

① 本章原载于《解放军外国语学院学报》2009 年第 1 期。

跨语言的优势现象和标记性特征，并寻求对相关共性和变异模式的解释（Croft 2003：282；刘丹青 2003：5－6）。从归纳共性到寻求解释是顺理成章的进一步研究，解释也就成了类型学的题中应有之义（Lieb 1978：159）。但类型学中的解释不是曲终奏雅式的随文附义，而是提升研究的理论层次的关键，它往往依托于一定的理论（Croft 2003：281；刘丹青 2004：56），与语言的交际功能、认知功能、生理与神经机制等多角度研究相结合，并以自己特有的研究范式为语言研究作贡献。

语言类型学的解释按视角和理论取向可分为不同的类型①。早期的解释是凭借观察和总结而来的更高层次的概括，向下对语言事实形成解释，即较高层次的归纳可以成为较低层次的描述的解释（刘丹青 2004：57）。随着类型学研究的不断扩展、类型学与其他语言学分支的交流和渗透，人们开始借助于当代语言学理论寻求对语言共性和变异的解释。这些解释包括共时的和历时的、形式的和功能的（亦称作内部的和外部的）等等。本章在对语言类型学不同类型的解释进行梳理的基础上，着重探讨外部的、功能的解释。

12.2 早期的类型学解释：语言共性本身的解释力

Greenberg（1963）的文章《一些主要与语序有关的语法共性》被认为

① Givón（1979：3－4）认为对语言结构的解释需要参照以下几个"自然解释参项"（natural explanatory parameters）：命题内容（propositional content）、篇章语用学（discourse pragmatics）、语言处理者（the processor）、认知结构（cognitive structure）、世界观语用学（world-view pragmatics）、个体发生（ontogenetic development）、历时变化（diachronic change）、系统发生进化（phylogenetic evolution）。Hawkins（1988a）认为可以从语言的先天性（innateness）、语义（semantics）、话语语用（discourse-pragmatics）、语言处理（language processing）、感知和认知（perception and cognition）、历时（diachronic dimension）等几个方面来解释。Whaley（1997：46）则认为语篇、语言处理、经济性、语言感知（sensory perception）以及像似性是外部解释应该考虑的因素。

是当代语言学的开山之作。该文从跨语言事实出发,对各语言中的语序表现出的共性和变异进行归纳和总结,其发现可谓"神奇诱人"(刘丹青 2004: 5)。但 Greenberg 不以解释为己任,在解释的问题上出言相当谨慎,也基本上不带任何理论倾向(Croft 2003: 281)。正如刘丹青(2004: 6)所言,此时的"小心求证"远远超过"大胆假设"。但这种归纳和总结到了一定的抽象程度,本身就可以成为具体语言现象的解释(Croft 2003: 284)。

例如,Greenberg 概括出语序类型学中的两个重要概念——优势(dominance)与和谐(harmony)——来解释语序的跨语言共性及其变异。优势语序出现的频率高,与优势语序相反的语序在和谐语序中才可能出现。这类语言共性的解释力在于,它们不但可以帮助揭示看似无关的结构特征之间的联系,而且可以预测哪些是可能的语言类型,哪些是不可能或不大可能的语言类型(ibid.: 60 - 63)。

Greenberg 进一步将优势语序与和谐语序概括为竞争动因(competing motivation),通过描述共性的类型原则或动因之间的相互作用来解释语言类型中的变异(ibid.: 64)。Greenberg 认为世界上所有语序类型都可以归结到某种深层动因,这就是非空缺竞争动因①(nonvacuous motivation)。它可以解释语言类型的存现及其变异,即某一特定语言在特定的历史阶段是竞争动因以可接受的方式协调的结果,协调的方式在语言变化的过程中也会变化,各竞争动因呈现此消彼长的关系(ibid.: 64 - 65)。(至此 Greenberg 的解释开始延伸到语言系统的外部,这是我们在后文着重讨论的内容。)

用类型学方法进行跨语言比较发现不同结构语序之间的相关性,这是典型的类型学描述,相对于某一语言内部的语序描写而言,可以看作解释:某语言的语序为什么如此?是语言共性使然;为什么这些语言之间有相关性?则还需要进一步的解释。归根结底,对语言系统的解释必须延伸到语言系统的外部,"系统本身不可能是它自身形成的原因,形成系统的真正原因必定来自于系统外部的某种动力"(金立鑫 1999,参见 Croft 2003: 284)。

---

① 非空缺竞争动因可以概括为以下几条原则(Croft 2003: 64 - 65): 1) 同时满足所有的动因在逻辑上是不可能的(因此存在竞争);2) 某些逻辑上可能的类型是因为满足了某一动因;3) 另一些逻辑上可能的类型是因为满足了另外的动因;4) 逻辑上不可能的类型不满足任何动因。

12.3 语言类型学中的几种解释路径

12.3.1 语言共性和语言个性

解释可以针对个别语言现象也可以针对人类语言中的普遍现象。针对个性的解释充其量是描述,不能算是真正的解释。语言类型学中的解释是对语言共性的解释。这和生成语法讨论的普遍语法或最简方案不同。后者由个别的一两种语言假设出语言共性,认为各语言的差异性是词项和参数不同造成的。生成语言学对共性的解释是“生物基础”。普遍语法或最简方案假设的共性未必适合世界上所有的语言。语言类型学的解释针对的是在大量跨语言比较研究的基础上得出来的语言共性。上文说过类型学中的语言共性本身可以成为个别语言中语言现象的解释。它可以解释哪些是可能的语言类型,哪些是不可能的语言类型。如果能对这种共性提供合理的解释,会使它向下的解释更具说服力。这样的解释更加逼近对语言本质的理解(参见 Moor & Polinsky 2003: 11 - 12; Daniel 2007: 69)。因此,类型学家自然而然有了对语言共性解释的更高层次的追求。这种解释可以是内部的或外部的、共时的或历时的。

12.3.2 内部解释和外部解释

对内部解释通常有两种理解: 其一是某一语言理论内部的解释,即语言现象通过该理论中的规则来解释(如上节中讨论的早期语言类型学的解释);其二是语言系统中句法层面的内部解释,即通过句法内部的规则来解释语法现象,即所谓的句法自主性(Moor & Polinsky 2003: 11 - 12)。生成语法的解释属于这种意义的内部解释。

如英语中的被动句在诸多语言中较具代表性。这表现在: 1) 被动结构的主语是主动结构的宾语;2) 被动句中谓语动词的形式较之于主动句中的谓语动词有特殊的形式标记。例如:

(1) John took the book.

The book was taken (by John).

为什么这些特点在很多种语言中都是如此呢？内部解释借助于一套句法规则来解释。例如在生成语法理论中，被动结构被看作抽象句法层次和浅层句法层次之间一种特殊的映射，主动结构和被动结构的语义是基本对应的。例如，the book 和 take 之间的语义关系保持不变，在深层结构中 the book 是宾语，但由于动词 was taken 是一种不及物的形式，在表层不能带宾语，因此，宾语被移到主语的位置。

这只是粗略的描述，具体环节要复杂得多，但都没有超出语言系统本身。如这种解释不会考虑被动结构在具体言语交际过程中的作用，以及它如何受交际过程的影响。

再看外部解释。不同的学者提出了外部解释的不同参项，这些参项多大同小异①。其实质是将语言内部的现象和语言外部的现象联系起来，并认为它们体现了同样的规律。换言之，外部解释将某一语言现象同另外一种现象或规律联系起来，而后者不是语言特有的。语言学家大体从两个大的方面发掘语言现象的外部解释。一是人类普遍的认知能力。语言是人类认知能力的一部分，和人类其他的认知能力（如视觉、注意等）并无二致，可以通过发现语言和其他系统共有的规律来解释语言现象。这方面研究首推认知语法，该理论认为人类的认知结构是语言结构的动因，前景和背景概念、原型理论、隐喻理论等都为语言结构提供了很好的解释。然而，真正的外部解释必须借助于语言系统之外的已经确认了的相关规律，而不是因解释的需要临时臆造出来的认知规律。这意味着只有来自实验认知心理学、实验心理语言学的发现才能给外部解释提供令人

---

① Givón (1979: 3-4) 认为对语言结构的解释需要参照以下几个“自然解释参项”(natural explanatory parameters)：命题内容(propositional content)、篇章语用学(discourse pragmatics)、语言处理者(the processor)、认知结构(cognitive structure)、世界观语用学(world-view pragmatics)、个体发生(ontogenetic development)、历时变化(diachronic change)、系统发生进化(phylogenetic evolution)。Hawkins (1988a) 认为可以从语言的先天性(innateness)、语义(semantics)、话语语用(discourse-pragmatics)、语言处理(language processing)、感知和认知(perception and cognition)、历时(diachronic dimension)等几个方面来解释。Whaley (1997: 46) 则认为语篇、语言处理、经济性、语言感知(sensory perception)以及像似性是外部解释应该考虑的因素。

信服的支撑（Moor & Polinsky 2003：12－13）。

外部解释的第二个方面是语言作为一种交际手段的功能。这类解释多借助功能语言学的有关理论（因此，外部解释又可称为功能解释），以语言的形式及其所表达的意义和功能之间的必然联系为前提。为此研究者们提出了诸如会话原则、信息结构原则之类的规则来解释语言形式。

外部解释和内部解释从不同的理论假设衍生而来，它们不是非此即彼的关系，而是互补的，二者都尝试回答这样的问题，即“语言结构何以如此？”。它们对人们认识语言的真相都起着不可或缺的作用（Hawkins 1988a：21）。Hammond 等人（1988：15）认为：“用语言内部原则和外部原则来解释语言共性是合情合理的，因为语言极有可能是支配人类的各种不同作用力的产物，因而通过不同原则的相互作用来解释语言事实是可能的。”一方面，内部解释使我们注意到语言是一个规则管控的系统，语言结构正是按照这些规则由较小的成分组成。另一方面，外部解释让我们注意到，语法规则并不是在真空中起作用，说话人为特定的目的、在特定的语境下使用结构，结构势必会受到相关因素的影响。

就历史渊源来看，语言类型学与功能语言学的关系更紧密，更多的类型学研究采取外部解释①（Whaley 1997：46；刘丹青 2004：5）。本章主要讨论语言类型学中的外部解释。

12.3.3 共时解释和历时解释

与跨语言视角紧密联系的是跨时代的历时视角，语言类型学相信历时的视角比单纯的共时研究更能全面地反映语言的本质。语言在不断演变，几乎没有纯粹的共时状态。新的语言现象在逐渐出现，同时，一些旧的语言现象在逐步消失。这些变化有的比较突然，有的需要相当长的时间才显现出来。它们处于发展变化的不同阶段，有的已经完成，有的正在进行。弄清楚某一语言形式、结构或规律的前身或由来是迈向语言解释的第一步。因此，语言学家们非常关心语言的变化机制并且将其应用于

① 也有例外，如 Hawkins 就倾向于用生成语法的有关理论解释他的一些类型学发现（参见刘丹青 2004：56）。

检验语法理论的有效性(Moor & Polinsky 2003:14)。历时视角也是类型学家区别于其他主要流派特别是形式学派的一大特点,历时视角和共时视角相结合可以使类型学的解释更加全面。

例如,在世界各语言中,中缀与前缀和后缀相比要少得多,这是语言共性。Haiman(2003:106)对此的解释是:中缀像中部嵌入(center-embedding)一样,会延缓语言处理①。语言使用者在遇到中缀时必须先将其储存在工作记忆里,待识别了整个单词后再将其检索出来,一起理解,因此,中缀会延缓对单词的理解;也就是说中缀增加了即时处理语言工作记忆的负担。如在 passer-s-by 中,人们不是先识别 passer,再识别-s,最后识别 by,而是先识别 passer-by 这个单词,然后将 by 之前的-s 加进来,一起识别。尽管人们先于 by 看到或听到-s,但不会马上识别它,而是先将它储存到工作记忆中,待识别整个单词后,再将它从工作记忆中检索出来一起理解。这样识别中缀的过程与前缀或后缀的识别比起来要复杂,人们对单词的识别也因此延缓。在英语中,存在为避免中缀而颠倒整个单词的语序的情形。如:

(2) out-coming (*com-ing-out)
heat-resist-ant (*resist-ant-heat)
hand-dri-er (*dri-er-hand)

在句法上,一般小品词会跟在动词后(如 come out)、宾语跟在动词后(如 resist heat, dry hand)。构成复合词后,如果遵照句法的顺序,就会出现中缀,即括号中的形式。英语的一些合成词中通过调整语序来避免中缀(Haiman 2003:106)。

上述讨论从语言处理的角度说明为什么中缀较前缀或后缀要少见得多,这是共时解释。另一方面,中缀尽管少见但的确存在。Haiman 转向历时的视角寻求解释。在柬埔寨语中,存在名词化的中缀和使役意义的中缀,并且这些中缀有一定的能产性(ibid.:109)。Haiman 发现该语言中缀较多是因为它可以帮助保持一种该语言历史上常用的抑扬格的双音节结构。该结构中,第一个非重读音节在长时间的使用中弱化了,从而导致其

① 一般认为中部嵌入会延缓甚至阻碍语言处理,因此很多语言为避免中部嵌入而调整其正常语序(Hawkins 1988a:15-16)。

调尾(coda)的脱落。但为了保持这种抑扬格的双音节结构,中缀插入了进来。例如表示动作执行者的中缀-m-(由前缀移位成中缀)就是这样形成的(ibid.):

(3) *k-m-an* (<*kan* 'hold') "皇家理发师"
c-m-uəp (<cuəp 'deal, trade, negotiate') "商人"

这种音节结构变化过程可表示如下(Haiman 2003: 110):

(4) [C+VC+CVC](正式清晰的话语中)→
[C+________+CVC](非正式的、随便的话语中)→
[C+{派生中缀}+CVC]→
……

这样,共时解释和历时解释结合起来帮助人们全面认识中缀的问题。历时因素也常常用来解释共时归纳中的例外情况。任何事物之所以如此是历史发展和进化的结果。而在人类语言发展和进化的过程中,认知、功能的因素始终在起作用,共时解释和历时解释是你中有我、我中有你的关系。

12.4 外部解释举隅

上文提到,语言类型学的解释按视角和理论取向可分为不同的类型。人们对内部解释的理解较为一致,语言类型学的内部解释既包括生成语法理论的内部解释,也包括句法自治性,并且一般的内部解释在这两方面都是统一的。但对外部解释的理解分歧较大,一则因为外部解释牵涉的因素较多,二则因为可供外部解释借用的理论模式多种多样。不同的研究者出于不同的目的、视角,根据不同的理论,采用了不同的外部解释路径。大体说来,外部解释的路径包括意义和功能解释(包括话语及其功能等)、心理和认知解释(包括语言处理、感知和认知等)以及历时解释三个大的方面(参见 Hawkins 1988a, 1988b; Moor & Polinsky 2003)。历时因素属于语言系统的外部因素，理应归入外部解释；另外，一般而言只有功能主义者才会关注历时视角（Hawkins 1988a：18）。（12.3.3 节讨论过历时解释，本节重点讨论外部解释的其他方面。）

12.4.1 意义和功能解释

功能语言学认为，语言的形式及其所表达的意义、功能之间存在必然的联系，因此可以借助于语言结构所表达的意义和功能来解释语言的形式特征（Halliday 1994/2000：46）。

先看语义解释。Keenan 是语义解释的代表。他的基本观点是：语法形式（包括句法和形态）的某些普遍特征是由它们的相关意义决定的。意义使得语法形式具有可预见性。Keenan 发现，不同语言中的形态一致性都遵循同样的规律，即一致是由核心部分统领。例如，形容词与其所修饰的名词之间的一致（如数、性的一致等）总是由名词统领，而不是形容词统领；并且形容词和它所修饰的名词保持意义的一致，这表现在对形容词的正确理解取决于核心名词，而对名词的理解不是取决于修饰它的形容词。例如：

（5）flat tyre （爆了的车胎）
flat beer （走了气的啤酒）
flat road （平坦的道路）
dusty road （尘土飞扬的路）
windy road （雾蒙蒙的路）

在（5）各例中 flat 的意义随着它所修饰的名词不同而不同，但 road 的意义不会随着其修饰语的不同而不同。

推而广之，Keenan 认为所有功能范畴（function categories）的意义随着它们的论元（argument）的改变而变化，但论元的意义不会随着功能范畴意义的变化而变化（见 Hawkins 1988a：9）；并且，如果二者之间存在一致关系，通常是功能范畴与论元保持一致，而不是相反。这样，语法特征可以借助语义关系解释：功能范畴形式上与相关论元的依赖关系反映了它们之间意义上的依赖关系。这就是 Keenan 提出的功能依赖原则

(Functional Dependency Principle)(参见 Hawkins 1988a：8)

应该说，Keenan 的结论有一定的解释力，且与人们的直觉相符。但很多事实表明形式并不总是与其意义对应，很多形式特征不能通过意义来解释。除意义外，我们还得通过其他外部因素来解释语言的形式。语言的功能就是其中的一个因素。

语言形式是为一定的功能服务的，因此参照语言形式完成的功能可对形式进行解释。例如 Comrie(1993，转引自 Moor & Polinsky 2003：13)关于反身代词的研究就是很好的例证。世界诸语言中，有的没有反身代词(如古英语)，有的语言(如现代英语)中不同的人称都有不同的反身代词，有的语言(如罗曼语(Romance languages))中反身代词和非反身代词的区别只有在第三人称上才清楚地表现出来。但不存在这样的语言，其中的第一、第二人称的反身代词和非反身代词有清楚的分辨，而第三人称的反身代词和非反身代词没有分辨。这是语言共性。Comrie 为此提供了外部功能解释：反身代词和非反身代词的分辨在第一人称和第二人称上不能区分不同的人称，例如，I hurt me 和 I hurt myself，其中的 me 和 myself 不能区分不同的人称；而第三人称的反身代词和非反身代词可以分辨不同的人称，例如，She hurt her 和 She hurt herself 中的 her 和 herself 可以是不同于主语 she 的人；也就是说，第三人称的反身代词可以区分不同的人称，而第一、二人称反身代词不能。正是这种表达的需要，导致不同人称的反身代词出现上述共性。

除结合表达的需要外，功能解释还会结合话语者、上下文、场景等语境因素来解释语言形式。以被动结构为例，功能语言学认为主动语态和被动语态分别是包装句子的信息结构和主位结构的不同手段。通过这种手段说话人可以将动作的执行者或接受者置于焦点突出或主位突出的位置(参看 Halliday 1994/2000：337)。这种调整有时是出于语篇衔接和连贯的需要，有时是出于特定的交际意图。功能语言学认为，和被动结构相比，主动结构是非标记性的，被动结构是标记性的。一般而言，句子的主语是最具话题性的成分。在实际交际中选择被动结构就是选择一种组织信息的方式，因为在主动结构中，主语通常是动作执行者，而被动结构可以让动作执行者以外的其他角色充当主语，这样被动语态的主语就处于主位突出的地位，而动作或动作执行者(如果出现)则作为新信息呈现出来，处于焦点突出的位置。被动结构和主动结构在信息结构和主位结构上大不相同，各自适合不同的语篇环境，实现不同的语篇功能。

世界诸语言中的被动结构都有这些共同特征（Whaley 1997：47），但这并不意味着每当说话人使用被动结构，该结构中的每一成分都要经过精心的、有意识的选择，而是说被动结构的上述特征是约定俗成的惯例，说话人很少背离这些惯例。从话语的角度看，被动结构形态和句法特征是应话语功能的需要而产生，并且经过长时间的约定俗成固定下来。

12.4.2 心理和认知解释

这里主要讨论感知、认知以及语言处理。一般认为像似性和经济性也是心理和认知因素（主要是语言处理）作用的表现和结果。因此，我们将其纳入心理和认知的范畴讨论。

12.4.2.1 感知和认知

从一定程度上讲，人类语言是人类感知、认知系统的产物。反过来，感知、认知系统的有关规律可以用来解释语言共性。Butterworth 等人（1984：5）认为，人类诸语言在音系结构方面的共性最容易为人们所接受，因为这些共性有着较明显的心理和生理基础，可以通过人类对声音的感知原理进行解释（参看 Lee 1988）。

在词汇语义学领域，相关研究表明基本颜色词存在以下蕴含共性（注意，这里说的是基本颜色词而不是一般的有关颜色的表达①）（Hawkins 1988a：17；Whaley 1997：49）：

(6) $\begin{matrix}\text{白}\\\text{黑}\end{matrix} > \text{红} > \begin{matrix}\text{绿}\\\text{黄}\end{matrix} > \text{蓝} > \text{棕}$

① 所谓基本颜色词是指为语言社团所共知的表达颜色的词汇，它们不能分析为更小的语言单位。如英语中 light brown（浅棕色）、navy blue（海军蓝）不是基本颜色词，因为它们分别可以分析为更小的语言单位 light 和 brown、navy 和 blue。还有另外一些词尽管不是复合词，但不属于基本颜色词，如：amber（琥珀色）、indigo（靛蓝色）、azure（蔚蓝）等等。这些颜色词在英语中不是人所共知并广泛使用的词语，它们只出现在受过良好教育者、有某些特殊个人偏好或特殊职业人群（如画家）的话语中，这些人由于爱好或职业的需要才区分有细微差别的颜色（Whaley 1997：49）。

上面这些基本颜色词呈蕴含级差的形式，“>”表示左边的词比右边的词优先出现。“白/黑”优先于“红”出现，“红”优先于“绿/黄”出现，即如果一种语言中有“绿/黄”，一定会有“红”，有“红”则一定会有“白/黑”。反之不定然。因此，我们可以推断，如果一种语言中只有三个基本颜色词，这三个词是“白、黑、红”，第四个颜色词是绿或黄，等等。

Kay & McDaniel（1978）发现这种蕴含共性的级差有其解剖学依据。光线的不同波长对应不同的颜色，并在人的视觉系统中引发不同的反应。黑白两种颜色对比最鲜明，对人的视觉系统的刺激最为明显，红色引起的刺激反应次之，再次之的是绿色或黄色，等等。世界诸语言中颜色词呈现这种级差分布是人们的视觉神经系统的工作原理决定的（参看 Hawkins 1988a：17；Lee 1988：218）。

12.4.2.2 语言处理

这类解释主要从两个方面着手：一是人类处理语言的能力是有限的，这种限制在语言结构上会有所体现；二是不同的语言结构处理起来难易程度不一，人们在处理语言的时候会避难就易（参看 Hawkins 1988b：328）。为了揭示语言处理对语法结构的影响，Hawkins（2003）提出了有关效率和语法结构复杂性的三原则：域最小化（minimize domains）原则、形式最小化（minimize forms）原则以及在线处理最大化（maximize on-line processing）原则。

前两条原则概括了人们这样的经验：简短的语言单位比冗长的语言单位理解起来更容易。局部域比非局部域更容易理解，相互联系成分之间的距离越近越容易理解。在语言处理的时候工作记忆里储存的信息越少理解越容易。因此，应尽量减轻工作记忆的压力。Hawkins（2003：125）认为，他先前提出的尽早出现直接成分原则（early immediate constituent principle）也可以概括在本原则之下。例如：

（7）a. The game keeper vp [looked pp_1 [through his binoculars] pp_2

1 2 3 4

[into the blue but slightly overcast sky]].

5

b. The game keeper vp [looked pp_2 [into the blue but slightly

1 2 3 4 5 6

overcast sky] pp_1[through his binoculars]].
7　8　　　　9

(7a)和(7b)各有三个成分：VP、PP1 及 PP2。在(7a)中，这三个成分借助前 5 个单词就可识别，而在(7b)中则需借助前 9 个单词才能识别。很显然，(7a)识别起来更容易些(ibid.：124)。

第三条原则也可以归结到记忆的限制。人们必须尽快对语言形式在线处理，以便回头处理先前搁置的成分，或是将暂时无法处理的成分置于工作记忆中。通过这条原则，我们可以解释为什么(8a)比(8b)理解起来更容易些(Moor & Polinsky 2003：20－21)：

(8) a. Stories about John amuse *him*.
b. Stories about *himself* amuse John.

(8a)中的 him 可以直接借助于其先行词 John 得到理解，而在(8b)中，为了理解 himself，人们先得将其置于工作记忆中，直到读到 John 后，才能顺利理解其所指对象。

语言处理上的考虑使说话人避免使用不便理解(或产出)的句子，而使用有利于快速理解和快速产出的句子。说话人会对处理起来较困难的句子避而远之，而使用处理起来更方便的句子。难以处理的句子就会从使用中消失。由于制约人们处理语言的因素没有跨语言的分别，可以认为相同的制约因素作用于所有语言的形式，这就导致了跨语言共性的产生(Whaley 1997：48)。

Hawkins(2003：148)认为上述三条原则归根到底是由最小努力原则驱动的。它们共同影响语法形式，帮助解释一些语言内部现象和跨语言现象。但该理论要有充分的解释力还得回答几个基本问题：1) 效率原则适用于语言的哪个层面？Hawkins 似乎在暗示该原则首先是在短语结构的层面上起作用。它是否普遍适用于其他层面抑或其适用性只局限于特定的范围(如主要在句法层面)？2) 效率原则下的各具体原则是否会彼此竞争？如果有竞争，具体情形如何？另外，效率原则的本体特性如何，我们也不甚清楚。大量证据表明效率原则的作用足以成为语法的功能基础。这是不是说效率原则一统天下，语法只是作用的结果，它本身毫无作为？但事实上，我们还是需要语法，没有让效率原则取而代之，那么二者的关系如何？这些都有待进一步探讨。

12.4.2.3 像似性和经济性

像似性是针对语言的任意性提出的。像似性论者认为"语言形式之所以如此,是因为语言形式就像图表一样与所表示的概念结构相似;或者说,语言结构彼此相像是因为人们以相同的方式思考这些结构所表征的概念域"(Haiman 1985: 1)。Haiman(1980: 515-516)认为语言的像似性表现在两个方面: 1) 同构(isomorphism),即能指(signans)和所指(signatum)之间一一对应的关系。语言的同构性最明显的证据就是,在语言中不同的形式对应于不同的意义。正因如此,语言学家们认为不存在真正的同义词或同义结构,即两个词或结构不管意义多么接近,仍会有某些差别,否则不会有两个不同的表征形式(ibid.: 516-517)。2)理据性(motivation),即语言的结构直接反映现实世界的结构。例如,Greenberg发现各语言中句子成分出现的顺序与相应的事物或知识结构的顺序相对应。比如说,主语多位于宾语之前,条件句多位于结果句之前。又如,在形态上有标记的成分往往在意义上也具标记性,单数和复数形式相比,后者是有标记的,其形式上的标记性与其意义上的标记性对应。Jakobson发现形态的复杂程度与意义的复杂程度成正相关(见 Haiman 1980: 528)。Tai(1985: 50)证明了时间顺序和汉语句子成分之间的必然联系,即"两个句法单位的相对顺序是由它们在概念世界(conceptual world)表征的状态发生的顺序决定的"。如:

(9) 张三上楼睡觉。
  *张三睡觉上楼。(ibid.: 51)

此外,Haiman(1983)还证明了语言形式在彼此距离上表现出的像似性理据,其中的两条原则是: 1) 语言表达之间的距离对应于相应的概念之间的距离;2) 语言表达的独立性对应于该表达所表征的事物或事件的独立性。这两条原则可以用来解释使动、所有(possession)等语义范畴的不同表达之间的区别以及主从关系等诸多具有普遍性的语言现象。

Croft(2003: 116)认为,像似性是出于语言处理上的考虑。人类是通过语言掌握经验结构的,如果语言结构和经验结构相对应,语言表达自然更方便、更有效。首先,由于人们不需要为掌握世界经验而获得一套和语言表达不同的信息结构,人类需要获得的信息结构便大大减少了。其次,像似性可以大大简化从感知层面的信息结构向语言层面的信息结构转化的步骤。这就是 Givón(1985：189)所谓的像似性元规律(iconicity meta-principle)，即“在同等条件下，编码与经验之间同构关系越明显，被编码的经验就越容易被储存、检索和交流”。

与像似性紧密联系的是经济性(Haiman 1983)。经济性就是指语言表达须尽量简约的原则(Croft 2003：102)。语言的经济性在语言的结构中至少体现在两个方面：一是在语境中容易预测到的语言成分通常会省掉，二是经常使用的语言成分通常会缩减。所谓的代词脱落(pro-drop)就是属于前者的例子。以代词脱落为参项可以将语言分为两类，即代词脱落类语言和非代词脱落类语言。在主谓一致关系很普遍的语言中，动词可以表明代词主语，如果再将主语明说出来，就会导致冗余，而冗余是和经济性原则相悖的。在非代词脱落类语言(如英语)中，主谓一致的作用很小，例如从 danced 这一动词本身，我们无法知道主语是第一人称、第二人称还是第三人称，是单数还是复数，主语也就不能省略(Whaley 1997：48 - 49)。

另一类型的经济性和语言使用频率有关。这可以从缩写形式看出来，在英语口语中，want to、going to 常被缩减为 wanna、gonna，这种缩减是由它们在语言使用中的高频率导致的。经常使用的形式趋于简化，而不导致信息损失，到后来缩减的形式变成了基本形式。世界诸语言中的格标记都很简短(通常是一个音节)，这是经济性作用的结果，因为格标记是使用频率非常高的语言形式，在长期使用过程中趋于简化(Whaley 1997：49)。

像似性和经济性是密切联系的两个概念。它们共同作用，避免语法形式过于复杂或过于简单。一方面，像似性动因使得语言结构尽可能对应于概念结构；另一方面，经济性动因使得语言结构趋于简化。我们必须兼顾两方面，动态地、全面地考察，才有可能获得全面的解释(Haiman 1983)。

语言的像似性和经济性是由语言处理衍生出来的反映在语言形式上的两种特性。Givón (1985：198)认为，语言结构像似性和经济性的最根本原因是出于语言处理的需要(参见 Haiman 1983：802；Croft 2003：116)①。Croft(2003：116)进而认为，从根本上讲这两个原则都是适应性的(adaptive)，都是出于有效地适应交际的需要。

---

① 上文提到，Hawkins(2003：148)认为语言处理方面的诸原则最终可归结到最小努力原则。这也说明像似性、经济性和语言处理之间的本质联系。

12.5 余论

语言类型学由于其跨语言的视角和对人类语言共性的关注而成为推动当代语言学发展的重要力量（刘丹青 2004：17；金立鑫 2006）。寻求对语言共性的解释是对语言本质特性的探求，合理的解释可映证共性的真实性，也使其对具体/个别语言事实的解释更令人信服。

然而，对语言共性的解释多种多样，人们难免莫衷一是，并且某一解释可能对某一现象有用，换一种现象，该解释可能显得无能为力。遇到不同的共性，我们必须寻求不同的解释。在什么情况下该寻求什么样的解释，还是该寻求同一问题的不同解释？如果是后一种情况，不同的解释是互补还是相互竞争？它们是否有轻重主次之分？它们如何协调，或者说不同的因素是如何共同作用，导致某一语言现象出现？到目前为止，这些问题还没有得到令人满意的回答。

首先，不要指望某一途径可以解释所有语言现象。自然语言是一种多因一果的现象，是在各种因素的共同作用下形成的。没有一条共性单纯由功能的、心理的理据或是内部的机制驱动，自然语言注定要受这些方面的共同制约，成功的交际系统必须同时满足各个方面的要求（Hawkins 1988b：322）。我们的任务是要弄清楚这些因素是如何作用并为语言的变异提供限制，导致语言共性的产生（Hawkins 1988a：4）。除了同时作用于语言系统外，各相关因素之间也存在相互作用、相互竞争、相互制衡（Hammond, *et al.* 1988：20），成功的、合理的解释应该揭示它们之间的相互关系。

此外，在寻求对语言共性解释的同时，类型学家们承认语言的任意性：并不是语言中的任何现象都可以通过一套确定的、普遍的形式或功能原则或是抽象的归纳来解释，若果真如此，所有的语言将会是一样的，并且是一成不变的（Croft 2003：282）。语言结构背后的动因是相互竞争的，不同语言的语法是一定程度上的任意性和有动因的普遍原则融合的结果，每一种语言中不同竞争动因之间的调和在一定程度上是任意性的，这也是共性解释必须考虑的。

以上是针对语言共性解释的总体而言。但在具体的类型学研究中，我们不可能也没有必要穷尽所有的解释。研究者需根据特定的研究对象、自己的理论取向等选择适当的解释路径。

第十三章

存在小句的几种类型[①]

13.1 导语

存在句表征的基本意义是"某地方存在某人或某物",其语用意义是宣告某人或某物的存在,并将其带入听众的意识之中。我们从语义范畴出发,发现和甄别各语言中的基本存在句。汉语和英语中与这种意义范畴对应的典型例句分别是:

(1) 桌子上有本书。

(2) There is a book on the table.

Halliday(1985/1994)划分出六种过程类型,其中存在过程可以说是为存在小句特设的。他认为,存在小句有一个参与者,即存在物,因为它直接参与存在过程,而为存在物定位的方位成分只是可有可无的环境成分(Halliday 1994: 143)。我们认为,存在小句有两个直接参与者而不是一个参与者,即存在物和方位成分。这是因为: 1) 存在物和方位成分对于表达小句的意义是同等重要的,二者缺一不可;否则,该小句表达的意

① 本章原载于《外国语》2012 年第 3 期。

义就不完整。并且,存在物和方位成分彼此都以对方的存在为前提,都通过对方来定义。某个地方只有在放置了某物后,前者才成为方位成分,后者才成为存在物。如在“桌子上有一本书”中,只有在桌子上放置了书以后,“桌子上”才成为一个地方,而“书”只有相对于“桌子上”这一方位成分,才成为存在物。2) 尽管英语存在小句中的方位成分与环境成分极为相似,但这不具备跨语言代表性。跨语言的考察表明,方位成分并不一定总是由介词短语来实现。在很多语言中,方位成分由名词词组实现,并且方位成分可以充当存在小句的主语,如汉语以及中国境内的少数民族语言等(王勇、周迎芳 2011)。基于以上语义联系和跨语言事实,可以将存在小句分析为三个语义成分:存在物(Existent/E)、方位成份(Locative/L)以及存在过程(Process/P)。

语言学家和哲学家早就注意到,存在是一种特殊的述谓关系,其主要功能是通过方位关系表明某一实体的存在;为表征这种意义,存在小句也往往带有不同于其他类型小句的“区别性特征”。各语言表征存在意义所诉诸的形态句法手段多种多样,但所有语言中典型的存在句都可以分析为上述三个功能成分,这也是语义在语法层面上的体现。

13.2 语言样品库

本研究的基础是收集多种语言中存在句的有关信息并建立有代表性的语言样品库。为样品库收集数据,我们采取的方法有:1) 对母语为非汉语的本族语者进行语言调查,调查的对象包括国内少数民族学生、外国留学生、外语教师等等;2) 有些语言中的存在句已有较多的专门研究,我们只需根据需要选取其相关部分,添加到样品库中;3) 通过有关文献等间接途径,如通过各外语和少数民族语言语法描述的文献,析出其中存在句的有关信息。其中,第 2)、3)种方法是本研究使用的主要方法,文中各语言中例句的出处随后注明。

建立语言样品库必须考虑语系间的平衡和地域间的平衡等多种因

素。我们充分兼顾这些因素,尽最大可能使其更科学、更具有代表性。迄今为止,我们的样品库已包含 80 种语言,涉及《语言与语言学百科全书》中所列的 17 个语系中的 14 个语系,在地域和语系分布上也较为均衡。具体情况如下:

汉藏语系:汉语、藏语、苏龙语、布赓语、义都语、克蔑语、卡卓语、莽语、俫语、拉基语、柔若语、布央语、莫语

印欧语系:英语、德语、荷兰语、冰岛语、意大利语、葡萄牙语、俄语、梵语、印地语、法语、瑞典语、波兰语、西班牙语、爱尔兰语、波斯语、撒丁语(Sardinian)、加泰罗尼亚语(Catalan)、苏格兰盖尔语(Scots Gaelic)

乌拉尔语系:匈牙利语、芬兰语

高加索语系:格鲁吉亚语、拉兹语(Laz)

阿尔泰语系:满语、蒙古语

达罗毗荼语系:泰卢固语(Telugu)、马拉雅拉姆语(Malayalam)

南亚语系:越南语

南岛语系:马来语、他加禄语(Tagalog)、布农语、沙绩语、汤加语、雅美语(Yami)、泰雅语(Atayal)、鲁凯语(Rukai)、卑南语(Puyuma)、葛玛兰(Kavalan)、赛夏语(Saisiyat)、阿美语(Amis)、邵语(Thao)、排湾语(Paiwan)、玛安晏语(Ma'anyan)、芒伽巴语(Mangaaba-Mbula)、伊哥洛语(Bontoc Igorot)、曼纳姆语(Manam)、标准斐济语(Standard Fijian)、勒斡语(Lewo)、查莫罗语(Chamorro)

阿非罗-亚西亚语系:阿拉伯语、希伯来语、豪萨语(Hausa/Huas)

尼日尔-刚果语系:斯瓦希里语(Swahili)、塞索托语(Sesotho)、卢旺达语(KinyaRwanda)、隆达语(Lunda-Ndembu)

澳大利亚本土语言:皮特贾恩特贾拉语(Pitjantjatjara/Yankunytjatjara)、阿兰达语(Arrernte)、帕劳语(Palauan)、芒加赖语(Mangarayi)

美洲印第安语:雅卡语(Jakaltek Popti')、凯克奇语(K'ekchi)、杜鲁梅语(Trumai)、梅奥语(Mayo)、萨里巴语(Saliba)

尼罗-撒哈拉语系:兰戈语(Lango)

语系不明语言:朝鲜语、日语

共计收集 80 种语言,但其中有些语言存在句的数据不完备,只有 77 种语言中的存在小句的信息是完备的。本章通过考察上述语言中存在句表征存在意义的句法手段,归纳其类型,并在此基础上总结共性和差异。

13.3 句法手段分类

必须说明,我们将存在小句分析为三个语义成分,只是为了说明问题。实际上,这三个成分对表达存在小句的各种意义都很重要,都是必要成分。它们之间相互制约,相互作用,共同表达小句的经验意义。但就表达存在意义而言,各语言仍旧表现出不同的编码形式。其中,存在物一般由名词词组实现,它们和出现在其他过程类型中的名词词组没有本质的不同。真正能体现存在过程"区别性特征"的是过程和方位成分。考察发现,各语言主要通过三种方式表达存在意义:1) 方位成分,2) 过程,3) 过程和方位成分都表达存在意义。其中有些语言的存在小句中出现空位成分,这也是编码存在意义的一种手段。下面分别描述各种情形。

13.3.1 方位成分表达存在意义

这类存在句中的过程一般由连系动词充当。连系动词属于轻动词,表达的语义较弱,其主要的功能是将存在物和方位成分联结起来,表明它们之间的述谓关系。因此,存在意义主要通过方位成分实现。在所调查的 77 种语言中共发现 29 种语言属于此种类型,占 37.66%,是较常见的一种类型。

方位成分的方位意义主要通过以下几种手段来表现:介词短语、方位格(包括表示方位意义的其他格形式)、上述两种手段兼用。

13.3.1.1 介词短语

样品库中共有 19 种语言属于这种类型,包括阿拉伯语、加泰罗尼亚语(Catalan)、查莫罗语(Chamorro)、荷兰语(Dutch)、埃维语(Ewe)、豪萨语(Hausa/Huas)、印地语、爱尔兰语、意大利语、兰戈语(Lango)、梅奥语(Mayo)、巴勒斯坦阿拉伯语(Palestinian Arabic)、波斯语(Persian)、萨里巴语(Saliba)、苏格兰盖尔语(Scots Gaelic)、瑞典语、他加禄语(Tagalog)、

泰卢固语(Telugu)、汤加语(Tangon)。以下是印地语和苏格兰盖尔语的例子:

(3) 苏格兰盖尔语(Freeze 2001: 943)

Tha *min* *anns* *a'* *phoit.*

系词 燕麦粉 在……内 ART 罐子

"罐子里有燕麦粉。"

(4) 印地语(Kachru 2006: 190)

Talab *mẽ* *manī* *hɛ.*

池塘 在……内 水 系词·现在时·单数

"池塘里有水。"

这两种语言分别属于介词前置(preposition)型语言和介词后置(postposition)型语言。前者中,介词 anns(在……内)置于存在地点 phoit(罐子)之前并与之构成介词短语实现存在句中的方位成分。后者中,介词 mẽ (在……内)置于存在地点 talab(池塘)之后并与之构成介词短语实现存在句中的方位成分。二者中的存在过程都由连系动词实现,语义意义较弱,存在/方位意义主要由方位成分表现。这种倾向在无过程存在句中表现更为明显。看阿拉伯语、萨里巴语以及他加禄语的例子:

(5) 阿拉伯语(Eid 1993: 136)

fii *migalla* *fuuʔ* *il-maktab.*

空位成分 杂志 在……上 ART-桌子

"桌子上有一本杂志。"

(6) 萨里巴语(Dunn 等 2007: 879)

Numa-ne *udiyedi* *kokolaka.*

房子-有定 介词·PL 老鼠

"房间里有老鼠。"

(7) 他加禄语(Martin 2004: 272)

May *babae* *sa* *bahay.*

空位成分 女人 介词 房子

"房子里有一个女人。"

由于过程在这类存在句中经验意义很弱,同时方位成分承担了表达经验功能的任务，即使省略过程也不影响整个小句意义的表达。

13.3.1.2　方位格

这里所说的方位格包括真正意义的方位格以及其他表示方位意义的格形式，如近处格(adessive)[①]和在内格(inessive)[②]。共有 6 种语言主要通过方位格表现存在句的存在/方位意义，包括楚克其语(Chukchi)、芬兰语、匈牙利语、卢旺达语(方位格一致)、隆达语(Lunda-Ndembu)、杜鲁梅语(Trumai)，其中芬兰语中的方位成分用近处格，楚克其语以及匈牙利语用在内格，其他三种语言使用方位格。请看芬兰语、卢旺达语和隆达语的例子：

(8) 芬兰语(Huumo 2003：464)

Piha-llä　　*on*　　*poika.*

院子-近处格　系词·PRS·3SG　男孩·NOM

"院子里有个男孩。"

(9) 卢旺达语(Givón 2001：434)

Ku-nzu　　*ha-riho*　　*umugabo.*

LOC-房子　LOC-系词　男人

"房子里有个男人。"

(10) 隆达语(Givón 2001：191－192)

Mu-itala　　*mu-di*　　*anyaana.*

INES-房子　INES/主语-系词　孩子·PL

"房子里有孩子。"

上述三种语言中方位成分都分别采取不同的格形式。值得注意的是，卢旺达语和隆达语中方位成分不但带有格形式，存在过程也带有格形式并与方位成分一致，这至少说明存在/方位意义是此类小句表达的核心经验意义。

---

① 近处格是一种方位格，表示的基本意义是"在……上"。这种格形式存在于芬兰语、爱沙尼亚语、匈牙利语等乌拉尔语系语言中。

② 这种格形式表示的基本意义是"在……内"。

13.3.1.3 方位格和介词兼用

这种类型的语言中，方位成分同时带介词和方位格。有三种语言属于这种类型，分别是：芒加赖语（Mangarayi）、葛玛兰语（Kavalan）、俄语：

（11）芒加赖语（Dryer 2007：243）

Mawuj	*ja-Ø-ṇi*	*biyaŋ*	*ṇa-boŋgan.*
食物	3－3SG－COP	在……内	LOC−盒子

"盒子里有食物。"/"食物在盒子里。"

（12）葛玛兰语（张永利 2000：138）

Yau	*ta*	*rima-an-su*	*riis.*
在	LOC	手−LOC−你的	蚊子

"在你手上有一只蚊子。"

（13）俄语（Freeze 2001：942）

Na	*stole*	*byla*	*kniga.*
在……上	桌子·LOC	COP	书

"桌子上有一本书。"

芒加赖语中不区分存在句和方位句，同一句式既可以表达存在句的意义也可以表达方位句的意义，听话人需根据特定的语境及存在物的有定性将其理解为存在小句或方位小句。其中，方位成分 biyaŋ ṇa-boŋgan（"在盒子里"）带有介词 biyaŋ（"在……里"）和方位格ṇa-。葛玛兰语中方位成分 yau ta rima-an-su（"在你手上"）带有介词 yau（"在……上/里"）和方位格-an-。俄语中的方位成分，na stole（"在桌子上"）带有介词 na（"在……上"），其中 stole（"桌子"）为方位格形式。葛玛兰语中的存在小句没有过程，而整个小句的意义表达不受影响。这不仅再次证明存在小句中的存在动词属轻动词，而且证明方位成分在存在句意义表达中的重要作用。

13.3.2 过程表达存在意义

13.3.1 中三种情形的共同之处是，方位成分带有介词或格形式，实现存在小句表达存在/方位的经验意义。还有一种类型的存在句，其方位成分不带介词或格形式，此时表示存在/方位意义的功能主要通过存在过程来实现。共20种语言（约占总数的25.97%）属于这种类型，包括勒斡语（Lewo）、曼纳姆语（Manam）、芒伽巴语（Mangaaba-Mbula）、帕劳语（Palauan）、越南语、阿美语、波兰语、布赓语、布央语、卡卓语、克蔑语、拉基语、倈语、鲁凯语、满语、莽语、莫语、柔若语、苏龙语、义都语。这些语言中存在小句的存在过程一般可按字面翻译为"有"或"存在"，英语为 be at, exist, have, there is 等。如果存在过程表示"存在"（exist, be at）的意义，则存在物为小句的主语，方位成分为补助语（王勇、周迎芳 2011），如：

（14）芒伽巴语（Bugenhagen 2002：24）

Tomtom =ta	（*ta*）	*i-mbot*	*mokleene.*
某人	（特定）	3SG -存在	花园

"有人在花园。"/"花园里有人。"

（15）曼纳姆语（Lichtenberk 2002：272）

Tamoata	*teʔe*	*anua-lo*	*i-soaʔi.*
男人	一	村庄	3SG -存在

"村庄里有一个男人。"

芒伽巴语存在句中，存在过程 i-mbot 表示"存在"的意义，并带单数第三人称标记 i-，和存在物 Tomtom =ta（"某人"）一致。*Ta* 标记存在物为单数（Bugenhagen 2002：24）。同样，曼纳姆语存在句中，存在过程 i-soaʔi 表示"存在"的意义，并带单数第三人称标记 i-，和存在物 tamoata teʔe（"一个人"）一致。这两种语言中，存在物充当主语。

如果存在过程表示"有"（have）的意义，则方位成分为小句的主语，存在物作补助语（王勇、周迎芳 2011）。

（16）义都语（江荻 2005：83）

Agu	*tɕŋa*	*adzobra kheŋ*	*ge*	*kha*	*ha.*
箱子	上	书	一	有	CONT

"箱子上有一本书。"

（17）克蔑语（陈国庆 2005：8）

Tu	*ɳǎ*	*pǎ*	*nɔŋ*	*ma*	*nɔŋ.*
门	家	有	山	一	座。

"家前面有一座山。"

义都语有两个表示领有或者存在的动词,一个是 i 或者 dʑi,一个是 kha。前者表示有生命物的存在,后者表示无生命物的存在。江荻(2005:83)认为方位成分作小句的主语,存在物作补助语。克蔑语中的存在动词 pǎ 表示"有"的意思,一般根据逻辑语义关系及该语言的基本语序,将存在小句中的方位成分分析为主语,存在物分析为补助语。

13.3.3 过程和方位成分都表达存在意义

这类存在句中的方位成分和存在过程分别具有 13.3.1 和 13.3.2 两节中所描述的方位成分和存在过程的特征,各自都表达存在意义,共同实现整个小句表达存在意义的功能。在我们的语言样品库中,共有 28 种语言属于这种类型(占 36.36%),具体包括:汉语、英语、法语、豪萨语、希伯来语、伊哥洛语、雅卡语、日语、韩语、老挝语、玛安晏语、马来语、马拉雅拉姆语、葡萄牙语、撒丁语、塞索托语、标准斐济语、杜鲁库沙绩语、哇晏语、皮特贾恩特贾拉语、卑南语、北排湾语、布农语、赛夏语、邵语、西班牙语、雅美语、雅泰语。以下是伊哥洛语、赛夏语和邵语的例子:

(18) 伊哥洛语(Dryer 2007:244)

Wodá *nan* *ónash* *id-Fálídfid.*

位于 冠词 甘蔗·种植园 LOC-Falidfid(地名)

"Falidfid 有一个甘蔗种植园。"

(19) 赛夏语(叶美利 2000:105)

Hayza' *'ahae'* *kahoey* *ray-taw'an-rangi'.*

有 一 树 LOC-房子-旁

"有一棵树在房子旁边。"

(20) 邵语(黄美金 2000b:106)

'Itiya' *'asasak* *isa* *nak* *a* *yanan.*

存在 小孩 LOC 我的 COP 床

"有孩子在床上。"

伊哥洛语中存在过程 wodá表示“位于”(be at)的意思,方位成分 id-Falídfid 带方位格 id-。赛夏语中存在过程 hayza' 表示“有”(have)的意思,方位成分 ray taw'an rangi' 带方位格 ray-。邵语存在小句中除使用存在过程'itiya'表示“存在”(exist)的意思外,还使用连系词 a,方位成分 isa nak a yanan 带方位格 isa-。这些语言中存在过程和方位成分共同实现存在小句的经验意义。

日语存在句中的存在/方位意义也是由方位成分和存在过程共同实现,其中方位成分除带方位格-ni 外,还带方位名词(如下例中的 ue),它们共同表示方位意义。存在过程一般由两个动词(aru 和 iru)实现,分别表示有生命和无生命的事物的存在:

(21) 日语

a. *Tsukue-no-ue-ni-(wa)*　*hon-ga*　*aru.*
桌子-的-上面-方位格-(TM)　书-SM　存在
“桌子上有一本书。”

b. *Eya-ni-wa*　*neko-ga*　*iru.*
房间-里-TM　猫-SM　存在
“房子里有一只猫。”

由于方位成分和存在过程都表示存在/方位意义,此时出现意义冗余,因此有些语言中,存在过程可以省略。如法语就是这样(Caffarel 2004: 109):

(22) 法语(Baron & Herslund 2001: 5)

Y　*a*　(*un*)　*livre*　*sur*　*la table.*
空位成分　那儿　(有)　一　书　在桌子上
“桌子上有一本书。”

豪萨语方位成分和存在过程都表示存在/方位意义,但表示存在过程的存在动词 dà 意义很弱,并且开始虚化为表示伴随意义的介词:

(23) 豪萨语(Abdoulaye 2006: 1121)

Dà　*ruwaa*　*cikin*　*wannàn*　*kwaanò-n.*
存在　水　在……里　这个　碗-有定
“这个碗里有水。”

汉语存在小句（如“桌子上有一本书”）的方位意义也是通过存在过程和方位成分实现，其中典型的存在过程是“有”，表存在的意义。方位成分（如“桌子上”）带方位名词“……上”表示方位意义，而不是像其他语言那样通过介词或方位格来表示方位意义。此外，“……里”、“……中”、“……外（面）”、“……下”等方位名词都可以和方位成分结合，表示方位意义。

13.3.4 空位成分

上述各种语言中，有的存在句中出现一个类似于英语存在句中 there 的空位成分。Freeze（2001：944）称之为方位替代形式（locative proform），并称相应的存在句为替代词存在句（proform existential）。这种替代形式只出现在少数语言中，如罗曼语、少数日耳曼语、阿拉伯语以及南岛语系的语言中。我们的语言样品库中共发现 12 种此类语言，包括：荷兰语、法语（见例（22））、德语、冰岛语、意大利语、雅卡语（Jakaltek Popti'）、帕劳语（Palauan）、巴勒斯坦阿拉伯语、瑞典语、他加禄语（Tagalog）、汤加语、哇晏语（Wayan）。

（24）他加禄语（Martin 2004：272）

May	*babae*	*sa*	*bahay.*
空位成分	女人	在……里	房子

“房子里有一个女人。”

（25）荷兰语（Dik 1997：209）

Er	*is*	*een*	*hond*	*in*	*de*	*tuin.*
空位成分	系词	一	狗	在……里	ART	花园

“花园里有一只狗。”

这种空位成分一般由 there（如他加禄语和荷兰语）或 it 语法化而来，是存在句的标志。它们对表达存在句的意义起到了一定的作用。

13.4 存在句和方位句

以上考察的是各语言中存在小句表达存在/方位意义的形态句法手段。至此,有必要区分与存在小句密切相关的另外一种句式,即方位小句:

(26) a. There is a book on the table. (存在句)
b. The book is on the table. (方位句)

(27) a. 桌子上有一本书。 (存在句)
b. 书在桌子上。 (方位句)

这两个句式表达的基本语义是存在,并且采取的形态句法手段一样,但表达的视角不同。存在句是从存在方位的视角看,方位包含、承载了存在物;方位句是从存在物的角度看,存在物存在于处所之中(袁毓林等2009)。我们将从系统功能语法的角度,考察语义和功能特征如何决定对二者的选择,语义和功能上的差异在形态句法上的体现也就是我们辨别二者的依据。

在功能语言学看来,存在句和方位句表达的事态(state of affairs)相同,也就是说,它们表达相同的经验功能,都是由三个相同或相当的语义成分(即方位成分、存在过程和存在物)组成,所不同的是语序和存在物的有定性(Wang & Xu 2013)。以下是俄语、芬兰语和日语的例子:

(28) 俄语(Freeze 2001: 945)

a. *Na* *stole* *byla* *kniga.* (存在句)
在……上 桌子·LOC COP 书
"桌子上有一本书。"

b. *Kniga* *byla* *na* *stole.* (方位句)
书 COP 在……上 桌子·方位格
"书在桌子上。"

(29) 芬兰语(Huumo 2003: 464)

a. *Piha-llä* *on* *poika.* (存在句)
院子-近处格 COP·PRS·3SG 男孩·NOM

"院子里有个男孩。"

b. *Poika* *on* *piha-lla.* (方位句)

男孩·NOM COP·PRS·3SG 院子-近处格

"(那个)男孩在院子里。"

(30) 日语

a. *Tsukue-no-ue-ni(wa)* *hon-ga* *aru.* (存在句)

桌子-的-上面-方位格-(TM) 书-SM 存在

"桌子上有一本书。"

b. *Hon-wa* *tsukue-no-ue-ni* *aru.* (方位句)

书-TM 桌子-的-上面-LOC 存在

"书在桌子上。"

俄语中(例(28)),存在物"kniga"(书)在存在句和方位句中都是同一形式,方位成分"na stole"(桌子上·方位格)在两个句式中也是同一形式。并且,两个句式中的动词"byla"无任何不同,唯一不同的是它们的语序。俄语存在句的语序是:方位成分∧存在过程∧存在物。方位句的语序是:存在物∧存在过程∧方位成分。芬兰语的情形与俄语类似,两种句式的语序分别和俄语中两种句式的语序一样;所不同的是,芬兰语除方位成分在两个句式中都带近处格标记外,存在物在两个句式中都带主格标记。日语中,存在句中的存在物带主语标记"ga",方位成分带主题标记"wa",或不带任何格标记;方位句的存在物带主题标记"wa",或不带任何格标记,两个句式中的动词都是"aru"。日语存在句的语序是:方位成分∧存在物∧存在过程,方位句的语序是:存在物∧方位成分∧存在过程。

很显然,在以上几种语言中,存在句和方位句最大的差别在语序,而语序只是形式上的表现,其背后必有功能或语义上的动因。这种动因就是存在物的有定性。事实上无论是生成语法学者(如 Lyons 1967; Freeze 1992,2001)还是功能语法学者都认识到存在物的有定性在生成或选择[①]这两个句式时所起的决定作用。如 Freeze(2001:941)认为,"尽管世界诸语言中表示存在的句式表现出相当丰富的形式变化,但其表达的语义是

① "生成"和"选择"分别是生成语法学者和功能语法学者使用的术语。

一样的：各语言中的存在句式都以某种方式对两个论元之间的关系和有定性特征进行编码。”一般认为，无定名词才能作为存在物出现在存在句中，这就是所谓的“有定性效应”(the definiteness effect)(Milsark 1979; Keenan 1987; Ward & Birner 1995; Li 1996; Abbott 1997; Freeze 2001; Wang & Xu forthcoming)。名词的有定和无定，说到底是一个语义的问题，需借助于特定的语境才能确定。在语法层面上有的语言通过冠词来表示，如英语中无定名词用不定冠词 a/an 或 some、a lot of、a number of 等接复数名词或复数名词的零形式表示，而出现在存在句中的存在物一般也只能是这类名词(如：There is a book on the table. There are a lot of people in the room.)①。除英语外，还有一些语言通过冠词来表示名词的有定或无定，有定性效应在这些语言中表现明显，以下是荷兰语②和匈牙利语的例子：

(31) 荷兰语(Dik 1997: 209)

a. *Er* *loopt* *een* *hond* *in* *de* *tuin*.(存在句)
空位成分 走 一 狗 在……里 ART 花园
“花园里走着一只狗。”

b. *De* *hond* *loopt* *in* *de* *tuin*. (方位句)
ART 狗 走 在……里 定冠词 花园
“狗在花园里走着。”

c. **Er* *loopt* *de* *hond* *in* *de* *tuin*.
空位成分 走 ART 狗 在……里 ART 花园
“花园里走着一只狗。”

(32) 匈牙利语(de Groot 1989: 187)

a. *A* *kert-ben* *van* *egy* *kutya*.(存在句)
ART 花园-在内格 COP 不定冠词 狗
“花园里有一只狗。”

---

① 有时有定名词可以出现在英语 there 结构中，如：There is the apple tree in the garden，但有学者认为这类句式不是表示存在，而是表示提醒(reminder)或列举(listing)。

② 和汉语相似，荷兰语中充当存在过程的动词较丰富，有些实义动词如 *loopt*(走)可以充当存现动词。

b. *A* *kutya* *a* *kert-ben* *van.* （方位句）
ART 狗 ART 花园-在内格 COP
"（那只狗）在花园里。"

荷兰语存在句和方位句最显著的区别就是语序，并且存在句中的存在物 *hond* 带不定标记 een，方位句中的存在物 hond 带有定标记 de（Dik 1997：210），如果存在句中的存在物带有定标记 de，则该句不合语法（见（31c））（ibid.）。很显然，这种区别正是存在物的有定性导致的。匈牙利语存在句中的存在物带不定标记 egy，方位句中的存在物带有定标记 a。尽管匈牙利语是一种自由语序语言，存在句和方位句的典型语序却有着区别句式的作用。

存在物的有定性在选用存在句或方位句的过程中起决定作用，在有些语言中这种决定作用还可以体现在存在动词的选用上，如马拉雅拉姆语中有两个方位连系词 aaṇə 和 uṇṭ̣ə，前者表示有定事物的存在，后者表示无定事物的存在（Dryer 2007：242）：

（33）马拉雅拉姆语（de Groot 1989：187）

a. *kuṭṭi* *tooṭṭatt-il* *aaṇə.*
小孩 花园-LOC COP·PRS
"小孩在花园里。"

b. *meeʃa* *meel* *pustakam* *uṇṭə.*
桌子 在……上 书 存在·PRS
"桌子上有一本书。"

除动词选用不同外，以上两句的语序也不相同，（33a）的语序是"存在物∧存在过程∧方位成分"，（33b）的语序是"方位成分∧存在物∧存在过程"。反过来，在这类语言中，动词和语序可以作为辨别存在句和方位句的依据。

有的语言存在句和方位句在句法结构上无任何差异，唯一可作为区分二者的依据是存在物的有定性（Dryer 2007：243），如爱尔兰语就是这样：

（34）爱尔兰语（Harley 1995：200）

a. *Tá* *mhin* *sa* *phota.* （存在句）
COP 燕麦粉 在……里 罐子(有定)
“罐子里有燕麦粉。”

b. *Tá* *an* *mhin* *sa* *phota.* （方位句）
系词 ART 燕麦粉 在……里 罐子(有定)
“燕麦粉在罐子里。”

(34a)是存在句,其中存在物 mhin 不带任何冠词,是无定的。(34b)是方位句,其中存在物 mhin 带不定冠词 an,无有定的。

还有这样的语言,由于没有语法手段标记名词的有定性,存在句和方位句的形式完全一样,或者说不区分这两种句式,人们在实际使用中根据语境决定存在物的有定性,从而对同一句式作不同的解读,如杜鲁梅语、芒加赖语、罗塞尔语(Rossel)就是这样。

(35) 杜鲁梅语(Guirardello-Damian 2007：918)
Pike-n *ka-in* *yaw* *chi.*
房子-LOC FOC/TENS 人 COP
“人在房子里。”
“房子里有人。”

(36) 芒加赖语(Dryer 2007：243)
Mawuj *ja-Ø-ṇi* *biyaŋ* *ṇa-boŋgan.*
食物 3-3SG-COP 在……里 LOC-盒子
“盒子里有食物。”
“食物在盒子里。”

(37) 罗塞尔语(Levinson 2006：175)
Nko *u* *ênê* *mbwêmê* *α* *m:ii* *té.*
树林 它的 在……里 猪 时态 住 PL
“树林里有猪。”
“猪在树林里。”

也就是说,此类语言中不区分存在小句和方位小句,它们的形态句法特征完全一样,视存在物的有定性不同,既可以解读为存在句,也可以解读为方位句。

13.5 结论

本章在系统功能语法框架下,通过跨语言调查,研究各语言存在句中存在意义的表达手段。我们将存在句分析为三个语义成分:存在物、方位成分和存在过程,其中存在物和方位成分直接参与存在过程,是直接参与者。存在物和其他过程类型中的参与者之间没有明显的区别,都是由名词词组实现。存在句的经验意义主要由方位成分和存在过程来实现。方位成分主要通过带介词或表示方位意义的格形式表示存在/方位意义,存在过程的存在/方位意义主要由表示"有"、"存在"、"位于"等意义的动词词组实现。在我们所调查的 77 种语言中,29 种语言存在句的存在/方位意义由方位成分实现,占总数的 37.66%,20 种语言存在句的存在/方位意义由存在过程实现,占总数的 25.97%,另有 28 种语言二者兼用,其占总数的 36.36%。77 种语言中,有 12 种语言的存在小句中有虚位词,这也是这些语言编码存在意义的一种手段。

上述各种手段除用来编码存在小句的存在意义外,还可用来编码方位小句的方位意义。这两类小句表达的经验意义相同,说话人根据存在物的有定性选用不同的视角。在语言形态句法层面,各语言通过语序、存在/方位过程以及冠词的使用来区分这两类小句。存在意义是存在小句表达的核心意义,是区别于其他句式的特征。存在小句在形态句法上的特征,是为表达这一核心意义服务的,是核心意义的体现。

本研究表明,系统功能语言学路径下的语言类型学研究是可行的(王勇、徐杰 2011)。跨语言的研究佐证了功能语言学关于形式和意义之间必然联系的基本理论,意义上的区分必然会在形态句法上有所体现。类似研究不仅拓宽了功能语言学的研究领域,丰富了语言类型学的研究范式,而且对验证系统功能语言学的跨语言有效性、使其成为类型充分的理论具有积极意义。

第十四章

存在句和领有句的系统类型学研究[①]

14.1 引言

本章考察了多种语言中的方所句,主要有四种类型(Clark 1970, 1978)。以下是汉语和英语的例子:

(1) 桌子上有一本书。There is a book on the table. (存在句)

(2) 书在桌子上。 The book is on the table. (方位句)

(3) 我有一本书。 I have a book. (领有句 I)

(4) 这本书是我的。 The book is mine. (The book belongs to me.) (领有句 II)

跨语言研究显示,存在句、方位句、领有句之间在形式和语义上表现出密切的、本质的联系(如 Abdoulaye 2006;Baron & Herslund 2001; Lyons 1967, 1968;Freeze 1992, 2001; Peeters et al. 2006)。Lyons (1967)在考察英语、汉语、拉丁语、俄语、印地语等语言中的方所结构后认为,这些句

① 本章原载于 *Functions of Language*, 2013,20/1。

式之间存在转换关系。他说,“存在结构、领有结构从共时上和历时上都是来自于方位句”(Lyons 1967：390)。Freeze (1992, 2001) 的研究基于近二十种语言。她认为存在句、方位句和领有句构成一个聚合体(paradigm),都是来自于同一深层结构(D-structure)。有趣的是,尽管Freeze(1992)属于生成语言学研究,但她转向语义学,即用存在物/存在过程的有定性来解释存在句和方位句(如(1),(2)、领有句I和领有句II(如(3),(4))之间的差异。她进一步指出,方所句在本质上都是方位性的,所不同的是(1)和(2)中的方位成分的主语是指物的[-HUMAN],(3)和(4)中的主语是指人的[+HUMAN]。Freeze进而认为方所结构在人类语言中占有核心地位。

以上大体属于生成语言学框架下的研究。此类研究关注的是这组句式之间的变换关系,认知—功能语言学者则重点考察它们之间的联系在认知上的理据及其历时上的渊源,并试图解释不同语言中的方所结构之间的联系。

Clark(1970, 1978)属于类型学研究,她调查了30种语言,发现这组小句在语序、动词的选择以及方位性特征等方面表现出系统的、密切的联系。她运用有定性(definiteness)和生命性(animacy)来解释这种联系。很显然,Clark的观点与本研究有许多共同之处。但本研究的分析是以系统功能语言学为理论框架。另外,在探究方所句背后动因时,除了涉及方位特征和生命性,我们还关注它们相互定义的语义特征。

14.2 系统功能语言学中的方所句

在系统功能语言学中,方所句包含两种过程,即关系过程和存在过程。关系过程表示“存在”(being, being at)或“有”(having)的意思(Matthiessen 1995：297),主要表示两个事物之间的关系(Halliday 1970, 1985：112；1994：119)。存在过程表示实体的存在或某件事情的发生(Halliday 1994：142)。接下来,我们主要回顾Halliday(1970, 1985,

1994）和 H & M（2004）对方所句的描述。

Halliday（1970）将人类经验概括成三类过程，即物质（action/material）过程、心理（mental）过程和关系（relational）过程。方所句属于关系过程。之后，Halliday（1985, 1994）又增加了三个过程，即言语（verbal）过程、行为（behavioural）过程和存在（existential）过程。同时，Halliday（1994: 138, 142）指出了存在小句和关系小句之间的共同特征。

Halliday（1985: 112; 1994: 119）把关系过程分为集约型（intensive）、环境型（circumstantial）和领有型（possessive）三类；这三种类型通过修饰型（attributive）和认同型（identifying）两种方式编码。根据这样的分类，方位句属于环境类的关系过程，领有句属于领有类的关系过程。方位句和领有句 I 是修饰类的关系过程，领有句 II 是认同类的关系过程。所不同的是，前者是不可逆的，而后者是可逆的。也就是说，前者没有被动形式，而后者有被动形式（Halliday 1985: 114; 121－122）。方所句按关系过程的类型和语态可作如下归类：

表 14.1　方所句的类型与语态

类型＼语态	主　动	被　动
方位句	The book is on the table.	
领有句 I	Peter has a piano.	* A piano is had by Peter.
领有句 II	The piano is Peter's.	Peter's is the piano.

Halliday（1985: 114）把方位句和领有句 I 归类为修饰类小句是因为它们只有一个参与者，而认同类关系小句有两个参与者。在英语中，一个普遍规律是直接参与者可能成为主语（Subject）。因此，有两个参与者的小句会有两种语态（voice）：主动语态或被动语态，只有一个参与者的小句只有一种语态。

Halliday（1985: 119; 1994: 130）认为，*on the table is a book* 这样的小句不是方位小句的被动形式，即它来源于存在句而不是方位小句。这类小句和 *there is a book on the table* 相比，前者的主位是标记性的，后者的主位是非标记性的。

Halliday（1994: 120, 123）注意到作为属性（Attribute）的名词词组（如领有句 I 中的领有物 a piano）通常是无定的，而作为认同者（identifier）的

名词词组(如领有句 II 中的领有物 the piano)通常是有定的。他提供的这些例子都遵循这一规律:

(5) Peter has a piano.

(6) a. Peter's is the piano.

b. The piano is Peter's.

Halliday(1994: 124 - 125, 126, 134)通过语态来区分(6a)和(6b)。虽然动词 be 没有被动形式,但小句是有被动形式的(Halliday 1994: 168)。(6a)是被动句而(6b)是主动句,因为前者中的主语是"标示"(token)而后者中的主语是"价值"(value)。之后 Halliday 又把主动和被动语态分别称为始动(operative)和受动(receptive)(H & M 2004: 233, 247,297),它们可以实现理想的篇章结构(Theme-Rheme 和 Given-New),同时可以避免不必要的标记性的信息焦点(information focus)。Halliday 企图用标示/价值、被认同者/认同者以及主动/被动这三组概念来解释它们的区别和联系。使人不解的是,尽管 *The piano is Peter's* 和 *The piano is owned by Peter* 有着相同的语义成分结构:领有物+领有过程+领有者,但前者被认定为主动小句,而后者却被认定为被动小句(Halliday 1994: 124 - 125,134)。

Halliday(1994: 132 - 134)通过考察领有意义的实现形式,讨论了 The piano is Peter's、Peter has a piano、The piano belongs to Peter 以及 Peter owns the piano 之间的区别。他认为,在 The piano is Peter's 中,领有意义通过参与者(即属性 Attribute)来表达,而在另外三个小句中,领有意义通过过程 has、belongs to 和 owns 表达。但是他没有深究 Peter has a piano 和 The piano is Peter's 这两类小句之间的不同。

Halliday(1994: xi, xiii, xv, xxxiii)反复强调他的语法只是对英语语法的功能描述,不能确保是否也适用于其他的语言。事实上,我们发现,至少在方所句的问题上,Halliday 的描述不能原封不动地应用于描述跨语言事实。例如,在俄语中,存在句和方位句唯一不同的是语序(Freeze 2001: 945):

(7) a. *Na*	*stole*	*byla*	*kniga.*	(存在句)
on	table.LOC	COP	book	

"There was a book on the table."

b. *Kniga* *byla* *na* *stole*. （方位句）
book COP on table.LOC
"The book was on the table."

（7a）和（7b）是主动和被动的关系。如果仿照 Halliday 关于英语的描述，就不可避免地把同一小句的主动和被动形式归入不同的过程类型。

Halliday 对英语中方所句的描述与跨语言数据还有另一个分歧，即方所句中的哪些小句是无标记的主动语态？Halliday 从价值/标示和信息焦点的角度，认为领有句 II（如 The piano is Peter's）是主动形式，但是从参与者的语义特征和小句的信息结构来看，领有句 I 和领有句 II 是主动和被动的关系。

此外，Halliday（1994：134）认为方所句中不同形式的选择主要取决于说话者对信息焦点的选择，并没有考虑语义特征。后者对于这组句式的选择同等重要，两者在语态的选择中经常是相互作用的。

本研究将详细阐述方所句之间表现出来的系统的、密切的联系及其背后的语义理据。接下来，我们先来考察一下方所句之间形态句法方面的联系。

14.3 方所句的形态句法分析

本节通过跨语言比较，发现方所句在语序、格标记以及动词的选用等方面表现出系统的相同点和差异。然后，我们先比较存在句与方位句以及领有句 I 与领有句 II，再比较存在句与领有句 I 。

14.3.1 存在句和方位句

存在是一切事物的根本属性，人们自古就认识到"任何事物，都存在于某个地方;不存在于任何地方的事物是不存在的”(whatever is, is somewhere; whatever is nowhere, is nothing)(Kahn 1966: 258,转引自 Lyons 1967: 391)。世界各语言中都有用于表示存在意义的句式,包括存在句和方位句。下面详细论述它们之间的联系与区别。

在功能语言学看来,存在句和方位句表达的事态(state of affairs)相同,也就是说它们表达相同的经验功能,都是由三个相同或相当的语义成分,即由方位成分 L(ocative)、存在过程 P(rocess)和存在物 E(xistent)组成。如下:

表 14.2 存在句和方位句的语义成分

There is	a book	on the table
P	E	L
The book	is	on the table
E	P	L

以下是芬兰语和日语的例子:

(8) 芬兰语(Huumo 2003: 464)

a. *Piha+lla* *on* *poika.* (存在句)
yard+ADES be.PRES.3SG boy.NOM
"There is a boy in the yard."

b. *Poika* *on* *piha+lla.* (方位句)
boy.NOM be.PRES.3SG yard+ADES
"The boy is in the yard."

(9) 日语

a. *Tsukue-no* *ueni(wa)* *hon-ga* *aru.* (存在句)
table-of on-LOC-(TM) book-SM exist
"There is a book on the table."

b. *Hon-ga* *tsukue-no* *ueni* *aru.* (方位句)
book-TM table-of on-LOC exist
"The book is on the table."

俄语中,如例(7),存在物 kniga(书)在存在句和方位句中都是同一形式,方位成分 na stole(桌子上·方位格)在两个句式中也是同一形式。并且,两个句式中的动词 byla 无任何不同,唯一不同的是它们的语序:存在句的语序是:L+P+E;方位句的语序是:E+P+L。芬兰语的情形与俄语类似,两种句式的语序分别和俄语中两种句式的语序一样。所不同的是,除方位成分在两个句式中都带近处格标记外,存在物在两个句式中都带主格标记。日语中,存在句中的存在物带主语标记 ga;方位成分带主题标记 wa,或不带任何格标记。方位句的存在物带主语标记 ga,两个句式中的动词都是 aru,所不同的是,存在句的语序是:L+E+P;方位句的语序是:E+L+P。

对这几种语言的考察表明,存在句与方位句是相似但不相同的两种结构。它们在格标记和过程的选择方面有紧密联系,主要的不同之处是语序。结构相似是因为它们都有相同的语义成分,并且表达相同的事态。

14.3.2 领有句

广义的领有结构有两类,一类是修饰型的,另一类是述谓领有句(Stassen 2001:954;2009),如英语中的领有格结构就属于修饰型领有结构。述谓领有句借助于过程表示领有关系,如英语中用 have 表示的领有句。本章主要涉及述谓领有句。

从本质上讲,领有是一种概念,而不是一种语言结构,因此可以从语义入手研究领有句,即从表示领有的概念出发,然后通过列举这一概念下涵盖的不同的关系,以明确领有的意义。领有的概念可以定义为:"领有是一个生物文化(bio-cultural)范畴,表示人及其亲属、身体部位、拥有的物品以及文化和知识产品之间的一种关系。"(Seiler 1983:4,转引自Baron & Herslund 2001:2)

领有的概念可以通过一组语义特征来描述,如:领有者是人,领有物是具体的事物,领有者有权使用领有物,二者在空间上距离较近,领有关系在时间上没有限制,等等(Heine 1997:37ff)。本章仅讨论典型的述谓领有句。如上所述,我们区分两种类型的领有句:领有句 I 和领有句 II,见例(3)、(4)和例(10)—(12)(参看 Stassen 2009:28-30):

（10）法语（Baron & Herslund 2001：6）

a. *Jean* *a* *un* *livre.* （领有句 I）
Jean has a book
"Jean has a book."

b. *Le* *livre* *est* *à* *Jean.* （领有句 II）
the book is to Jean
"The book is Jean's."

（11）埃维语（Ewe，Heine 1997：204）

a. *Ga* *le* *é-si.* （领有句 I）
money be.at his-hand
"He has money."

b. *Ga* *sia* *nyé* *$t^{ɔ}$-nye.* （领有句 II）
money this be property-my
"This money is mine."

（12）兰戈语（Lango，Noonan 1992：148）

a. *òkélò* *tíê* *Ì* *gwôk.* （领有句 I）
Okelo 3S-be+present-hab with dog
"Okelo has a dog."

b. *Gwôk* *tíê* *bòt* *òkélò.* （领有句 II）
dog 3S-be+present-hab to Okelo
"The dog is Okelo's."

以上几种语言中，两种领有句表示的经验意义相同，都是领有者和领有物之间的领有关系，都是由领有者（Possessor，Pr）、领有物（Possessed，Pd）和领有过程（Process，Ps）三个基本的语义成分组成，如表 14.3 所示：

表 14.3　领有句 I、II 的语义成分

I	have	a book
Pr	Ps	Pd
The book	is	mine
Pd	Ps	Pr

如例（10）所示，法语中领有句 I 和领有句 II 在形式上的区别主要有：

1）语序不同，前者的语序是"Pr+Ps+Pd"，后者的语序是"Pd+Ps+Pr"；2）领有动词不同，前者的动词是 a（有），后者的动词 est（是）；3）领有者在前者中不带介词，在后者中带介词 à（至、到）；4）领有物的形式不同，前者中领有物带不定冠词 un，后者中领有物带定冠词 le。埃维语（例 11）中，领有句 I 和领有句 II 语序相同，但其中的领有过程和领有者都不一样，前者用 le é-si（在他手中），后者用 nyé tɔ-nye（是……的财产）表示。此外，领有物的有定性不同，前者领有物 ga（钱）不带有定标记，在后者中带有定标记 sia（这）。

在兰戈语（例 12）中，领有句 I 和领有句 II 最大的区别是语序，前者的语序是"Pr+Ps+Pd"，后者的语序是"Pd+Ps+Pr"。另一个不同是介词的运用。前者中领有物 gwôk（狗）前带介词 Ì（和……一起），后者中领有者 òkélò 前带介词 bòt（到……），其他语义成分的形态完全相同。而将前者理解成领有句 I、后者理解成领有句 II，起决定作用的是领有物的有定性（Noonan 1992：148）。汉语、英语、德语、波兰语等语言中两类领有句也表现出相似的特点。

14.3.3 存在句和领有句

通过以上考察，我们不难发现存在句和方位句与两类领有句之间的某些联系。实际上，两组句式间从形式到语义上存在系统的、本质的联系。下面，我们先描述形式上的相似之处，然后再考察语义上的联系。我们认为，语义联系是形式联系的理据。

形式上的联系主要表现在语序、格标记（包括存在物/领有物与方位成分/领有者的格标记）以及过程的选用三个方面。接下来我们将关注存在句与领有句 I 之间的相似点。这种相似性蕴含了方位句与领有句 II 之间的相似性（参看 Clark 1978：118）。看印地语、芬兰语和苏格兰盖尔语的例子：

（13）印地语（Freeze 2001：943）

a. *Kamree-mẽẽ*	*aadmii*	*hai.*	（存在句）
room.OBL-in	man	COP.3SG	

"There is a man in the room."

b. *Larkee-kee* *paas* *kuttaa* *hai.* （领有句 I）

boy-OBL-GEN by dog COP.3SG

"The boy has a dog."

（14）芬兰语（Freeze 2001：943）

a. *Pöydä-llä* *on* *kyna.* （存在句）

table-ADESSIVE COP pencil

"There is a pencil on the table."

b. *Liisa-llä* *on* *mies.* （领有句 I）

Lisa-ADESSIVE COP man

"Lisa has a husband."

（15）苏格兰盖尔语（Freeze 2001：943）

a. *Tha* *min* *anns* *a'* *phoit.* （存在句）

COP oatmeal in the pot

"There is an oatmeal in the pot."

b. *Tha* *peann* *aig* *Mairi.* （领有句 I）

COP pen at Mary

"Mary has a pen."

印地语中，存在句（13a）和领有句 I（13b）的语序分别是"L+E+P"和"Pr+Pd+Ps"，其中的过程不但是同一动词，而且形态相同，都是 hai，（13a）中的方位成分 kamree 和（13b）中的领有者 larkee 都带有斜格标记，并且方位成分和领有者都后接介词，尽管具体介词不同，前者是 mẽẽ（在……内），后者是 paas（在……旁）。芬兰语中，存在句（14a）和领有句 I（14b）的语序分别是"L+P+E"和"Pr+Ps+Pd"，其中过程不但是同一动词，而且形态相同，都是 on，方位成分和领有者都带有近处格标记-llä。苏格兰盖尔语中存在句（15a）和领有句 I（15b）的语序分别是"P+E+L"和"Ps+Pd+Pr"，其中过程是同一形态的连系词 tha，方位成分和领有物分别带有介词 *anns*（在……内）和 *aig*（位于……）。

两种句式结构的相似点表明存在句的方位成分、过程、存在物和领有句 I 的领有者、过程、领有物之间分别对应。还有很多跨语言事实与这个发现一致。例如，存在句和领有句式使用同一动词的语言还有孟加拉语、缅甸语、加泰隆语(Catalan)、中部阿美语(Central Amis)、齐佩瓦语(Chichewa)、汉语、楚瓦什语(Chuvash)、爱斯基摩语(Eskimo)、法语、希伯来语等等(Clark 1978; Duff 1993; Espinal & McNally 2012; Freeze 2001: 943; Goddard & Wierzbicka 2001: 56; Grinevald 2006: 45; Peeters et al. 2006: 129; Thai 2004: 422 - 426; Tsujioka 2002: 11; Zeitoun et al. 1999)。

在以上这些语言中,表达领有句的一种常用的手段是用方位动词来表示领有过程,如下面的芬兰语和书面蒙古语的例子:

(16) 芬兰语(Freeze 2001: 943)

Liisa-llä	*on*	*mies.*
Lisa- ADES	COP.LOC	man

"Lisa has a husband." ("A husband is on Lisa.")

(17) 书面蒙古语(Poppe 1954: 147, 转引自 Stassen 2001: 955)

Na-dur	*morin*	*bui.*
1SG-LOC	horse	COP.3SG.PRS

"I have a horse."

类似的情形也存在于俄语、印地语、他加禄语及苏格兰盖尔语等语言中(Freeze 2001)。也就是说,这两种结构间的相似点是明显的,且普遍存在于各语言中。形式上的普遍联系或许能在语义和功能上找到理据。

14.4 语义上的相似点:系统功能语言学视角

本节主要考察四类方所句的语义特征,包括有定性效应、方位特征和相互定义的双重关系。我们认为这些特征与方所句语法特征直接相关。正如 Halliday(1994: xx)所说,"语法中可识别的每一差别——用系统的术语就是每一选择——都会对语法的形式有某种影响"。例如,存在句/

方位句中存在物以及领有句中领有物的有定性都会引发语序的变化。另外两个语义特征同样会对语法形式产生影响。也就是说,语义系统中的每一次选择都会带来语法形式上的变化。

14.4.1 有定性效应

很显然,在例(1)(2)(7)(8)(9)中,存在句和方位句最大的差别在语序,而语序只是形式上的表现,其背后必有功能或语义上的动因。这种动因就是存在物的有定性。事实上,无论是生成语法学者(如 Lyons 1967; Freeze 1992,2001)还是功能语法学者都认识到存在物的有定性在生成或选择这两个句式时所起的作用。如 Freeze(2001: 941)认为,“尽管世界诸语言中表示存在的句式表现出相当丰富的形式变化,但其表达的语义是一样的: 各语言中的存在句式都以某种方式对两个论元之间的关系和有定性特征进行编码。”

一般认为,只有无定名词才能作为存在物出现在存在句中,有定名词作为存在物出现在方位句中,这就是所谓的“有定性效应”(the definiteness effect)(Milsark 1977; Keenan 1987; Ward & Birner 1995; Li 1996; Abbott 1997; Freeze 2001)。名词的有定和无定,说到底是一个语义的问题,并且需借助于特定的语境才能确定。在语法层面上有的语言通过冠词来表示,如英语中无定名词用不定冠词 a/an 表示,有定名词前用定冠词 the 表示:

(18) There is a book on the table.

(19) The book is on the table.

除英语外,还有一些语言通过冠词来表示名词的有定或无定,有定性效应在这些语言中表现明显,以下是荷兰语和匈牙利语的例子:

(20) 荷兰语(Dik 1997: 209, 210)

a. *Er* *loopt* *een* *hond* *in* *de* *tuin*. (存在句)
there walks a dog in the garden
“There is a dog walking in the garden.”

b. *De* *hond* *loopt* *in* *de* *tuin.* （方位句）
the dog walks in the garden
"The dog is walking in the garden."

c. * *Er* *loopt* *de* *hond* *in* *de* *tuin.*
there walks the dog in the garden
"There is the dog walking in the garden."

（21）匈牙利语（de Groot 1989：187）

a. *A* *kert-ben* *van* *egy* *kutya.* （存在句）
the garden-ines is a dog
"There is a dog in the garden."

b. *A* *kutya* *a* *kert-ben* *van.* （方位句）
the dog the garden-INES COP
"The dog is in the garden."

荷兰语存在句（20a）有一个虚位成分 er（类似于英语中的 there）。除此之外，存在句（20a）和方位句（20b）最显著的区别就是语序和有定性标记。存在句的语序是"P+E+L"；方位句的语序是"E+P+L"。并且存在句中的存在物 hond 带不定标记 een，方位句中的存在物 hond 带有定标记 de（Dik 1997：210），如果存在句中的存在物带有定标记 de，则该句不合语法（如 20c）（Dik 1997：210）。

很显然，这种区别正是存在物的有定性导致的。匈牙利语存在句（21a）中的存在物带不定标记 egy，方位句（21b）中的存在物带有定标记 a。尽管匈牙利语是一种自由语序语言，语序却有着区别存在句和方位句的作用。

存在物的有定性在决定选用存在句或方位句的过程中起决定作用。在有些语言中这种决定作用还可以体现在存在动词的选用上，如马拉雅拉姆语（Malayalam）中有两个方位连系词aaṇə 和uṇṭə，前者表示有定事物的存在，后者表示无定事物的存在：

（22）马拉雅拉姆语（Dryer 2007：242）

a. *Kuṭṭi* *tooṭṭatt-il* *aaṇə.* （方位句）
child garden-LOC be.PRES
"The child is in the garden."

b. *Meeʃa* *meel* *pustakam* *uṇṭə*. （存在句）

table on book exist.PRES

"There is a book on the table."

Dryer（2007：242）认为，（22a）用 aaṇə 来表示存在物kuṭṭi（小孩）的有定性，整个小句表示方位句的意义；（22b）中用uṇṭə表示存在物pustakam（书）的无定性，整个小句表示存在句的意义。除动词不同外，以上两句的语序也不相同，（22a）的语序是"E+L+P"，（22b）的语序是"L+E+P"。反过来，在这类语言中，动词和语序可以作为辨别存在句和方位句的依据。

有的语言存在句和方位句在句法结构上无任何差异，唯一可作为区分二者的依据是存在物的有定性（Dryer 2007：243），如爱尔兰语：

（23）爱尔兰语（Harley 1995：200）

a. *Tá* *min* *sa* *photа*. （存在句）

BE (oat)meal in. the pot

"There is oatmeal in the pot."

b. *Tá* *an* *mhin* *sa* *phota*. （方位句）

BE the (oat)meal in. the pot

"The oatmeal is in the pot."

还有这样的语言，由于没有语法手段标记名词的有定性，存在句和方位句的形式完全一样，或者说不区分这两种句式，人们在实际使用中根据语境决定存在物的有定性，从而对同一句式作不同的解读，如杜鲁梅语（Trumai）、芒加赖语（Mangarayi）、罗塞尔语（Rossel）：

（24）杜鲁梅语（Guirardello-Damian 2007：918）

Pike-n *ka_in* *yaw* *chi*.

house-LOC FOC/TENS human.being COP

"The people are in the house."/"There are people in the house."

（25）芒加赖语（Dryer 2007：243）

Mawuj *ja-Ø-ṇi* *biyaŋ* *ṇa-boŋgan*.

food 3-3SG-be inside LOC-box

"There's food in the box."/"The food is in the box."

(26) 罗塞尔语(Levinson 2006: 175)

Nko	*u*	*mênê*	*mbwêmê*	*α*
bush/inland area	its	inside	pig	3SG/d/pl/Hab · Cont
m: ii	*té.*			
move/inhabit	SG.PL.Prox(Instans)			

"There are pigs in the forest."/"The pigs are in the forest."

尽管存在句和方位句在语序、动词的选用和有定性标记等方面可能存在差异,但它们之间的联系显而易见:二者表达的事态相同,即"某物存在于某一方位"。人们根据其中存在物在其意识中的状态不同,而选用不同的句式:如果存在物是无定的,就选用存在句,否则就选用方位句。因此我们可以将存在句和方位句看作一个系统中的两个选择项,其入列条件是存在物的有定性:

存在物—[无 定: 存在句(I)
　　　　 有 定: 方位句(II)

图 14.1　系统 1: 存在句和方位句

与此类似,领有句 I 和领有句 II 之间也存在有定性效应。尽管它们表达相同的经验意义,但对应于两种不同的句法形式。由于领有过程对意义的影响小并且领有者在这两个句式中语义保持不变,极有可能是所有物特征的变化决定对这两个句式的选用。人们发现,起决定作用的正是所有物的有定性。因此,有人(如 Bach 1967; 黄正德 1987; Partee 1999)认为领有句 I/II 与存在句和方位句一样,也表现出有定性效应。也就是说,领有句 I 中的所有物是无定的,领有句 II 中的所有者是有定的。试以英语和汉语为例作比较:

(27)	a. 我有一本书。	I have a book.	(领有句 I)
	b. 我有那本书。	I have the book.	(领有句 I)
(28)	a. 那本书是我的。	The book is mine.	(领有句 II)
	b. *一本书是我的。	*A book is mine.	

有定性解释了为什么同为领有句 II,(28a)能说,而(28b)不能说。理论上,有定性效应应该排除(27b),但是在汉语中应优先考虑领有者的生命性。因此,(27b)可以接受。在某种程度上,(27)与(28)的区别就像主

动句和被动句的区别：领有句 I 中领有者作主位/主语，正如主动语态中施事者作主位/主语；领有句 II 中领有物作主位/主语，就像在被动语态中受事者作主位/主语一样。Baron & Herslund(2001：9)发现，领有句 II 的使用不如领有句 I 普遍，究其原因，后者的主位/主语领有者具有[HUMAN]的语义特征，同等情况下，更容易作为主语出现在句首。这种倾向在一些语言中表现得非常明显，甚至可以成为选择主位/主语时优先考虑的条件(参见 Freeze 2001：947)。

在一些语言中，语序是区分两种领有句的重要手段，特别是当名词的有定性没有明显的标记时。如泰卢固语(Telugu)(Prakasam 2004：452)：

(29) a. *Ataniki* *mūdu* *il̤u* *unnayi.*
Him · to three houses COP
"He has (owns) three houses."
b. *Mudu* *il̤u* *unnāyi* *ataniki.*
Three houses COP him · to
"Three houses are there of his."

如果将存在物的有定性作为入列条件，可以勾画出领有句 I 和领有句 II 的系统网络：

领有物—[无　定：领有句(I) / 有　定：领有句(II)]

图 14.2　系统 2：领有句 I 和领有句 II

以上网络中领有物"无定"或"有定"的特征是选择领有句 I 或领有句 II 的必要条件但不是充分条件，除此之外，还有别的特征(如上文所说的主语的生命性)也影响对二者的选择。

14.4.2　方位特征

方所句语义上的第二个联系是它们都具有方位性。存在句和方位句的方位性显而易见，因为二者都表示某个地方存在某物。领有句的方位特征需要做些说明。

存在句和方位句表示某地方存在某物,如果其中的某地方变成某人或某一有生命的主体,那么可以说,该地方领有某物(Clark 1970: L3)。换句话说,一旦方位成分获得了生命性特征,存在句/方位句就变成了领有句。Slobin(1985: 1179)运用认知语言学中图形和背景的概念描述领有的概念,认为领有是一种方位状态。其中,有生命的领有者相当于背景,领有物相当于图形。这种图形—背景的关系有一定的持续性且有社会意义。Jackendoff(1983: 192)也认为领有就是一种定位,说"Y 拥有 X"与说"X 位于 Y"相当。Stolz(2001: 325, 345)的跨语言研究表明,方位和空间关系是联系存在和领有这两个概念的纽带。

领有句中的领有者有方位特征,这在很多语言中有形态表现。也就是说,领有句中的领有者会带上表示"在某地"或"到某地"的方位意义(参看/Clark 1978: 114 - 115; Halliday 1994: 134)。如在印地语(例13)和芬兰语(例 14)中,存在句/方位句和领有句中的方位成分和领有者分别带斜格(oblique)和方位格(adessive)标记,这两种格的基本意义是表示方位(参看 Ultan 1978: 34; Freeze 1992, 2001: 943)。当然,介词(包括前置介词和后置介词)也是常见的表示方位意义的方式,如兰戈语(例 12)、俄语(例 32),苏格兰盖尔语(例 15)。尽管各方位句所用的具体介词可能有差别,但它们都带介词这一事实足以说明其方位性。

在有些语言中,方位特征还可以在动词上体现。也就是说,这类结构中的动词不只起连接作用,还表示方位意义。它们表示的意义是"be+介词",以下是伊哥洛语和玛安晏语的例子:

(30) 伊哥洛语(Dryer 2007: 244)

a. *Wodá nan ónash id Falídfid.* (存在句)
be.at ART sugar.plantation LOC Falidfid
"There was a sugar cane plantation at Falidfid."

b. *Wodáy nan fákat is nan ongónga.* (领有句 I)
be.at ART nail LOC ART boy
"The boy has a nail."

(31) 玛安晏语(Dryer 2007: 241, 245)

a. *Sadiq* *naqan* *tumpuk* *eteqen.* （存在句）

olden.time be.at village Eteen

"Once upon a time there was a village called Eteen."

b. *Aku* *naqan* *buku.* （领有句 I）

1SG be.at book

"I have a book."

以上两种语言中，存在句和领有句分别使用相同的动词 wodǻ 和 naqan。其中，wodǻ 和 wodǻy 是同一动词的变体（Dryer 2007：244），它们表达的意义都可直译为 be at，这不但表明存在句和领有句意义上的必然联系，而且表明它们都具有方位性。

我们不禁会问：领有者是否会像存在句中的方位成分一样总是具有方位性？据 Heine（1997）的考察，有些语言中领有的概念不是通过存在图式表示，而是通过动作行为等其他图式表示。这类领有句中的领有者没有方位特征。

总体上看，从语序、格标记和介词的使用看，存在句中的方位成分和领有句中的领有者对应，领有者具有方位特征，但由于典型的领有者是人，人们更注意其生命性特征，而忽略了其方位特征，或者说前者掩盖了后者。事实上，有些语言中生命性特征影响其方位特征，如俄语：

（32）俄语：

a. *Na* *stole* *byla* *kniga.* （存在句）

on table.LOC was book

"There was a book on the table."

b. *U* *menja* *byla* *sestra.* （领有句 I）

at 1SG.GEN COP sister

"I had a sister."

（32b）的介词 u（at）表示有生命的主语，而无生命的方位主语则选用别的介词，如（32a）（Freeze 2001：943）。注意，如果有生命性的方位成分没有理解为领有者，整个句子就不是领有句，而是存在句。例如英语中 There's a flea on Mary 就不是存在句。另一方面，如果用领有者代替存在句中的方位成分，原来的存在句（33a）就变为领有句（33b），汉语就是这样：

（33）a. **桌子**上有一本书。 （There is a book on the table.）

b. 我有一本书。　　　　(I have a book.)

类似的情形也存在于宿雾语(Cebuano)和玛安晏语中(Dryer 2007: 245)。

(34) 宿雾语(Dryer 2007: 245)

May *bir-si* ***Lúling*.**

exist beer-TM **Loling**

"Lolng has/had beer."

(35) 玛安晏语(Dryer 2007: 245)

Aku *naqan* *buku.*

1SG be.at book

"I have a book."

这两个句子中领有者 Lúling(人名)和 aku(我)都是后加的。即使将其中的领有者去掉,剩下的部分作为存在句仍然成立(Dryer 2007: 245)。

在存在句可以转化为领有句的语言中,存在句与领有句 I 之间关系密切。存在句和领有句本质上属同一句式,它们共同的语义基础是存在。方位和存在物之间、领有物和领有者之间存在相互定义的二重联系。领有是一种存在,只不过存在的方位不是空间的物理的方位,而是人,是所有者。因此,可以说领有是一种世俗化的、机构化的存在(sophisticated and institutionalized existence)。以方位成分的生命性作为列入条件,可以绘制出存在句与领有句之间的系统网络:

方位成分生命性 [无生命: 存在句 / 有生命: 领有句]

图 14.3　系统 3: 存在句和领有句

一旦有生命的人作为方位成分进入存在句,一系列的变化便随之而来。生命性是制约句法选择的重要因素,因此这组句式之间的系统联系表现得更为复杂。如各语言中都倾向于选择有生命的实体(特别是人)作为主语,这就解释了为什么上文例(27b)、(28b)同为相对应的结构,前者能说,后者不能说:

(27) b. 我有那本书。　　　　I have the book.

(28) b. *一本书是我的。　　　　*A book is mine.

在这一点上，我们与韩礼德的观点不同。他把领有句 II 看作是主动语态。尽管领有者具有方位性特征，因其具有生命性，人们习惯将其和施事者联系起来，以至在很多语言（如英语和汉语）的领有句中，领有者倾向于被看作施事者（参看 Freeze 2001：943，第 5 部分）。

14.4.3 相互定义的双重关系

存在句和领有句内部存在二重关系。Baron & Herslund（2001：4－5）注意到，方所句中的参与者相互依存，彼此通过对方来定义。也就是说，没有方位就没有存在物，没有存在物就没有方位；同理，没有领有者就不会有领有物，没有领有物就不会有领有者。

方所结构中的过程动词属于轻动词，表达的语义较弱（Lyons 1967：390；Halliday 1994：135；den Dikken 1997；Ritter & Rosen 1997；H & M 2004：213－214；Dryer 2007：243）。它们的主要功能是连接两个参与者，表示关系过程。与其说方所小句的语义主要是由过程表示的，不如说是由两个参与者角色的并置表示的（参看 Ritter & Rosen 1997）。因此，语序在区分各类方所小句时起关键作用，即使在语序相对自由的语言中也是如此（参看 Freeze 2001：947）。

人们习惯于通过“施事-受事”图式来理解领有者和领有物之间的关系，即将领有者看作施事，领有物看作受事。其实，“方位-存在物”图式与领有句更具可比性（Baron & Herslund 2001：4）。在后一图式中，两个语义角色之间存在二重关系，它们是相互定义的，彼此以对方的存在为前提。一个地方只有在放置了某物后，前者才成为方位，后者才成为存在物。如在 The book is on the table 中，the table 上放置了 book 后才成为方位，book 只有相对于某一方位才成为存在物（参见 Baron & Herslund 2001：5，21－22）。在这一点上“施事-受事”系图式不一样：施事者可以独立于受事者而存在，例如：Peter jumps，受事者也可独立于施事者存在，例如：The water evaporates。

因此，与施事图式相比，方所图式更适用于领有的概念。相比而言，方所图式是基本的、具体的图式，也是存在句和领有句共同的语义基础。

关系过程表示两个参与者之间的关系，方所小句中参与者之间相互定义的双重关系使之具有关系过程的特征(Halliday 1994: 119)。也就是说,关系小句包括所有的方所小句(见图 14.4)。

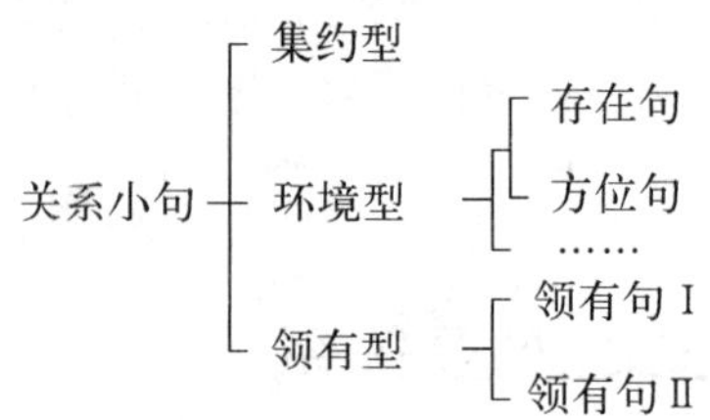

图 14.4 系统 4: 关系小句系统中的方所句

如图所示,存在句和方位句属于环境型关系小句,领有句 I 和领有句 II 属于领有型关系小句。这是关系过程系统的局部图,完整的系统还包括集约型和其他环境型关系小句(参看 H & M 2004: 217)。

14.4.4 方所小句系统

方所句在形态句法和语义上表现出系统的、紧密的联系。句法联系表现在语序、格标记和动词的选用方面。就语义而言,存在句和领有句都表现出有定性效应,都具方位性,其中的参与者之间互为前提、相互定义。这种联系不是偶然的,语义联系构成形态句法联系的动因。换言之,形态句法上的联系本质上是语义联系的一种体现。

从根本上讲,领有是一种存在,只不过其中的方位具有[HUMAN]的语义特征。[±HUMAN]是针对方位成分的,[±DEFINITE]是针对存在物的。以下图式显示了方所小句和两个语义特征之间的关系(参看 Freeze 2001: 946):

(36) 存在句

IN THE LOCATION	is	AN EXISTENT
[−HUMAN]		[-DEFINITE]

(37) 方位句

THE EXISTENT	is	IN THE LOCATION
[+DEFINITE]		[-HUMAN]

(38) 领有句(I)

THE LOCATION	be/has	AN EXISTENT
[+HUMAN]		[−DEFINITE]

(39) 领有句(II)

THE EXISTENT	be/has	THE LOCATION
[+DEFINITE]		[+HUMAN]

Freeze意识到语义特征在选择这组小句中所起的作用。但是,在生成语法的范式下,她不能展现它们整体的、系统的联系。在系统功能语言学的框架之下,可以用系统的形式表征语义特征如何成为选择方所小句的理据:

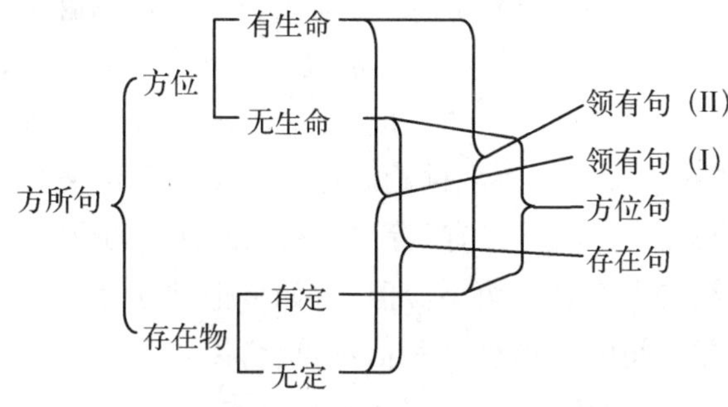

图14.5　系统5:统一的系统网络

如图14.5所示,方所句式的选择是针对方位成分/所有者的生命性和存在物/所有物的有定性这两种语义特征合取的结果。由此分别进入两个更精密的系统。对方所结构中具体句式的选择取决于几组特征的正负值。在存在句中存在物是无定的,方位成分是无生命的;方位句中存在物是有定的,方位成分是无生命的;在领有句中方位成分是有生命的,其中存在物(即领有物)在领有句I中是无定的,在领有句II中是有定的。

14.5　讨论

以上跨语言的考察及系统网络对所调查语言的系统功能语法有几点

启示,至少可以帮助我们重新认识各语言中与关系小句有关的几个问题。

首先,存在句、方位句和领有句同属关系小句。从本质上讲,它们有着共同的语义基础,表达的语义都是关系性的,都是通过 have、be 之类语义较弱的关系词表明两个实体之间的关系。领有句 I 和领有句 II 表示的是领属关系,同属于领有类关系小句(possessive relational clause);方位句和存在句表示的是存在/方位关系,同属于环境类关系小句(circumstantial relational clause)。

其次,存在句和方位句、领有句 I 和领有句 II 之间的关系类似于主动句和被动句之间的关系。它们分别属于始动型和受动型的关系小句。从经验功能上看,主动小句和被动小句中的参与者角色没有变化。但是小句的信息结构、主位结构、人际功能等发生一系列变化。这两种句式是调配和重组及物小句中参与者角色和语法功能之间对应关系的手段。当然,选用主动或被动小句是有理据的。这种理据源自语义表达和语境的需要。在关系小句中,"是"、"有"等连系动词没有被动形式,因而也就认为相应的关系小句没有被动语态。但是,如果把被动化作为一种对参与成分和语法功能之间的关系重组和信息重组,以实现特定的语篇功能或人际功能,那么存在句和领有句 I 是有被动形式的。

我们把存在句和领有句 I 看做主动语态(或始动小句),把方位句和领有句 II 看做被动语态(或受动小句)。理由如下:

1) 信息结构中,新信息代表第一次引入语篇的事物,通常由不定名词词组来实现(Clark 1978: 119)。存在句和领有句 I 中的存在物和所有物通常是无定的,恰好符合这一特点。另一方面,方位句和领有句 II 中的存在物和所有物是有定的,表示已知信息。事实上如果像(28b)所示,领有句 II 中的所有物是无定的,要么小句的可接受性很低,要么其标记性很高。

2) 把存在句和领有句 I 看做主动语态,这与选择有生命的参与者作为主动小句的主语的总体趋势相符。Stassen 认为,尽管 have 领有句来自于存在句,但一旦领有者获得了生命性特征,就具有了施事的特征。所有句 I 就慢慢接近于"施事-受事"图式。

以上这两个因素相互作用使得存在句和领有句 I 具有主动句的特点,使得方位句和领有句 II 具有被动句的特点。如表 14.4 所示:

表 14.4　环境型和领有型关系小句

类　型	始　动	受　动
环境型	桌子上有一本书。 There is a book on the table.	书在桌子上。 The book is on the table.
领有型	我有一本书。 I have a book.	（那本）书是我的。 The book is mine.

3）从跨语言的角度看，本研究让我们重新审视过程类型的分类以及方所类小句的归属。在系统功能语法的发展过程中，Halliday 对于英语中的各类小句有两种分类方法：Halliday（1970）划分了三类过程的小句，即物质过程、心理过程和关系过程；但 Halliday（1985）以及后来的很多著述中，划分了六类过程，即除上述三种外，又加入言语过程、行为过程和存在过程。在后一种分类中，存在小句单独作为一种过程类型。我们认为，就存在过程而言，前一种分类更符合跨语言的事实。这不仅因为存在小句和方位小句及领有句本质上的联系，更因为这样处理，不会将同一小句的主动态和被动态归入不同的过程类型。

尽管 Halliday 后来的分类也许更符合英语过程类型的特点，但 1970 年的分类更符合跨语言事实。在对某单一语言进行描述时，根据各语言自身的特征划分不同的过程类型，也许更能突出该语言的特性。但在跨语言比较研究中，如果将存在小句归入关系过程，不但增加研究对象之间的可比性，而且更利于讨论问题和发现问题。

4）Halliday 强调，他的《系统功能语法导论》是针对“英语的功能语法”（Halliday 1994：xi，xiii，xv，xxxiii）。他警告有民族中心倾向的人，不要认为“《系统功能语法导论》中的范畴适用于别的语言”，“使得其他语言看起来像英语的蹩脚的翻版”（Halliday 1994：xxxi，xxxiii）。这种情况尤其符合英语中 have 型领有句。因为，英语中领有句的来源是“施事-受事”图式，这和本章考察的其他语言不同。因此，如果我们将英语领有句作为标准，生硬地套用于别的语言，这将是一种误导人的路子，不会引向有意义的发现。在跨语言研究中，要确保研究对象的可比性，以便发现相似点和不同点。我们相信，我们对关系小句的再分类适用于类似的比较研究。

14.6 结论

本章主要关注方所结构中各小句之间的相互联系。首先,我们回顾了生成语法、认知语法尤其是功能语法对方所结构的研究。尽管学者们已经注意到了方所结构中各小句之间的相似点,但没有对这种联系提出统一的、系统的解释。另一方面,尽管系统功能语法的理论模式可以用于解释方所句之间的联系,但是,这种理论模式主要是在英语的基础上发展而来,在用于跨语言比较之前,需要对其作必要的调整。

方所结构在形态句法上表现出系统性联系,这种联系与有定性、生命性和方位性特征等语义特征有关。本章结论如下:

第一,方所结构中各小句表现出系统性的联系。对其中各小句的选择有其语义上的动因。各句式在形态上和语义上表现出诸多相似点。形态句法上的联系表现在语序、格标记、动词的选用等方面。语义上的联系表现在有定性效应、方位性以及互为前提、相互定义的二重性。说到底,领有句是一种存在句,其中方位成分对应于领有者,存在物对应于领有物,不过其中的方位成分具有生命性的语义特征。由于这一语义特征,领有句表现出既与存在句相像,又与之不同的句法特点。以上各语义特征决定对这些句式的选用,我们可由此得出它们的系统网络图。

第二,方所结构属于关系过程,其中的参与者具有相互依赖、相互定义的关系。具体说来,存在句和方位句属于环境类关系小句,二者之间存在类似于主动句和被动句之间的关系;领有句Ⅰ和领有句Ⅱ属于领有类关系小句,二者之间也存在类似于主动句和被动句之间的关系。因此,我们同意 Halliday(1970)的过程类型三分法,存在小句属于关系过程,不必特设一类与关系过程并列的存在过程。

总之,对方所结构的跨语言研究更多地依赖语义。功能语言学中的核心理论假设是,语言是意义系统,形式是为实现意义服务的,形式上的联系是以语义上的联系为理据的(Halliday 1994: xvii, xx)。本研究从类型学的角度证明了这一假设,并表明语法是表达意义的资源,是可供选择的系统网络。

第十五章

存在句主语的类型学研究[①]

15.1 导语

各语言中存在为数不多的、简单可辨认的意义元素,即普遍意义元素(universal semantic primes),这些意义元素在各语言中都有具体的、基本的表达形式,这就是 Goddard & Wierzbicka(2002a: 1－2)所说的自然语义元语言(Natural Semantic Meta-language)。普遍语义元素所对应的表达形式有着本质上的共同之处。换言之,语法共性是以意义为基础的(universal grammar is based on meaning)(ibid.: 1)。不同的语言在表征相同的意义时会诉诸不同的句法结构,这些不同结构表现出许多共同特征。例如,不同语言中由不及物动词构成的小句往往包含两个主要成分: 一个名词词组和一个动词词组。但如果牵涉的成分多一些,各语言表现出来的变化更大些。

可以假设,存在就是这样一种普遍意义元素[②],在各语言中都有基本

① 本章原载于《外语教学与研究》2011 年第 2 期,人大复印资料《语言文字学》2011 年第 8 期全文转载。

② 事实上,存在(THERE IS)是 Goddard & Wierzbicka(2002a)定义的几种普遍意义元素中的一种。

的、简单的、可辨认的表现形式。我们从语义范畴出发,发现并甄别各语言中的基本存在句(existential clause)①。本章设定的存在句表征的基本意义是“某地方存在某人或某物”,其语用意义是宣告某人或某物的存在,并将其带入听众的意识之中。汉语和英语中与这种意义范畴对应的典型例句分别是:

(1) 桌子上有一本书。
(2) There is a book on the table.

必须将典型的存在句和方位句(locative construction)区别开来②,后者与前者相应的例句是:

(3) (那本)书在桌子上。
(4) The book is on the table.

通过对各语言中存在句的比较,我们试图探讨其共性及变异模式。语言学家和哲学家早就注意到,存在是一种特殊的述谓关系,存在结构也往往带有特殊的句法特征(ibid.: 54)。例如,英语和汉语中的存在句的主语就较特殊,对它们的句法分析至今仍有分歧。类型学的考察显示,各语言中的存在句与典型的动词谓语句相比,都表现出一定的特殊性,英语和汉语的存在句都有一定的代表性。本章主要分析存在句的语序以及方位成分、存在主体充当主语的形态句法手段,旨在发现各语言在这些方面表现出的共性和变异模式。

---

① 这种路径不但便于我们发现和甄别不同语言(特别是非通用语言)中的存在句,而且保证比较对象真正具有可比性。

② 我们的语言样品库中有7种语言不区分存在句和方位句,即同一结构既可以表示存在义又可以表示方位义。如在芒加赖语中就是如此(Dryer 2007: 243):

mawuj	*ja-Ø-ṇi*	*biyaŋ*	*ṇa-boŋgan.*
食物	3-3SG-连系词	在……里	LOC-盒子

“盒子里没有食物”;“食物不在盒子里”

由于该语言对名词的有定性在形式上不作区分,只有借助实际语境选取适当的理解。

另外一个需要与存在相区别的句式是所有句(如:“我有一本书”、“I have a book.”)。类型学的研究显示这种句式与存在句有密切联系(如 Clark 1978; Freeze 1992, 2001 等)。存在句、方位句和领有句合称为方所句(locational sentence)。(详见第十四章。)

本研究所用的语言样品库与第 13 章的基本相同,在收集的 80 种语言中有些语言存在句的数据不完备。例如,在考察存在句的语序时,75 种语言中数据是完整的,另外 5 种语言不在考察之列。而在判断主语的标志时,9 种语言中数据不齐全,如只有例句、词对词的翻译及意译,而不能识别其中主语的标志,同时也没有文献可供参考,这些语言不在考察范围之内。

15.2 存在句的语序及 L、E 的形态句法特征

本部分主要探讨存在句的形态句法特征,内容涉及语序以及存在句主语的几种情形,最后对各种情形进行讨论。

15.2.1 语序

15.2.1.1 前人的研究

存在句在很大程度上依赖语序,因而遵循相对严格的语序(参看 Freeze 2001: 947)。即使某一语言的语序相对比较自由,在方所句式中语序也很固定,因为语序是存在句与有关句型(如方位句、所有句)相区别的重要特征之一(参见 Lynons 1967; Clark 1978; Freeze, 1992, 2001)。我们将典型的存在句分析为三个语义成分,即方位成分(Locative Element,略作 L)、存在谓词(Existential Predicate,略作 P)和存在主体(Existent,略作 E),如上述汉语和英语的例子可分析为:

表 15.1 存在句的语义成分分析

桌子上	有	一本书
L	P	E

（续表）

There is	a book	on the table
P	E	L

本节旨在发现存在句三个语义成分的顺序与各语言的基本语序之间是否有必然联系，如果有，具体情形如何。

关于存在句的语序，有三位学者做过研究。Sawyer（1974）在考察存在句的语序与各自语言整体语序之间的联系时，撇开了 S（主语）。他认为主语是外加的（mandatory），不是构成句子的首要成分。他只考察 V、O（动词及宾语）和 P、E 之间的关系，并发现 EP 语序的存在句对应于 OV 型语言，PE 语序的存在句对应于 VO 型语言。他进而推论，E、P 之间的关系实际上就是动词和宾语的关系。我们认为，Sawyer 将问题简单化了。首先，在我们考察的语言中，L 是存在句的必要成分，撇开这一成分而谈存在句的语序，显然有悖于问题的真相。其次，各语言中，E 并不总是存在句的宾语，在一些语言中，E 显然标示为主语（见后文）。再者，Sawyer 的文章只提到 12 种语言，不是真正类型学的研究。在极有限的事实上得出的结论，有待进一步验证。

Clark（1978）主要探讨存在句、方位句和所有句之间的本质联系和区别。其中语序是区别存在句和方位句的重要标准之一。在她所观察的 35 种语言中，27 种语言中的 L 位于 E 之前。其中 30 种语言中，不定名词不出现在句首（Clark 1978：92）。我们发现，Clark 的调查结果和我们的出入较大。这可能是因为 Clark 的语言样品库规模较小，只包含三十几种语言，其中有些语言的相关信息还不齐全（Clark 1978：90）。其次，她所调查的语言类型也较有限。还有，并不是所有语言都倾向于将有定的成分置于句首，如我们的样品库中有 5 种 VOS 型语言，其存在句语序全部为 EPL，即 L 全部位于句末。

第三位学者是 Freeze。碰巧的是，Freeze 重点关注的成分恰好是 Sawyer 忽略的成分，即存在句的方位成分。在考察语言样品库的基础上，Freeze（2001：945）总结出了以下存在句的语序分布规律。

下表是重点参照 L 的位置安排的，Freeze 认为，如果一种语言的存在句中没有空主语或虚位成分，则其方位成分 L 充当主语。Freeze 调查的

表 15.2 几种语言的存在句语序

基本语序	语言	存在句语序		
			主语	
SVO	芬兰语		L	P E
	俄语		L	P E
	加泰隆语		e	Pro P E
	法语		D	Pro P E
VOS	帕劳语	P Pro E	L	
	夏莫罗语	P E	L	
VSO	阿拉伯语	P Pro E	L	
	他加禄语	P E	L	
SOV	印地语		L	E P
	日语		L	E P

(Pro=替代形式; e=空主语; L=方位成分; E=存在主体; D=虚位成分)

语言类型及数量有限,只涉及 SVO、VOS、VSO 及 SOV 四种类型共 35 种语言。并且他过分在意结果的整齐划一,有削足适履之嫌。例如他对日语及印地语存在句的分析就与大多数文献不一致(详见后文)。

15.2.1.2 各语言中存在句的语序

存在句的三个语义成分对于其语义的完整性必不可少。Hintikka (1968)认为,任何事物必然存在于一定的空间。在自然语言中,存在的概念必然通过方位来表达(转引自 Clark 1978: 89)。存在句从根本上讲是关系性的,事物的存在总是参照一定的时空(其中空间成分更典型),在表述事物的存在时,势必要涉及空间方位或时间方位。事物和方位是相对的,离开了其中任何一方都无法表述存在关系。这种相互依存的关系在语言层面上表现为典型存在句三个语义成分必不可少、相互依存(参看第 14 章)。撇开方位成分而探讨存在谓词和存在主体的顺序有悖于存在句的基本语义特征及其句法构成的基本事实。

以下就我们对样品库考察的情况,结合各语言的基本语序对存在句中三个语义成分的语序进行描述。

样品库中数据完备的语言共 75 种,其中:

SVO 型语言 36 种,存在句语序为 PEL 的有 16 种,LPE 的语言 15 种,

EPL 的语言 5 种。SOV 型语言 18 种,其中存在句语序为 LEP 的有 12 种语言,ELP 的语言 3 种,EPL 的语言 1 种,PEL 的语言 1 种,LPE 的语言 1 种。VOS 型语言 5 种,其存在句语序全部为 PEL。VSO 型语言 11 种,其存在句语序全部为 PEL。基本语序 VSO、VOS 皆可的语言 4 种,其中存在句语序为 PLE 的有 2 种语言,PEL 的有 2 种语言。OVS 型语言 1 种,其存在句语序为 EPL。

综合起来,各语言存在句语序为 PEL 的有 35 种语言,LPE 的有 16 种, LEP 的有 12 种,EPL 的有 7 种,ELP 的有 3 种, PLE 的有 2 种。注意,尽管考察语言的整体语序类型只有 5 种,L、E、P 组合的六种情况在样品库中都存在。总的分布规律是:主语居首的语言 L 倾向于居于句首,主语居中或居尾的语言中 L 倾向于居于句尾。必须说明,这两条倾向性的规律并不意味着居于句首或句尾的 L 就是主语。以 SVO 型语言为例,35 种语言中存在句语序为 LPE 的占 15 种,PEL 的 16 种,EPL 的 5 种,将 L 对应于主语都是有悖于事实的(详见后文)。

除此以外,存在句中 P 的位置在一定程度上对应于典型动词句中 V 的位置。样品库包括 SVO 型语言 36 种,其中 20 种语言中存在句 P 的位置和 V 的位置对应,语序为 LPE 的有 15 种语言,语序为 EPL 的有 5 种语言。SOV 型语言 18 种,其中 17 种语言中存在句 P 的位置与 V 的位置对应,语序为 LEP 的有 12 种语言,语序为 ELP 的有 5 种语言。动词居首的 20 种语言中(VSO 语言 11 种,VOS 语言 5 种,VSO、VOS 皆可的语言 4 种),存在句中的 P 全部居首。OVS 型语言 1 种,其存在句的语序为 EPL。由此,可以说存在句中 P 的位置和一般动词句中 V 的位置是和谐的。

同时,必须注意,不能简单地将存在句中的 P 对应于一般动词句中的 V。上述 SVO 和 SOV 型语言中均存在例外情形。另外,有些语言中的存在句没有动词,如埃及阿拉伯语和萨里巴语:

(5) 埃及阿拉伯语(Eid 1993: 136)

fii	[*migalla*	*fuuʔ*	*il-maktab*].
那儿	杂志	在……上	冠词-桌子

"桌子上有一本杂志。"

(6) 萨里巴语(Dunn *et al*. 2007: 877)

Kokolaka　　*numa-ne*　　*udiyedi.*
老鼠　　房子-限定词　　介词·PL
"房子里有老鼠。"

15.2.2 L充当主语的形态句法手段

再看方位成分和主语以及存在主体和宾语是否对应。判断某一成分是否为主语,主要标准有:1)格标记(包括标记助词);2)主谓一致;3)语序。这几条标准相互补充,结合使用(Croft 2003:15,参看 Comrie 1981:99)。如果一种语言有形式标记,如格标记或主谓一致,我们就以形式标记为主要判断标准。在形态标记不发达的语言中,主要根据语序判断,即如果存在句的某一成分位于该语言中典型的主语的位置,则该成分为主语。我们还借助于有定性、生命性、施事性以及各成分与存在谓词之间的语义关系等语义的标准作为辅助标准①。

在样品库中,有72种语言中的E和L的句法功能比较明确,其中26种语言中的L作主语,40种语言中E作主语,5种语言中虚位成分作主语,此外还有1种语言的存在句无主语。下面先考察L作主语的形态句法手段。

15.2.2.1 语序及语义关系

对形态标记较弱的语言作句法分析时,语序是重要的参项,我们并不是一味地将形态标记较弱或没有形态标记的语言中居于主语位置的L分析为主语。首先,我们重点参考文献中的有关分析。其次,当L为介词短语时,除非有特殊的主语标记(后文中提到的沙绩语中的L就是这样),我们一般将L分析为谓语的一部分。

动词和各成分的语义关系也是分析的依据,当存在谓词是"存在"(be at)、"有"(have)和联系动词时,各成分之间的语义关系是不一样的。如伊哥洛语的存在句(Dryer 2007:244):

① 通常认为,典型的主语是有定的、有生命的、动作的执行者或动作的主体等(Comrie 1981:100-101,111-116;Givón 1999:98)。

（7） *wodá　　nan　　ónash　　id　　Falídfid.*
　　存在　　冠词　　糖.种植场　　LOC　　Falidfid
　　“Falidfid 有一个甘蔗种植场。”

存在动词是 wodá“存在”，根据其与 E 的述谓关系及 E 的主体性，可将 E（即 nan ónash）分析为主语，而将 L 分析为谓语的一部分。如果存在动词是“有”，则可将 L 分析为主语。如汉语及下文中提到的布赓语和克蔑语中的存在句就可以这样分析。

当存在动词为联系动词（如“是”）时，有时可将 L 分析为主语（如汉语中的“是”字存在句，“窗外是一片绿色。”）。如果 L 为介词短语，则和连系词构成谓语成分，与存在主体形成一种述谓关系。此时可将 E 分析为主语，而将 L 分析为谓语的一部分，如苏格兰盖尔语中的存在句可这样分析（Freeze 2001：943）：

（8） *tha　　min　　anns　　a'　　phoit.*
　　连系词　　燕麦片　　在……里　　定冠词　　罐子
　　“罐子里有燕麦片。”

26 种 L 作主语的语言中，有 22 种语言中 L 可根据语序及语义关系分析为主语。汉藏语系的语言多属这种情况，因为这类语言形态变化较弱，语序就成了主要的句法手段。在我们所调查的 13 种汉藏语言中，L 都分析为主语。以下是布赓语和克蔑语的例子（两种语言的基本语序都是 SVO）：

（9） 布赓语（李云兵 2005：180）
　　a. *pau　　ko　　loŋ　　ɳo　　phi　　pjau　　mbou.*
　　面　　桥　　上面　　站　　着　　人　　一个
　　“桥上站着一个人。”
　　b. *ʑoŋ　　tɕi　　la　　mɯ do　　mbin　　tu　　mi　　pau　　pjau　　no.*
　　脚　　山　　下面　　突然　　钻　　出　　五　　个　　人　　来
　　“山脚下突然钻出五个人来。”

（10） 克蔑语（陈国庆 2005：8）
　　a. *tu　　ɳǎ　　pǎ　　nɔŋ　　ma　　nɔŋ.*
　　门　　家　　有　　山　　一　　座

"家前面有一座山。"

b. *lɤŋ ŋɤt ɳǎ pǎ kɔse vɔ ma kɔ.*
后面 家 有 树 大 一 棵
"家后面有一棵大树。"

上述四例中,"桥上"、"山脚下"、"家前面"和"家后面"都是表示方位,句法上处于主语的位置,构成"主语+谓语"句。

L 作存在句的主语并不局限于汉藏语系,南岛语系(如萨里巴语)、班图语系(如塞索托语)、印欧语系(如加泰隆语、芬兰语)中都有这种情况,以下是芬兰语的例子:

(11) a. *Venee-ssa on koir-i-a.*
(Toivainen 1979: 247)
船-ADES 在·PRS·3SG 狗-PL-部分格
"船上有狗。"

b. Poika on piha-lla.
(Huumo 2003: 465)
男孩·NOM 在·PRS·3SG 院子-近处格
"那个男孩在院子里。"

(11a)中的 L(即"Venee-ssa")分析为主语,除参照语序外,还有一个原因是 E 在存在句中带部分格(Partitive),不是主语标记;而在相应的方位句(11b)中带主格标记,从语序和格标记上看都是典型的主语(Toivainen 1979: 247)。

当以语序为参照标准将 L 分析为主语时,一般同时会将 E 分析为宾语,如对中国境内汉藏语系语言的分析就属于这种情况。

15.2.2.2 主语标记助词

L 实现其主语语法功能的另外一种手段是主语标记助词,在样品库中有两种语言中的 L 有主语标记,分别是:沙绩语和朝鲜语。

沙绩语的句子遵循非常严格的 VOS 语序,主语必居于句末,主语标记 ka 居主语前(Tsukida 1999: 599)。以下是存在句的例子:

（12）*niqan* *patas* *ka-rowan* *sapah*.（Tsukida 1999：601）
存在 书 SM－在……里 房子
"房子里有书。"

试比较方位句：

（13）*ga* *rowan* *sapah* *ka-patas*.（Tsukida 1999：601）
那儿 在……里 房子 SM－书
"书在房子里。"

上例表明，沙绩语存在句的L（rowan sapah）带有主格标记ka，作句子的主语，而在其相应的方位句中存在主体（patas）带主格标记ka，作句子的主语。

朝鲜语中存在句的L带话题标记，而E带主格标记：

（14）*Chaegsang-wi-e* *eotteon* *chaeg-i* *iss-eo*.（Chang 2005）
桌子-话题-LOC 一些 书-SM 有-连词
"桌子上有一些书。"

朝鲜语中，有的句子不止一个名词带有主格标记，也就是说，并不是带主格标记的名词都分析为主语，如：

（15）*Munsu-ga* *chaeg-i* *pilyoha-da*.（Chang 2005）
Munsu-SM 书-SM 是·必要-陈述句尾
"Munsu需要一本书。"

上例中"Munsu"（人名）和"chaeg"（书）都带有主格标记，Chang认为，相比而言，话题标记是更可靠的标准，故将L分析为主语①。

除带主语标记外，L还带方位格标记，如：泰雅语、卑南语、葛玛兰语、赛夏语、日语、斯瓦希里语、卢旺达语以及隆达语：

① Comrie（1981：101，114）认为与其将主语看成一个离散的概念，不如将其理解为一个范畴（即一组特征的集合体）。典型的主语是施事和话题的重合。朝鲜语存在句的话题和施事分别由L和E实现（其实E不是典型的施事，但与施事较接近）。可以说，朝鲜语的主语特征分布在L和E两个成分上，或者说，L和E都不是典型的主语，之所以将L分析为主语，主要是结合朝鲜语的基本语序以及E作为施事的非典型性。后文的讨论将显示，存在句主语的非典型性是存在句一个较具普遍性的特征。日语中L和E的句法特征与朝鲜语类似。

(16) 泰雅语

kia' (*a"*)*-ruwas* *cku'-naniqan.* (黄美金 2000c：120)

存在 (SM)-书 LOC -桌子

"桌子上有书。"

(17) 卑南语

ulaya *a-kuraw* *i-kaLi.* (黄美金 2000a：136)

存在 SM -鱼 LOC -河

"河里有鱼。"

(18) 葛玛兰语

yau *Riis* *ta-rima-an-su.* (张永利 2000：61)

在 蚊子 LOC -手- LOC -你的

"有一只蚊子在你手上。"

(19) 赛夏语

hayza' *'ahae'* *kahoey* *ray* *taw'an* *rangi'.*

(叶美利 2000：105)

有 一 树 LOC 房子 旁

"有一棵树在房子旁边。"

(20) 日语①

kono *torakku-ni* *atarashii* *enzin-ga* *aru.*

(Tomioka 2007：881)

这个 汽车-LOC 新的 引擎- SM 存在

"这台汽车上有一个新引擎。"

上述几种语言中，卢旺达语和隆达语存在句中的 L 既带方位格又带主语标记，并且方位格和 P 一致(示例见下节)。

此外，样品库中还发现 L 带斜格(排湾语)和近处格(芬兰语，见例 11)的各有一种语言，以下是排湾语的例子：

---

① 日语存在句 L 后面除接方位格外，还可以接话题标记 wa：

kono *torakku-ni-*(*wa*) *atarashii* *enzin-ga* *aru.*

这个 汽车-方位格-(TM) 新的 引擎-主格 存在

"这台汽车上有一个新引擎。"

也就是说，日语的存在句中，L 和 E 分别带有话题标记和主格标记。

(21) *izua* *ita* *Lalangaw* *i vavav* *ta-cekui.*
(张秀绢 2000：106)
有 一 苍蝇 在上面 OBL-桌子
"有一只苍蝇在桌子上面。"

15.2.2.3 主谓一致

L 实现主语句法功能的第三种手段是主谓一致。有两种语言属于这种情况：卢旺达语和隆达语。这两种语言中 L 和 P 都带方位标记，二者一致，据此可将其中的 L 分析为主语：

(22) 卢旺达语（Givón 2001：434）
ku-nzu *ha-riho* *umugabo.*
方位-房子 方位-连系词 人
"屋里有一个人。"

L（"nzu"）和 P（"riho"）分别带方位标记"ku"和"ha"，二者一致。

(23) 隆达语（Givón 2001：191－192）
mu-itala *mu-di* *anyaana.*
在……里-屋子 在……里-连系词 小孩
"屋里有小孩。"

L（"itala"）和 P（"di"）带方位介词"mu"，二者一致。

15.2.3 E 充当主语的形态句法手段

15.2.3.1 语序及语义关系

40 种 E 作存在句主语的语言中，有 22 种语言中的 E 可参照语序和语义关系分析为主语，约占 56%。这些语言中的 L 多为介词短语或带方位标记，一般同 P 一起和 E 构成述谓关系，E 也就顺理成章地成了主语（参看 15.3.2.1 节）。以下是希伯来语和马来语的例子：

(24) 希伯来语(Tobin 1991: 94)

yeš *elohim* *ba-olam.*
存在 上帝 在……里-世界
"世界上有上帝。"

(25) 马来语(Goddard & Wierzbicka 2002b: 56)

ada *dua* *ekor* *lemabu* *di* *padang* *tu.*
存在 二 类别词 牛 在……里 田 那
"那边田里有两头牛。"

这22种语言中,有7种语言存在句的句法结构和方位句的句法结构相同。这7种语言是:皮特贾恩特贾拉语、芒加赖语、芒伽巴语、曼纳姆语、杜鲁梅语、苏格兰盖尔语和爱尔兰语。这类语言中E都分析为主语,它是句中唯一的论元,在语义和语序上对应于各语言基本语序中的S。以下是芒加赖语和爱尔兰语的例子:

(26) 芒加赖语(Dryer 2007: 243)

mawuj *ja-Ø-i* *biyaŋ* *a-boŋgan.*
食物 3SG-SG-连系词 在……里 方位词-盒子
"盒子里有吃的东西。"/"吃的东西在盒子里。"

(27) 爱尔兰语(Freeze 2001: 943)

Tá *min* *sa* *phota.*
连系词 燕麦片 在……里 罐子
"罐子里有燕麦片。"/"燕麦片在罐子里。"

15.2.3.2 格标记

格标记是E作存在句主语的另一种重要手段。40种E作存在句主语的语言中,有7种语言中的E带主格标记①,这7种语言是:泰雅语、鲁

---

① E除带主格标记外,还可能带受格标记,此时E分析为宾语。样品库中满语、雅美语(Yami)就是这样:

Dərən *darva* *(də)-jidzə* *əmkəŋ* *be.* (满语)(王庆丰 2005: 98)
桌子 旁边 受格-椅子 一个 有
"桌子旁边有一把椅子。" (转下页)

凯语、卑南语、阿美语、排湾语、波兰语和日语①,以下是泰雅语和波兰语的例子:

(28) 泰雅语(黄美金 2000c: 120)

kia' *a"* *ruwas* *cku'* *naniqan.*
存在 主格 书 处所格 桌子
"桌子上有书。"

(29) 波兰语(Wierzbicka 2002: 126)

Tutaj *są* *dzieci.*
这里 连系词.3SG 小孩·NOM·PL
"这儿有小孩。"

其中,波兰语存在句中 E 不但带主格标记,而且 P 和 E 一致(参见下节)。

15.2.3.3 主谓一致

有 11 种语言的 E 和 P 一致:标准斐济语、勒斡语、帕劳语、芒伽赖语、波兰语(见例 29)、冰岛语、曼纳姆语、哇晏语(Wayan)、印地语、芒伽巴语、日语(其中波兰语、日语兼用主格标志和一致两种语法手段)。一致的参照项可涉及人称、数、生命性等。这 11 种语言中,有 6 种语言中的 P 和 E 在人称和数上一致,分别是:标准斐济语、勒斡语、芒伽巴语、帕劳语、芒加赖语、曼纳姆语、哇晏语。以下是两种语言的示例:

(30) 标准斐济语(Lichtenberk 2002: 291)

E *tiko* *koyāe* *dua* *na* *tamata.*
3SG 坐 那儿 3SG 一 冠词·人
"那儿有一个人。"

(31) 芒伽巴语(Bugenhagen 2002: 24)

(接上页) *Ya* *mian* *su-kanakan* *du* *vahai.* (雅美语)(张郇慧 2000: 82)
现在 存在 受格-孩子 在 房子
"房子里有孩子。"

① Freeze(2001: 941)将日语中的方位成分分析为主语,这与多数文献的分析不符。日语存在句中 E 带有主格标记 ga,宜分析为主语。

Tomtom=ta (*ta*)[1] *i-mbot* *mokleene.*
某人 (限定词) 3SG-存在 花园
"花园里有一个人。"

另外,冰岛语及印地语中 P 和 E 在数上一致:

(32) 冰岛语(Freeze 2001: 949):
þaə *eru* *mys* *í* *baəkerinu.*
它 是·PL 老鼠·PL 在……里 定冠词-浴缸
"浴缸里有老鼠(不止一只)"

(33) 印地语(Kachru 2006: 190)
talab *mẽ* *manī* *hɛ.*
池塘 在……里 水 连系词·PRS·SG
"池塘里有水。"

这其中,日语的情形较特别,其存在句有两个存在动词,"aru"和"iru",分别表示有生命事物(包括人)和无生命事物的存在[2]:

(34) a. *heya-ni* *otoko-ga* *iru.* (Tsujioka 2002: 12)
房间-介词 man-SM 存在
"房间里有一个人。"
b. teeburu-ni hon-ga ar-u.
桌子-介词 书-SM 存在
"桌子上有一本书。"

---

① 芒伽巴语中的 Ta 是一个限定词(Specific),此处相当于英语中的定冠词。

② 此外还有义都语也根据存在主体的生命性特征选择存在动词。义都语有两个存在动词—i 或 dʑi—表示有生命物的存在;kha 表示无生命物的存在(江荻 2005: 83)。

Agu *tɕŋ* *a adzo bra kheŋ* *ge* *kha* *ha.*
箱子 上 书 一 有 CONT
"箱子上有一本书。"
Oŋ ndoŋ *mei* *ma tsu* *i* *ha.*
家(PL) 每 牛 有 CONT
"家家都有牛。"

一般根据语序将义都语存在句中的 L、E 分别分析为 S、O。

15.2.4 虚指主语和无主语的存在句

样品库中还有 5 种语言,其存在句的主语既不是 L 也不是 E,而是一个虚指成分。这五种语言是[①]: 瑞典语、英语[②]、法语、巴勒斯坦阿拉伯语、德语,以下是德语和法语的例子:

(35) 德语(Freeze 2001: 949)

Es	*gibt/ist*	*ein*	*Buch*	*auf*	*dem*	*Tisch.*
虚位代词	给/是	一	书	在……上	ART	桌子

"桌子上有一本书。"

(36) 法语(Hoekstra & Mulder 1990: 56)

Il	*y*	*a*	*quelques*	*hommes*	*dans*	*le*	*gardin.*
虚位代词	那儿	有	一些	人	在……里	ART	花园

"花园里有一些人。"

Il 是一个无指代词,相当于英语中的 it,y 是方位指示代词,相当于"那儿",a 是存在谓词"有",在典型的存在句中,il y a 保持固定的形式,不会因存在主体人称和数的形式而变化,一般认为 il 是主语,可以认为 a 与 il 一致(Hoekstra & Mulder 1990: 56)。

最后,样品库中有一种语言即西班牙语的存在句无主语。该语言中 hay 表存在义,不带主语,并且在现在时中不会有数的变化(Travis 2002: 202)[③]:

(37) a.

Hay	*alguien*	*en*	*el*	*jardín.*
存在	有人	介词	定冠词	花园

---

① Freeze(2001: 949)发现大多数日耳曼语族的存在句在主语位置上有一个空指代词。

② 有少数日耳曼语,如英语中的 there、丹麦语以及荷兰语中的 er 由表示方位的词演化而来,成为替代形式。它们都处于主语的位置,这和空指代词作存在句的主语不同(Freeze 2001: 949)。

③ 在别的时态中,它有数的变化,如在进行体中有 había(单数)和habían(复数)之分,这说明该语言现在时中的存在动词已经语法化了。

Había alguien "there was someone"
Habían dos partes "there were two parts"

"花园里有个人。"

b. *Hay* *dos* *partes* *de* *esta* *cosa.*

存在 二 部分 的 这 东西

"这个东西有两部分。"

从语义上讲,完整的存在句包含 L、P、E 三个成分,虚指成分在存在句的语义结构中不起任何作用,引进虚指成分作主语完全是句法结构的需要。

15.2.5 讨论

总结起来,在我们考察的 72 种语言中,存在句的主语可归为 3 种情况:L 主语、E 主语和无主语(包括虚指主语和无主语)。其中前两种情况较普遍,分别有 26 种语言和 40 种语言,第三种情况有 6 种语言。

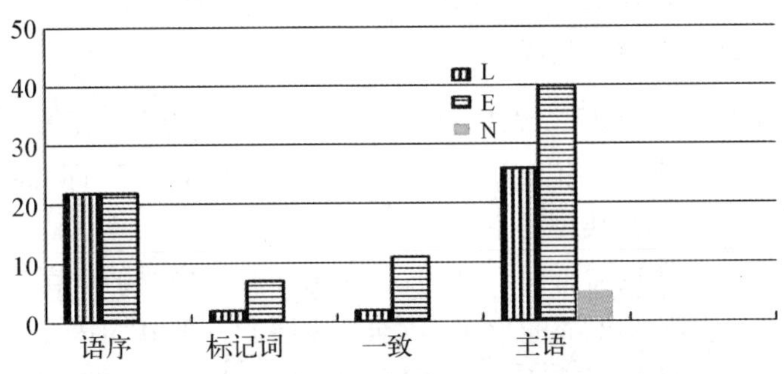

图 15.1 样品库中存在句主语分布

(L: L 作主语,E: E 作主语,N: 虚位主语)

将 L 分析为主语,主要的依据是语序和语义关系(26 种语言中有 22 种语言是以此为依据)、主语标记和主谓一致占的比重很小(各只有两种语言)。将 E 分析为主语,主要依据仍是语序和语义关系(40 种语言中有 22 种语言是以此为依据)、主语标记和主谓一致占的比重较小(各有 7 种和 11 种语言)。大多数情况下我们不得不用第一条标准。然而,正如前文的调查所显示,L、P、E 和各自语言中的基本句法成分(即 S、V、O)及其顺序没有对应关系,而语义的标准只能作参考(因为各语言中 L、P、E 的语义关系是统一的,而句法关系却不尽相同)。因此,我们有时举棋不定,相关文献的分析也不尽统一。相比而言,后两条标准更可靠,但可根据这两条标准判断的语言较少。即便是形态标记发达的语言,存在句的形态特征也与典型动词句不同。

如塞索托语是形态发达的语言,根据前缀的不同,可将名词分为十几种不同的类型,当名词作主语时,其前缀和主语标记一致(Demuth 1990：234；Machobane 1995：115)：

(38) *Ba-Sshán* *yáná-bá-pálám-é* *li-pére.* (Demuth 1990：234)
2-男孩 2SM-骑-完成体 10-马
"男孩子在骑马。"

尽管 Machobane(1995)认为,L 具有名词特性,充当存在句的主语,但 L 和 P 所带的主语标记不一致:

(39) *mo-tsé-ng* *hó-na-lé* *se-fáte.*
3-村子-方位 17SM-连系词-连词 7-树
"村子里有一棵树。"

正是由于 L 和 P 不一致,Demuth(1990：234)认为塞索托语中的 L 是一个状语性质的成分。有意思的是,主语标记 hó 也不与 E(即 fáte)一致,即 E 在该语言中不是典型的主语。

从跨语言的角度看,样品库中 L 作主语和 E 作主语的语言各占 37% 和 56%(虚位主语的语言占 7%)。这至少说明 L 和 E 作主语在世界诸语言中都较常见。相比而言,E 作主语更常见,E 作主语除凭借语序外,还较多地通过主语标记或主谓一致等手段,而 E 和 L 之间的述谓关系更接近于典型动词句中主语和谓语之间的关系。因此,可以说,与 L 相比 E 是更典型的存在句主语,有一定的优势。

存在句不同于典型动词句。即便是同一种语言中,人们对存在句的句法分析有时也莫衷一是(如对朝鲜语、日语和汉语中 L 和 E 的分析就是这样)。我国汉语界在 20 世纪 50 年代主宾语问题大讨论的核心问题之一是存在句的 L 是否可分析为主语。这一问题至今仍未解决,新的研究时有出现,不同意见一直存在。

我们不禁追问,为什么各语言中存在句的主语出现这种变化?而对于相应的方位句的分析不存在这样的问题?这除了受各语言整体类型特征的影响外,更主要是由存在句本身的特殊性造成的。与典型动词句不同,存在句表示一种状态或者说一种关系,前者表示动作或事件。我们采取 Comrie 的观点,将主语看作一个范畴,原型的主语是一组语义特征的集合,这些语义特征包括:施事性、话题性和生命性(Comrie 1981:100 - 101;Faarlund 1988:193 - 194;Givón 2001:193)。它们相辅相成共同构成典型主语的特性。就施事性而言,L 和 E 都不是典型的施事,但就存在句的语义关系而言,E 是存在状态的主体,有一定的施事性,L 没有施事性。话题性和有定性密切相关,即典型的话题是有定的,且多半为前文出现的或为大家所熟悉的,L 具话题性,而存在句中的存在主体多为不定的事物,即 E 话题性很弱。Croft(2000:111)列出的生命度级差图显示,E 和 L 的生命度都很低。这样,主语性在 L 和 E 的分布为:

表 15.3 主语性在 L 和 E 上的分布

主语特性	施事性	话题性	生命性
L	无	强	弱
E	弱	弱	弱

如上表所示,L 有强的话题性,而 E 的施事性和生命性较之 L 稍强。存在句中的 L 和 E 都不是典型的主语,但都表现出一定的主语特性。这可以解释为什么有些语言(如朝鲜语和日语)中的 L 和 E 分别带上话题标记和主格标记:

(40) 朝鲜语(Chang 2005)

chaegsang-wi-e *eotteon* *chaeg-i* *iss-eo.*
桌子-TM-LOC 一些 书-SM 有-连词
"桌子上有一些书。"

(41) 日语(Tomioka 2007:881)

kono *torakku-ni-wa* *atarashii* *enzin-ga* *aru.*
这个 汽车-LOC-TM 新的 引擎-主格 存在
"这台汽车上有一个新引擎。"

在朝鲜语(例(40))中,L(chaegsang)带有话题标记-wi,E(eotteon chaeg)带有主格标记-i;同样,在日语(例(41))中,L(kono torakku-ni)带有话题标记-wa,E(atarashii enzin)带有主格标记-ga。也就是说,这两种语

言中的存在句中，主语性分离，L 和 E 平分秋色，分别体现一定的主语特性①。

另一方面，由于主语性分离到 L 和 E 两个不同的成分，它们都拥有部分主语特性，但都不是典型的主语。它们表现出的主语性都不是很强，这种非典型性在各语言中较普遍（Givón 1999：98）。例如，在 Lunda-Ndembu 语中，L 和 P 都带方位标记，二者一致，因而 L 可分析为主语（见例(23)）。但 L 不能接受关系从句修饰，不是典型的主语（该语言中的 E 也不能接受关系从句修饰）（Givón 2001：192）。E 作主语时也是如此，试比较斯瓦希里语中的方位句和存在句（Givón 1999：98）：

(42) a. 方位句

satoto	***wa**-li-kuwa*	*umba-ni.*	
孩子	**他们**-过去时-连系词	房子-方位格	

“孩子们在房子里。”

b. 存在句

nyumba-ni	***ku**-li-kuwa*	(*a*)	*atoto.*
房子-方位格	**那儿**-过去时-连系词	（与……一起）	孩子们

“房子里有一些孩子。”

(42a)的主语 satoto 是有定的，它支配动词上附带的代词 wa，该代词与主语 satoto 一致。(43b)的主语 atoto 不像典型的主语，它不控制 P 和 E 的一致，取而代之的是句中的方位成分 nyumba-ni，后者控制 P 使得其所带的 ku(there)与方位成分一致。并且，E 尽管为主语，但却位于 P 之后，这不是该语言中主语的典型位置，这也是 E 作为主语其非典型性的另外一种体现（Givón 1999：98）。正因为存在句主语的非典型性，其位置和各语言中典型的主语的位置不一定对应，因而不能将 L 或 E 简单地和该语言基本语序中的 S 对应。

芬兰语更特别，该语言的存在句可以采取两种语序，即 LPE 和 EPL，其中前一语序中的 E 可以带主格或部分格，后一语序中的 E 只能是部分

---

① 正是基于这类事实，Li 和 Thompson(1976)认为朝鲜语和日语是典型的话题、主语并重型语言。另外，我们的初步考察发现，话题突出语言存在句的主语为 L，反之不定然。但这一结论有待进一步验证。并且，我们没有发现 E 主语和主语突出性语言间存在必然联系。

格，而 L 在两种语序中都是方位格（Toivainen 1979：247，参看 Huumo 2003：462）：

（43） a. *Venee-ssä* *on* *koira.* （Toivainen 1979：247）
船-在……里 是 狗（NOM）
"船上有一只狗。"

b. *Venee-ssä* *on* *koir-i-a.* （Toivainen 1979：247）
船-在……里 是 狗-PL-部分格
"船上有几只狗。"

c. *koir-i-a* *on* *venee-ssä.* （Toivainen 1979：247）
狗-PL-部分格 是 船-在……里
"船上有几只狗。"

文献中对芬兰语中 E 的分析争议很大，如 Huumo（2003：462）认为 E 应分析为主语，而 Toivainen（1979：247－248）认为应重点参照语序，将 LPE 中的 L 分析为主语，EPL 语序中的 E 分析为主语。值得一提的是，LPE 语序中 E 的格形式不固定本身就说明它不是典型的主语[①]。

再看虚位代词作主语。虚位主语是不同于 E 主语和 L 主语的第三种语法手段，是二者间的一种妥协。即便如此，此类存在句的主语特性也不完全反映在虚位成分上，如英语中：

（44） There are five students in the classroom.

一般认为在形式上，there 是主语，但 P（are）却和 E（five students）在数上一致，这至少说明 E 在一定程度上有主语的特性。因此，有人称英语中的 E 为逻辑主语（Logical Subject）（Quirk *et al.* 1985：1405；Givón 2001：191）。

这样，各语言中主语性从 L 向 E 过渡的情形可见下页图。

图中，"L 主语"表示典型的 L 作存在句主语的语言，"E 主语"表示典型的 E 作存在句主语的语言，二者分别处于连续统的两端，其中间状态

① 芬兰语为 SVO 型语言，典型的主语位于动词前且带主格标记。另外，尽管在典型的动词谓语句中，谓语动词和主语保持数的一致，而存在句中的 P（如例（43）中的 on）始终是单数第三人称形式，这是存在句主语非典型性的又一表现（Huumo 2003：462），类似的情况也存在于沙绩语中（Tsukida 1999：635）。

是，主语性在L和E上都有所体现，二者平分秋色（如图15.2所示）；或者采取“第三条路线”，二者都不作主语而以虚位成分作主语，或无主语（如图15.3所示）。

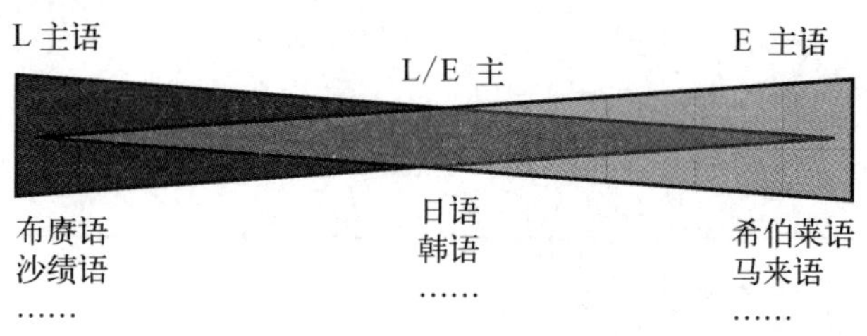

图15.2 存在句中主语性的分布(I)

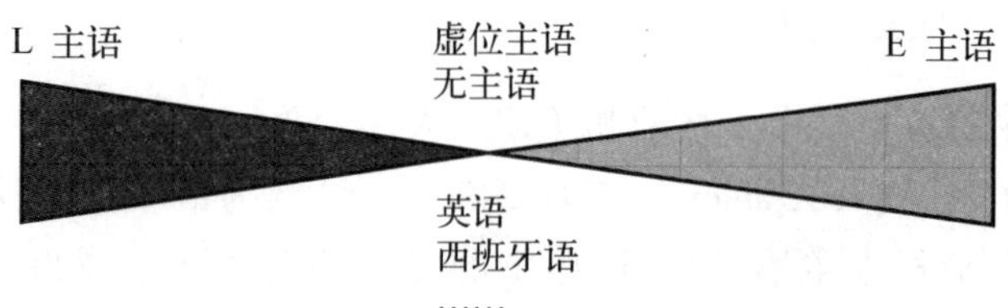

图15.3 存在句中主语性的分布(II)

15.3 结论

本章在考察语言样品库的基础上，讨论了各语言中存在句的形态句法手段。我们发现Sawyer(1974)、Clark(1978)、Freeze(1992, 2001)等人关于L、P、E顺序的结论与我们的考察不符。L、P、E和各语言基本语序中的S、V、O没有绝对对应关系。它们的顺序表现出倾向性而不是绝对共性，即主语居首的语言中L倾向居于句首，主语居中或居尾的语言中L倾向居于句尾。较之Sawyer(1974)、Clark(1978)、Freeze(1992,2001)等人的样品库，我们的样品库规模更大，地域分布更广，谱系分布更均衡。可以认为，我们的调查结果更可信。

在调查中,我们重点关注L和E作存在句主语的形态句法手段,包括语序(并参照语义)、格标记和主谓一致。我们发现语序是主要的手段,分别有22种语言中L和E主要通过语序作主语(当然,语义关系是其基础),L通过格标记和主谓一致作主语的各有两种语言,E通过主谓一致和格标记作主语的语言分别有11种和7种。还有一种情况是空位成分作存在句主语或无主语,共有5种语言,这是E主语和L主语以外的"第三条路线"。这表明,L主语和E主语在世界各语言中都较常见,即使是同一语言,学者对L和E的句法分析也不尽统一,如汉语、英语、朝鲜语、日语、芬兰语就是如此。究其原因,L和E都不是典型的主语,但都在一定程度上体现主语的某些语义特征。我们将典型的主语看成一组特征的集合体,这些特征包括施事性、话题性(包括有定性)和生命性。例如L具有话题性,但不具施事性,且生命性极低。E作为存在状态的主体有一定的施事性,但生命性极低,且不具有话题性。

L和E作主语,其语义特征上的非典型性在句法层面上也有所体现。首先,在有些语言中(如芬兰语)L和E都可居主语位置。(因此,芬兰语中存在E或L作主语的不同分析。)其次,即使是严格遵循主谓一致的语言,L或E作主语时,P不一定与主语保持一致(如斯瓦希里语、芬兰语、沙绩语、塞索托语等)。再者,在一些语言中(如朝鲜语和日语)话题标记和主格标记分别分布在L和E上。

较之于典型动词句,存在句是一种非典型的边缘句式。一些语言中有关存在句主语分析的分歧较大。与其说是理论或方法差别导致这种分歧,不如说存在句本身的非典型性使然。典型主语(主语本身是参照典型的动词谓语句定义的)的语义特征在L和E上都有所体现,形态句法层面上L和E都体现某些但不是全部的主语特性,这是共性。各语言在对二者选用上或有所侧重,这是共性中的变异。变异的动因较复杂,可能包括各语言的整体类型特征、存在谓词的选用以及话题和主语的突出程度等。这些都有待今后进一步探讨。

参考文献

Abbott, Barbara. 1997. Definiteness and existentials. *Language*. 73(1): 103 - 108.

Abdoulaye, Mahamane. 2006. Existential and possessive predications in Hausa. *Linguistics*. 44(6): 1121 - 1164.

Afonso, Susana. 2008. Existentials as impersonalizing devices: The case of European Portuguese. *Transactions of the Philological Society*. 106(2): 180 - 215.

Azar, M. 1999. Argumentative text as rhetorical structure: An application of rhetorical structure theory. *Argumentation*. 13(1): 97 - 114.

Bach, Emmon. 1967. *Have* and *be* in English syntax. *Language*. 43(2): 462 - 485.

Baker, C. M. & J. McCloskey. 2007. On the relationship of typology to theoretical syntax. *Language Typology*. 11(1): 285 - 296.

Baron, Irene & Michael Herslund. 2001. Introduction: Dimensions of possession. In Irene Baron, Michael Herslund & Finn Sørensen (eds.). *Dimensions of Possession*, 1 - 26. Amsterdam: Benjamins.

Bentley, Delia. 2004. Definiteness effects: Evidence from Sardinian. *Transactions of the Philological Society*. 102(1): 57 - 101.

Berry, M. 1996. What is Theme? In M. Berry, C. Butler, R. P. Fawcett & G.W. Huang (eds.). *Meaning and Form: Systemic Functional Interpretations: Studies for M. A. K. Halliday*, 1 - 64. Norwood, N.J.: Ablex.

Bhatia, V. K. 1993. *Analyzing Genre: Language Use in Professional Settings*.

London: Longman.

Biber, D., S. Johansson, G. Leech, S. Conrad & E. Finegan. 1999. *Longman Grammar of Spoken and Written English.* Harlow: Pearson.

Bloor, T. & M. Bloor. 1995. *The Functional Analysis of English.* London: Arnold.

Bolinger, D. 1977. *Meaning and Form.* London: Longman.

Bolívar, A. 2001. The Negotiation of evaluation in written text. In M. Scott, and G. Thompson (ed.). *Patterns of Text: In Honour of Michael Hoey*, 129 - 158. Amsterdam: Benjamins.

Breivik, L. E. 1977. A note on the genesis of existential *there*. *English Studies.* 58(4): 334 - 348.

Breivik, L. E. 1981. On the interpretation of existential *there*. *Language.* 57(1): 1 - 25.

Bugenhagen, R. D. 2002. The syntax of semantic primes in Mangaaba-Mbula. In C. Goddard & A. Wierzbicka. (eds.), 1 - 64.

Bulter, S. C. 1985a. Discourse systems and structures and their place within an overall systemic model. In J. D. Benson & W. S. Greaves (eds.). *Systemic Perspective on Discourse* (vol. 1), 213 - 228. Norwood, New Jersey: Ablex Publishing Corporation.

Butler, S. C. 1985b. *Systemic Linguistics: Theory and Application.* London: Batsford.

Burton, D. 1981. Analyzing spoken discourse. In M. Coulthard & M. Montgomery (eds.). *Studies in Discourse Analysis*, 61 - 81. London: Routledge.

Butterworth, Brian, Bernard Comrie & Östen Dahl. 1984. Introduction. In Brian Butterworth, Bernard Comrie & Östen Dahl (eds.). *Explanations for Language Universals*. Berlin: Mouton.

Caffarel, Alice. 2004. Metafunctional profile of the grammar of French. In Caffarel, *et al.* (eds.), 76 - 137.

Caffarel, Alice, J. R. Martin & C. M. I. M. Matthiessen (eds.). 2004. *Language Typology: A Functional Perspective*. Amsterdam: Benjamins.

Chang, C. 2005. On existentials, locatives, and the definiteness effect in Korean. Unpublished manuscript, University of California, Berkeley.

Clark, Eve V. 1970. Locationals: A study of the relations between existential, locative and possessive constructions. *Working Papers on Language Universals*, 3: L1 - L26. Stanford, CA: Language Universals Project, Stanford University.

Clark, Eve V. 1978. Locationals: Existential, locative, and possessive constructions.

In Joseph H. Greenberg (ed.), 85 – 126.

Collins, P. 1991. *Cleft and Pseudo-cleft Constructions in English*. London: Routledge.

Collins, P. 1994. Extraposition in English. *Functions of Language*. 1(1): 7 – 24.

Comrie, Bernard. 1981. *Language Universals and Linguistic Typology*. Oxford: Blackwell.

Comrie, Bernard. 2001. Different view of language typology and language universals. In M. Haspelmath, *et al.* (eds.), 25 – 39.

Connor, U. 1996. *Contrastive Rhetoric: Cross-cultural Aspects of Second-Language Writing*. Cambridge: Cambridge University Press.

Coulthard, M. and D. Brazil. 1981. Exchange structure. In M. Coulthard & M. Montgomery (eds.). *Studies in Discourse Analysis*. London: Routledge.

Coulthard, M. & M. Montgomery. 1981. *Studies in Discourse Analysis*. London: Routledge.

Croft, William. 1990. *Typology and Universals* (1st edn.). Cambridge: Cambridge University Press.

Croft, William. 1999. Some contributions of typology to cognitive linguistics, and vice versa. In T. Janssen and G. Redeker (eds.). *Cognitive Linguistics: Foundations, Scope, and Methodology*, 61 – 93. Berlin: Mouton.

Croft, William. 2003. *Typology and Universals* (2nd edn.). Cambridge: Cambridge University Press.

Croft, William. & D. A. Cruse. 2004. *Cognitive Linguistics*. Cambridge: Cambridge University Press.

Daniel, Michael. 2007. Representative sampling and typological explanation: A phenomenological lament. *Linguistic Typology*. 11(1): 69 – 78.

Davidse, K. 1992. Transitivity/Ergativity: The Janus-headed grammar of actions and events. In Martin Davies and Louise Ravelli (eds.). *Advances in Systemic Linguistics: Recent Theory and Practice*, 105 – 135. London: Pinter.

Davidse, K. 1998. On transitivity and ergativity in English, or on the need for dialogue between schools. In Johan van der Auwera, Frank Durieux & Ludo Lejeune (eds.). *English as Human Language: To Honour Louis Goossens*, 3 – 26. München: Lincom Europa.

Davidse, R. 2001. Introduction. In K. Davidse & A. M. Simon-Vandengergen (eds.). *Functions of Language* (special issue). 8(2): 251 – 282.

Davies, E. C. 2007. Review of *An Introduction to Functional Grammar* (3rd edn.).

Functions of Language. 14(3): 303 - 314.

de Groot, C. 1989. *Predicate Structure in Functional Grammar of Hungarian*. Dordrecht: Foris Publications.

den Dikken, Marcel. 1997. The syntax of possession and the verb *have*. *Lingua*. 101(1): 129 - 150.

Dik, S. C. 1997. *The Theory of Functional Grammar* (Part 1: *The Structure of the Clause*) (2nd, revised edn.). Berlin: Mouton de Gruyter.

Dixon, R. M. W. 1994. *Ergativity*. Cambridge: Cambridge University Press.

Dorgeloh, H. 1995. Viewpoint and the organisation of informative discourse: On the discourse function of full inversion in English. *Anglicana Turkuensia*. 14: 223 - 230.

Downing, A. & P. Locke. 2002. *A University Course in English Grammar*. London: Routledge.

Dryer, M. S. 2007. Clause types. In Timonthy Shopen (ed.). *Language Typology and Syntactic Description* (Vol. 1: *Clause Structure*) (2nd edn.), 224 - 275. Cambridge: Cambridge University Press.

Duff, Patricia A. 1993. The convergence of possessive and existential constructions. *Syntax, Semantics, and SLA*. 15(1): 1 - 34.

Dunn, Michael, Anna Margetts, Sergio & Angela Terrilla. 2007. Four languages from the lower end of the typology of locative predication. *Linguistics*. 45 (5/6): 873 - 892.

Eggins, S. 1994. *An Introduction to Systemic Functional Linguistics*. London: Pinter.

Eggins, S & D. Slade. 1997. *Analyzing Casual Conversation*. London: Cassell.

Eid, Mushira. 1993. Negation and predicate heads in Arabic. In Mushira & Gregory Iverson (eds.). *Principles and Predication: The Analysis of Natural Language*, 135 - 151. Amsterdam: Benjamins.

Espinal, M. Teresa & Louise McNally. 2010. Bare nominals and incorporating verbs in Spanish and Catalan. *Journal of Linguistics*. 47(1): 87 - 128.

Faarlund, J. T. 1988. A typology of subjects. In M. Hammond, *et al.* (eds.), 193 - 208.

Fawcett, R. P, Mije, A. & Wissen, C. 1988. Towards a systemic flowchart model for discourse structure. In Fawcett, R. P. & D. Young (eds.). *New Developments in Systemic Linguistics* (vol. 2): *Theory and Application*, 116 - 143. London: Pinter.

Fawcett, R. P. & G. W. Huang. 1995. A functional analysis of the enhanced theme construction in English. *Interface: Journal of Applied Linguistics*. 10(1): 113 - 144.

Fawcett, R. P. 2000. *A Theory of Syntax for Systemic Functional Linguistics*.

Amsterdam: John Benjamins.

Fawcett, R. P. 2003. The many types of 'theme' in English. http://www.wagsoft.com/Systemics/Archive/Fawcett-ThemePaper. Rtf.

Fawcett, R. P. Forthcoming. *The Functional Syntax Handbook: Analyzing English at the Level of Form*. London: Continuum.

Fillmore, C. J. 1968. The case for case. In Bach, E. & Harms, R. T. (eds.). *Universals in Linguistic Theory*, 1-88. London: Holt, Rinehart and Winston.

Freeze, Ray. 1992. Existentials and other locatives. *Language*. 68(3): 553-595.

Freeze, Ray. 2001. Existential constructions. In M. Haspelmath, *et al.* (eds.), 941-953.

Givón, T. 1979. *On Understanding Grammar*. New York: Academic Press.

Givón, T. 1985. Iconicity, isomorphism, and nonarbitrary coding in syntax. In John Haiman (ed.). *Iconicity in Syntax: Proceedings of a Symposium on Iconicity in Syntax*, 187-220. Amsterdam: Benjamins.

Givón, T. 1999. Generativity and variation: The notion of "rule of grammar" revised. In Mac Whinney, Brian (ed.), 98-99. Mahwah, New Jersey: Lawrence Erlbaum Associates.

Givón, T. 2001. *Syntax: An Introduction* (vol. 1). Amsterdam: Benjamins.

Goddard, C. & A. Wierzbicka. 2002a. Opening statement: Meaning and universal grammar. In Goddard, C. & A. Wierzbicka. (eds.), 1-3.

Goddard, C. & A. Wierzbicka. 2002b. Semantic primes and universal grammar. In Goddard, C. & A. Wierzbicka. (eds.), 41-85.

Goddard, C. & A. Wierzbicka (eds.). 2002c. *Meaning and Universal Grammar: Theory and Empirical Findings* (vols. 1 & 2). Amsterdam: Benjamins.

Goldberg, A. E. 1995/2007. *Constructions: A Construction Grammar Approach to Argument Structure* (Chinese version, translated by Haibo Wu). Chicago: The University of Chicago Press/Beijing: Peking University Press.

Gomez-Gonzales, M. A. 2001. *The Theme-Topic Interface: Evidence from English*. Amsterdam: Benjamins.

Greenberg, Joseph H. 1978. Typology and cross-linguistic generalization. In Joseph H. Greenberg (ed.). *Universals of Human Language*, 33-59. Stanford, California: Stanford University Press.

Gries, S. T. 2003. *Multifactorial Analysis in Corpus Linguistics*. New York: Continuum.

Grinevald, Colette. 2006. The expression of static location in a typological perspective.

In Maya Hickman & Robert Stéphane (eds.). *Space in Languages: Linguistic System and Cognitive Categories*, 29 – 58. Amsterdam: Benjamins.

Guirardello-Damian, Raque. 2007. Locative construction and positionals in Trumai. *Linguistics*. 45(5 – 6): 917 – 953.

Haiman, John. 1980. The iconicity of grammar: Isomorphism and motivation. *Language*. 56(3): 515 – 540.

Haiman, John. 1983. Iconic and economic motivation. *Language*. 59(4): 781 – 819.

Haiman, John. 1985. Introduction. In Haiman, John (ed.). *Iconicity in Syntax: Proceedings of a Symposium on Iconicity in Syntax*, 1 – 7. Amsterdam: Benjamins.

Haiman, John. 2003. Explaining infixation. In John Moor & Maria Polinsky (eds.). *The Nature of Explanation in Linguistic Theory*, 105 – 120. Stanford, California: CSLI Publications.

Halliday, M. A. K. 1957. Some aspects of systemic description and comparison in grammatical analysis. *Studies in Linguistic Analysis*, 54 – 67. Oxford: Blackwell.

Halliday, M. A. K. 1963. Class in relation to the axes of chain and choice in language. *Linguistics*. 2: 5 – 15.

Halliday, M. A. K. 1967. Notes on transitivity and theme in English (Part 2). *Journal of Linguistics*. 3(2): 199 – 244.

Halliday, M. A. K. 1968. Notes on transitivity and theme in English (Part 3). *Journal of Linguistics*. 4(2): 179 – 215.

Halliday, M. A. K. 1970. Language structure and language function. In Lyons, J. (ed.). *New Horizons in Linguistics*, 140 – 165. Harmondsworth: Penguin.

Halliday, M. A. K. 1978. *Language as Social Semiotic: The Social Interpretation of Language and Meaning*. London: Arnold.

Halliday, M. A. K. 1979. Modes of meaning and modes of expression: Types of grammatical structure and their determination by different semantic functions. In D. J. Allerton, E. Carney & D. Holdcroft (eds.). *Function and Context in Linguistic Analysis: Essays Offered to William Haas*. Cambridge: Cambridge University Press.

Halliday, M. A. K. 1982. How is a text like a clause? In S. Allen (ed.). *Text Processing: Text Analysis and Generation, Text Typology and Attribution*, 209 – 247. Stockholm: Almqvist and Wiksell International.

Halliday, M. A. K. 1983. Systemic Background. In J. D. Benson & W. S. Greaves (eds.). *Systemic Perspective on Discourse*, 1 – 15. Norwood, N. J.: Ablex. Republished in Halliday, M. A. K. 2003. *On Language and Linguistics*, 185 – 198.

Jonathan Webster (ed.). London: Continuum.

Halliday, M. A. K. 1985. *An Introduction to Functional Grammar*. London: Arnold.

Halliday, M. A. K. 1994/2000. *An Introduction to Functional Grammar* (2nd edn.). London: Arnold/Beijing: Foreign Language Teaching and Research Press.

Halliday, M. A. K. 2008. *Complementarities in Language*. Beijing: The Commercial Press.

Halliday, M. A. K. 2009. *The Essential Halliday* (edited by Jonathan Webster). London: Continuum.

Halliday, M. A. K. & C. M. I. M. Matthiessen. 2004. *An Introduction to Functional Grammar* (3rd edn.). London: Arnold.

Halliday, M. A. K. & R. Hasan. 1985. *Language, Context and Text: Aspects of Language in a Social-semiotic Perspective*. Geelong, Vic: Deakin University Press.

Halliday, M. A. K. & E. McDonald. 2004. Metafunctional profile of the grammar of Chinese. In A. Caffarel, *et al.* (eds.), 305 – 396.

Hammond, M., E. Moravcsik & J. Wirth (eds.). 1988. *Studies in Syntactic Typology*. Amsterdam: Benjamins.

Hammond, M., E. Moravcsik & J. Wirth. 1988. Language typology and linguistic explanation. In M. Hammond, *et al.* (eds.), 1 – 24.

Harley, Heidi. 1995. If you have, you can give. In Brian Agbayani & Sze-Wing Tang (eds.). *The Proceedings of the Fifteenth West Coast Conference on Formal Linguistics*, 193 – 207. Stanford, CA: Stanford University Press.

Hartford, B. & A. Mahboob. 2004. Models of discourse in the letter of complaint. *World Englishes*. 23(4): 585 – 600.

Haspelmath, Martin, Ekkehard König, Wulf Oeterreicher & Wolfgang Raible (eds.). 2001. *Language Typology and Language Universals: An International Handbook*. Berlin: Walter de Gruyter.

Hawkins, John A. 1988a. Explaining language universals. In John A. Hawkins (ed.). *Explaining Language Universals*, 3 – 28. Oxford: Blackwell.

Hawkins, John A. 1988b. On explaining some left-right asymmetries in syntactic and morphological universals. In M. Hammond, *et al.* (eds.), 321 – 357.

Hawkins, John A. 2003. Efficiency and complexity in grammars: three general principles. In Moor, John & Polinsky, Maria (eds.). *The Nature of Explanation in Linguistic Theory*, 121 – 152. Stanford, California: CSLI Publications.

He, Hengxing. 2004. An alternative perspective on pseudo-clefts: Sphere shifts in

English (Unpublished PhD thesis). Sun Yatsen University.

Heine, Bernd. 1997. *Possession: Cognitive Sources, Forces, and Grammaticalization*. Cambridge: Cambridge University Press.

Henkemans, A. F. S. 2000. State-of-the-art: The structure of argumentation. *Argumentation*. 14: 447 – 473.

Her, One-Soon. 1991. On the Mandarin possessive and existential verb *you* and its idiomatic expressions. *Language Sciences*. 13(3/4): 381 – 398.

Herriman, J. 2001. Extraposition from a systemic functional perspective. *Gothenburg Studies in English*. 81: 73 – 79.

Hoey, M. 1983. *On the Surface of Discourse*. London: Allen and Unwin.

Hoey, M. 2001. *Textual Interaction: An Introduction to Written Discourse Analysis*. London: Routledge.

Hopper, P. J. & S. A. Thompson. 1980. Transitivity in grammar and discourse. *Language*. 56(2): 251 – 299.

Huang, G. W. & Fawcett, R. P. 1994. A systemic functional approach to the evaluative *it*-construction (paper presented at the 21st International Systemic Functional Congress). Gent, Belgium, August, 1994.

Huang, G. W. 1996. Experiential enhanced theme in English. In M. Berry, C. S. Butler, R. P. Fawcett & G. W. Huang (eds.). *Meaning and Form: Systemic Functional Interpretations*, 65 – 112. Norwood, N.J.: Ablex.

Huang, G. W. 2003. *Enhanced Theme in English: Its Structures and Functions*. Taiyuan: Shanxi Education Press.

Huddleston, R. 1984. *Introduction to the Grammar of English*. Cambridge: Cambridge University Press.

Huddleston, R. D. & G. K. Pullum (principle authors). 2002. *The Cambridge Grammar of the English Language*. Cambridge: Cambridge University Press.

Hukin, T. N & L. H. Pesante. 1988. Existential *there*. *Written Communication*. 5(3): 368 – 391.

Hunston, S. & J. Sinclair. 2000. A local grammar of evaluation. In S. Hunston & G. Thompson (eds.), 74 – 101.

Hunston, S. & G. Thompson (eds.). 2000. *Evaluation in Text: Authorial Stance and the Construction of Discourse*. Oxford: Oxford University Press.

Hunston, S. 1994. Evaluation and organization in a sample of written academic discourse. In M. Coulthard (ed.). *Advances in Written Text Analysis*, 191 – 218.

London: Routledge.

Hunston, S. 2000. Evaluation and the planes of discourse: status and value in persuasive discourse. In S. Hunston & G. Thompson (eds.), 142 - 175.

Huumo, Tuomas. 2003. Incremental existence: The world according to the Finnish existential sentence. *Linguistics.* 41(3): 461 - 493.

Jackendoff, Ray. 1983. *Semantics and Cognition.* Cambridge, Mass.: MIT Press.

Jespersen, O. 1924. *The Philosophy of Grammar.* London: George Allen and Unwin Ltd.

Jespersen, O. 1937/1965. *Analytic Syntax.* New York: Holt, Rinehart and Winston.

Jespersen, O. 1949. *A Modern English Grammar on Historical Principles* VII. London: Allen and Unwin.

Jordan, M. P. 2001. Some discourse patterns and signaling of the assessment-basis relation. In M. Scott & G. Thompson (eds.). *Patterns of Text: In Honour of Michael Hoey*, 159 - 191. Amsterdam: Benjamins.

Kachru, Y. 2006. *Hindi.* Amsterdam: Benjamins.

Kahn, Charles. 1966. The Greek verb "to be" and the concept of being. *Foundations of Language.* 2: 245 - 265.

Kaltenböck, G. 1999. *It*-extraposition and non-extraposition in English discourse. In C. Mair & M. Hundt (eds.). *Corpus Linguistics and Linguistic Theory*, 157 - 175. Amsterdam: Rodopi.

Kaltenböck, G. 2003. On the syntactic and semantic status of anticipatory *it. English Language and Linguistics.* 7: 235 - 255.

Kaltenböck, G. 2004. Using non-extraposition in spoken and written texts. In Aijmer, K. & Stenstrom, A. B. (eds). *Discourse Patterns in Spoken and Written Corpora*, 119 - 242. Amsterdam: John Benjamins.

Kay, Paul & Chad K McDaniel. 1978. The linguistic significance of the meanings of basic color terms. *Language.* 54: 610 - 646.

Keenan, Edward. 1976. Towards a universal definition of "subject". In Charles N. Li (ed.). *Subject and Topic*, 303 - 334. New York: Academic Press.

Keenan, Edward. 1987. A semantic definition of "indefinite NP". In E. Reuland & A. ter Meulen (eds.). *The Representation of (In) definiteness*, 286 - 317. Cambridge, Mass.: MIT Press.

Kortmann, B. 1999. Iconicity, typology and cognition. In M. Männy & O. Fischer. *Form Miming Meaning*, 375 - 392. Amsterdam: Benjamins.

Kress, G. R. (ed.). 1976. *Halliday: System and Function in Language.* Oxford: Oxford University Press.

Kuno, Susumu. 1973. *The Structure of the Japanese Language.* Cambridge, Mass.: MIT Press.

Labov, W. 1972. *Language in the Inner City.* Philadelphia: University of Pennsylvania Press.

Lakoff, G. 1987. *Women, Fire, and Dangerous Things: What Categories Reveal about the Mind.* Chicago: The University of Chicago Press.

Lambrecht, K. 1994. *Information Structure and Sentence Form.* Cambridge: Cambridge University Press.

Langacker, R. W. 1991. *Foundations of Cognitive Grammar* (Vol. 2): *Descriptive Application.* Stanford: Stanford University Press.

Lee, Michael. 1988. Language, perception and the world. In John A. Hawkins (ed.). *Explaining Language Universals*, 211 - 246. Oxford: Blackwell.

Leech, G. N. & J. Svartvik. 1994. *A Communicative Grammar of English* (2nd ed.). London: Longman.

Lemke, J. L. 1998. Resources for attitudinal meaning: evaluative orientations in text semantics. *Functions of Language.* 5(1): 33 - 56.

Levinson, Stephen C. 2006. The language of space in Yélî Dnye. In Stephen C. Levinson & David Wilkins (eds.). *Grammars of Space: Explorations in Cognitive Diversity*, 157 - 204. Cambridge: Cambridge University Press.

Li, C. N. & S. A. Thompson. 1976. Subject and topic: a new typology of language. In Li, C. N. & S. A. Thompson (eds.). *Subject and Topic*, 459 - 489. New York: Academic Press.

Li, Yen-hui Audrey. 1996. Definite and indefinite existential constructions. *Studies in the Linguistics Sciences.* 26(1/2): 175 - 191.

Lichtenberk, F. 2002. Posture verbs in Oceanic. In John Newman (ed.). *The Linguistics of Sitting, Standing, and Lying*, 213 - 238. Amsterdam: Benjamins.

Lieb, Hans-Heinrich. 1978. Universals and linguistic explanations. In Joseph H. Greenberg (ed.). *Universals of Human Language*, 157 - 202. Stanford, California: Stanford University Press.

Lin, T. J. 2008. Locative subject in Mandarin Chinese. *Nanzan Linguistics.* 4: 69 - 88.

Lyons, J. 1967. A note on possessive, existential and locative sentences. *Foundations of Language.* 3: 390 - 396.

Lyons, J. 1968. *Introduction to Theoretical Linguistics*. Cambridge: Cambridge University Press.

Lyons, J. 1977. *Semantics* (Vol. 2). Cambridge: Cambridge University Press.

Macken-Horarik, M. & J. R. Martin (eds.). 2003. *Negotiating Heteroglossia: Social Perspectives on Evaluation. Text* (special issue). 23 (2).

Mair, C. 1990. *Infinitival Complement Clauses in English*. Cambridge: Cambridge University Press.

Mann, W. & S. Thompson. 1987. Rhetorical Structure Theory: A theory of text organization. *ISI Reprint Series* (ISI/RS): 87 - 190.

Martin, J. R. 1992. *English Text: System and Structure*. Amsterdam: Benjamins.

Martin, J. R. 1995. Interpersonal meaning, persuasion and public discourse: packing semiotic punch. *Australian Journal of Linguistics*. 15 (19): 33 - 67.

Martin, J. R. 2004. Metafunctional profile of the grammar of Tagalog. In Caffarel, *et al.* (eds.), 255 - 304.

Martin, J. R. & D. Rose. 2003. *Working with Discourse*. London: Continuum.

Matthiessen, C. M. I. M. 1989. Review of *Introduction to Functional Grammar*. *Language*. 65(4): 862 - 871.

Matthiessen, C. M. I. M. 1995. *Lexicogrammatical Cartography*. Tokyo: International Language Sciences Publishers.

Matthiessen, C. M. I. M. 2006. Systemic functional linguistics — Appliability: Areas of Research (Speech at the First Symposium on Functional Linguistics and Discourse Analysis). Sun Yat-sen University.

Miller, P. 2001. Discourse constraints on (non)extraposition from subject in English. *Linguistics*. 39(4): 683 - 701.

Mills, S. 1997. *Discourse*. London: Routledge.

Milsark, G. 1977. Toward an explanation of certain peculiarities of the existential construction in English. *Linguistic Analysis*. 3: 1 - 29.

Moor, John & Maria Polinsky. 2003. Explanation in linguistics. In John Moor & Maria Polinsky (eds.). *The Nature of Explanation in Linguistic Theory*, 1 - 30. Stanford, California: CSLI Publications.

Morley, G. D. 1985. *An Introduction to Systemic Grammar*. London: Macmillan.

Morley, G. D. 2000. *Syntax in Functional Grammar: An Introduction to Lexicogrammar in Systemic Linguistics*. London: Continuum.

Newmeyer, F. J. 2005. *Possible and Probable Languages: A Generative Perspective* on *Linguistic Inquiry*. Oxford: Oxford University Press.

Noonan, Michael. 1992. *A Grammar of Lango*. Berlin: Mouton.

Pan, H. 1996. Imperfective aspect *zhe*, agent deletion, and locative inversion in Mandarin Chinese. *Natural Language & Linguistic Theory*. 14(2): 409 - 432.

Partee, Barbara H. 1999. Weak NPs in *have* sentences. In J. Gerbrandy, M. Marx, M. de Rijke & Y. Venema (eds.). JFAK [a Liber Amicorum for Johan van Benthem on the occasion of his 50th birthday; CD-ROM]. Amsterdam: University of Amsterdam. (Accessible from http://www. illc.uva.nl/j50/contributions.html)

Peeters, Bert, Marie-Odile Junker, Patrick Farrell, P. Perini-Santos & B. Maher. 2006. NSM exponents and universal grammar in Romance: Speech; actions, events and movement; Existence and possessions; Life and death. In Bert Peeters (ed.). *Semantic Primes and Universal Grammar: Empirical Evidence from the Romance Languages*, 111 - 136. Amsterdam: Benjamins.

Peterson, Philip L. 1997. *Fact Proposition Event*. Dordrecht: Kluwer Academic Publishing.

Poppe, Nicholas. 1954. *Grammar of Written Mongolian*. Wiesbaden: Harrassowitz.

Prakasam, V. 2004. Metafunctional profile of the grammar of Telugu. In Caffarel, *et al.* (eds.), 433 - 478. Amsterdam: Benjamins.

Quirk, R., S. Greenbaum, G. Leech & J. Svartvik. 1972. *A Grammar of Contemporary English*. London: Longman.

Quirk, R., S. Greenbaum, G. Leech & J. Svartvik. 1985. *A Comprehensive Grammar of the English Language*. London: Longman.

Rando, Emily & Donna Jo Napoli. 1978. Definites in *there*-sentences. *Language*. 54(2): 300 - 313.

Rijkhoff, J. 2002. On the interaction of linguistic typology and functional grammar. *Functions of Language*. 9(2): 209 - 237.

Ritter, Elizabeth & Sara Thomas Rosen. 1997. The function of *have*. *Lingua*. 101: 295 - 321.

Sacks, H, 1992. *Lectures on Conversation* (vols. 1 & 2). London: Blackwell.

Sarangi, Srikant. 2003. Editorial: Evaluating evaluative language. *Text*. 23 (2): 165 - 170.

Sawyer, Janet. 1974. Existential sentences: A linguistic universal? *American Speech*. 48(314): 239 - 245.

Seiler, H. 1983. *Possession as an Operational Dimension of Language*. Tübingen:

Narr.

Seppänen, A. & J. Herriman. 2002. Extraposed subjects vs. postverbal complements: On the so-called obligatory extraposition. *Studia Neophilologica.* 74(1): 30-59.

Seppänen, A., S. Granathe & J. Herriman. 1995. On so-called "formal" subjects/objects and "real" subjects/objects. *Studia Neophilologica.* 67(1): 11-19.

Siewierska, Anna. 2008. Introduction: Impersonalization from a subject-centred vs. agent-centred perspective. *Transactions of the Philological Society.* 106 (2): 115-137.

Sinclair, J. M. & R. M. Coulthard. 1975. *Towards an Analysis of Discourse: The English Used by Teachers and Pupils.* Oxford: Oxford University Press.

Sinclair, J. M. 1981. Planes of discourse. In Rizvi (ed.). *The Two-Fold Voice: Essays in Honour of Ramesh Hohan*, 70-89. Salzburg: University of Salzburg.

Slobin, Dan I. 1985. Crosslinguistic evidence for the language making capacity. In Dan I. Slobin (ed.). *The Crosslinguistic Study of Language Acquisition* (vol. 2): *Theoretical Issues*, 1157-1256. Hillsdale, NJ: Erlbaum.

Stassen, Leon. 2001. Predicative possession. In Martin Haspelmath, *et al.* (eds.), 954-959.

Stassen, Leon. 2009. *Predicative Possession.* Oxford: Oxford University Press.

Stolz, Thomas. 2001. To be with X is to have X: Comitatives, instrumentals, locative, and predicative possession. *Linguistics.* 39(2): 321-350.

Stubbs, M. 1983. *Discourse Analysis*. Oxford: Basil Blackwell.

Tai, James H-Y(戴浩一). 1985. Temporal sequence and Chinese word order. In John Haiman (ed.). *Iconicity in Syntax: Proceedings of a Symposium on Iconicity in Syntax*, 49-72. Amsterdam: Benjamins.

Tao, Hongyin. 2007. Subjectification and the development of special-verb existential/presentative constructions. *Language and Linguistics.* 8(2): 575-577.

Thai, Minh Duc. 2004. Metafunctional profile of the grammar of Vietnamese. In Alice Caffarel, *et al.* (eds.), 397-431.

Thompson, G. & J. Zhou. 2000. Evaluation and organization in text. In S. Hunston & G. Thompson (eds.), 121-141.

Thompson, G. 1996. *Introducing Functional Grammar*. London: Arnold.

Tobin, Yishai. 1991. Existential particles and paradigms in Modern Hebrew. *Multilingua.* 10(1/2): 93-108.

Toivainen, Jorma. 1979. A contaminated sentence (e.g. existential sentence) as a realization of blending of propositions. *Folia Linguistica*. 13(3/4): 247 - 255.

Tomioka, Satoshi. 2007. The Japanese existential possession: A case study of pragmatic disambiguation. *Lingua*. 117: 881 - 902.

Tsujioka, Takae. 2002. *The Syntax of Possession in Japanese*. New York: Routledge.

Tsukida, Naomi. 1999. Locative, existential and possessive clauses in Seediq. In E. Zeitoun, P. Li (eds.). *Selected Papers from the Eighth International Conference on Austronesian Linguistics*, 599 - 636. Taipei: Crane Publishing.

Ultan, Russel. 1978. Toward a typology of substantial possession. In Joseph H. Greenberg (ed.), 11 - 49.

Vendler, Z. 1967/2002. *Linguistics in Philosophy* (translated by Jiaying Chen). Ithaca, N.Y.: Cornell University Press/Beijing: Huaxia Press (an English-Chinese version).

Ventola, E. 1988. The logical relations in exchange. In J. D. Benson & W. S. Greaves (eds.). *Systemic Functional Approaches to Discourse: Selected Papers from the 12th International Systemic Workshop*, 51 - 72. Norwood, N. J.: Ablex.

Wang, Yong. 2006. A functional study of the evaluative enhanced theme construction in English (Unpublished PhD thesis). Sun Yat-sen University.

Wang, Yong. 2007. The discourse functions of the Evaluative Enhanced Theme Construction. *Journal of Chinese Language and Computing*. 17(3): 141 - 158.

Wang, Yong. 2008. *A Functional Study of the Evaluative Enhanced Theme Construction in English*. Singapore/London: Prentice Hall.

Wang, Yong & Jie Xu. 2013. A systemic typology of possessive and existential constructions. *Functions of Language*. 20(1): 1 - 30.

Ward, Gregory & Betty Birner. 1995. Definiteness and the English existential. *Language*. 71(4): 722 - 742.

Whaley, Lindsay J. 1997. *Introduction to Typology: The Unity and Diversity of Language*. Thousand Oaks: Sage Publications.

Wierzbicka, A. 2002. Semantic primes and universal grammar in Polish. In C. Goddard & A. Wierzbicka (eds.), 65 - 144.

Yamamoto, M. 2006. *Agency and Impersonality: Their Linguistic and Cultural Manifestations*. Amsterdam: Benjamins.

Yang, S. Y. & H. Pan. 2001. A constructional analysis of the existential structure. *Studies in Chinese Linguistics*. 2: 189 - 208.

Zeitoun, Elizabeth, Lillian M. Huang, Marie M. Yeh & Anna H. Chang. 1999.

Existential, possessive, and locative constructions in Formosan languages. *Oceanic Linguistics*. 38(1): 1 – 42.

Zeitoun, Elizabeth. 2000. Notes on a possessive construction in the Formosan languages. *Oceanic Linguistics Special Publications*. 29: 241 – 257.

蔡维天,2004,谈“有人”“有的人”和“有些人”,《汉语学报》第2期。

曹逢甫、郑萦,1995,谈闽南语“有”字的五种用法及其间的关系,《中国语文研究》第11期。

陈昌来,2002,《介词与介引功能》,合肥:安徽教育出版社。

陈国庆,2005,《克蔑语研究》,北京:民族出版社。

陈建民,1986,《现代汉语句型论》,北京:语文出版社。

陈庭珍,1957,汉语处所词作主语的存在句,《中国语文》第8期。

陈月明,1999,时间副词“在”与“着1”,《汉语学习》第4期。

储泽祥等,1997,汉语存现句的历时性考察,《古汉语研究》第4期。

戴雪梅,1988,关于静态存在句和动态存在句,《语言学探索》(创刊号)。

范方莲,1963,存在句,《中国语文》第5期。

范　晓,2007,关于汉语存在句的界定和分类问题,《语言学研究集刊》(复旦大学汉语言文字学科),上海:上海辞书出版社。

古川裕,2001,外界事物的显著性与句中名词的有标性,《当代语言学》第4期。

顾　阳,1994,论元结构理论介绍,《国外语言学》第1期。

郭继懋,1990,领主属宾句,《中国语文》第1期。

胡壮麟,2009,解读韩礼德的 Appliable Linguistics,《功能语言学与语篇分析研究》(第1辑),北京:高等教育出版社。

黄国文,1997,英语的非对比型强势主位结构的话语功能,《外语教学》第1期。

黄国文,1998,递归、级转移与功能句法分析,《外语教学与研究》第4期。

黄国文,1999,《英语语言问题研究》,广州:中山大学出版社。

黄国文,2001,《语篇分析的理论与实践》,上海:上海外语教育出版社。

黄国文,2007,作为普通语言学的系统功能语言学,《中国外语》第5期。

黄美金,2000a,《卑南语参考语法》,台北:远流出版事业股份有限公司。

黄美金,2000b,《邵语参考语法》,台北:远流出版事业股份有限公司。

黄美金,2000c,《泰雅语参考语法》,台北:远流出版事业股份有限公司。

黄正德,1988,说“是”和“有”,《中研院史语所期刊》第1期。

江　荻,2005,《义都语研究》,北京:民族出版社。

金立鑫,1999,对一些普遍语序现象的功能解释,《当代语言学》第4期。

金立鑫,2006,语言类型学:当代语言学中的一门显学,《外国语》第5期。

雷　涛,1993,存在句研究纵横谈,《汉语学习》第 2 期。
李　杰,2009,试论发生句:对隐现句和领主属宾句的句式意义的重新审视,《世界汉语教学》第 1 期。
李临定,1986,《现代汉语句型》,北京:商务印书馆。
李云兵,2005,《布赓语研究》,北京:民族出版社。
李钻娘,1987,出现式与消失式动词的存在句,《语文研究》第 8 期。
李佐丰,2004,《古代汉语语法学》,北京:商务印书馆。
刘丹青,2003,语言类型学与汉语研究,《世界汉语教学》第 4 期。
刘丹青,2004,《语序类型学与介词理论》,北京:商务印书馆。
刘丹青,2011,"有"字领有句的语义倾向和信息结构,《中国语文》第 2 期。
刘　虹,2004,《会话结构分析》,北京:北京大学出版社。
刘庆元、吴满华,2005,英语存现句的语篇功能研究,《云梦学刊》第 3 期。
刘月华、潘文娱,2001,《实用现代汉语语法》,北京:商务印书馆。
陆俭明,1997,《八十年代中国语法研究》,北京:商务印书馆。
吕叔湘,1943,《中国文法要略》,北京:商务印书馆。
吕叔湘,1944/1984,个字的应用范围——附论单位词前一字的脱落,《汉语语法论文集》(1984 增订本),北京:商务印书馆。
吕叔湘,1946,从主语、宾语分别谈国语句子的分析,《开明书店二十周年纪念文集》,北京:商务印书馆。
吕叔湘,1987,说"胜"和"败",《中国语文》第 1 期。
吕叔湘,1990,《吕叔湘文集》(第 1 卷《中国文法要略》),北京:商务印书馆。
吕云生,2005,有关"施事后置"及"非宾格假说"的几个问题,《语言科学》第 5 期。
孟艳丽,2009,"有"的语法意义及其成因,《解放军外国语学院学报》第 1 期。
聂文龙,1989,存在和存在句的分类,《中国语文》第 2 期。
潘　文,2006,《现代汉语存现句的多维研究》,南京:南京师范大学出版社。
任　鹰,2007,动词词义在结构中的游移与实现,《中国语文》第 5 期。
任　鹰,2009,"领属"与"存现":从概念的关联到构式的关联——也从"王冕死了父亲"的生成方式说起,《世界汉语教学》第 3 期。
尚　新,2004,突显理论与汉英时体范畴的类型学差异,《语言教学与研究》第 6 期。
邵敬敏、任之镆、李家树、税昌锡、吴立红,2009,《汉语语法专题研究》,北京:北京大学出版社。
沈家煊,1995,"有界"和"无界",《中国语文》第 5 期。
沈家煊,1999,"在"字句和"给"字句,《中国语文》第 2 期。
沈家煊,2000,语言类型学与语言共性导读,《语言类型学与语言共性》,北京:外语教学与研究出版社。
沈家煊,2000a,句式和配价,《中国语文》第4期。
沈家煊,2000b,说“偷”和“抢”,《语言教学与研究》第1期。
沈家煊,2004,再谈“有界”与“无界”,《语言学论丛》第30辑。
石毓智,2004,《汉语研究的类型学视野》,南昌:江西教育出版社。
石毓智,2007,语言学假设中的证据问题——论“王冕死了父亲”之类句子产生的历史条件,《语言科学》第4期。
史有为,1984,关于“动+有”,《语言学论丛》第13辑。
宋玉柱,1988,略谈“假存在句”,《天津师范大学学报》第6期。
宋玉柱,2007,《现代汉语存在句》,北京:语文出版社。
陶红印,2001,“出现”类动词与动态语义学,史有为主编《从语义信息到类型比较》,北京:北京语言文化大学出版社。
王红阳、陈瑜敏,2008,韩礼德语言思想溯源,《宁波大学学报》第1期。
王建军,2003,汉语存在句的历时研究,天津:天津古籍出版社。
王庆丰,2005,《满语研究》,北京:民族出版社。
王　勇,2005,预指代词 it 的系统功能语言学研究,《现代外语》第3期。
王　勇,2006,评价型强势主位结构的语篇功能,《英语研究》第4期。
王　勇,2007,存在句中 there 的系统功能语言学研究,《外语学刊》第3期。
王　勇,2007,英语中的特殊主位结构,《四川外语学院学报》第6期。
王　勇,2009,从存在句到隐现句:存在句的扩展形式,《外国语言文学论丛》(第一辑),武汉:华中师范大学出版社。
王　勇,2009,论语言类型学研究中的解释,《解放军外国语学院学报》第1期。
王　勇,2011,SFL 的跨语言之旅:机遇和挑战,《系统功能语言学研究群言集》(第2辑,黄国文、常晨光、廖海青主编),北京:高等教育出版社。
王　勇,2011,评价型强势主位结构的功能理据分析,《外语学刊》第2期。
王　勇,2011,系统功能语言学与语言类型学,《外国语》第3期。
王　勇,2012,存在句中论元结构与动词参与者角色之间的整合,《语言学论丛》(北京大学中国语言学研究中心)第46辑。
王　勇、黄国文,2006,语篇结构中的递归现象,《外语教学与研究》第5期。
王　勇、徐杰,2010,汉语存在句的构式语法研究,《语言研究》第3期。
王　勇、徐杰,2011,系统功能语言学与语言类型学,《外国语》第3期。
王　勇、周迎芳,2011,存在句主语的类型学研究,《外语教学与研究》第2期。
王　勇、周迎芳,2012,“有”字句的历时考察和横向比较,《华中师范大学学报》第5期。

王　勇、周迎芳，2014，现代汉语中的事件类存在句，《外国语》第 3 期。
卫真道（Jonathan Webster），2002，《篇章语言学》（徐赳赳译），北京：中国社会科学出版社。
吴传飞，1999，存在句语义结构的分类和描写，《广播电视大学学报》第 4 期。
吴仁甫，1988，《文言语法三十辩》，上海：华东师范大学出版社。
吴卸耀，2006，《现代汉语存现句》，上海：学林出版社。
邢福义，1991，汉语里宾语代入现象之观察，《世界汉语教学》第 3 期。
徐晶凝，2000，汉语语气表达方式及语气系统的归纳，《北京大学学报》第 3 期。
叶美利，2000，《赛夏语参考语法》，台北：远流出版事业股份有限公司。
易中正，1994，“有”字句研究，《天津师范大学学报》第 3 期。
袁毓林，2004，论元结构和句式结构互动的动因、机制和条件：表达精细化对动词配价和句式构造的影响，《语言研究》第 4 期。
袁毓林、李湘、曹宏、王健，2009，“有”字句的情景语义分析，《世界汉语教学》第 3 期。
詹开第，1981，有字句，《中国语文》第 1 期。
张　翼，2012，动词延伸义和双重范畴化关系：对领主属宾句和存现句的统一解释，《外语研究》第 2 期。
张　斌，1993，关于“有”的思考，《语文建设通讯》第 12 期。
张伯江，2006，存现句里的专有名词宾语，《语法研究和探索》（第十三辑），北京：商务印书馆。
张伯江，2009，《从施受关系到句式语义》，北京：商务印书馆。
张成进，2005，汉语存现句语义格分析，《宜宾学院学报》第 10 期。
张德禄，2009，汉语语气系统的特点，《外国语文》第 5 期。
张克定，2001，英语倒装句的语篇功能，《外国语》第 5 期。
张绍杰、于飞，2004，英语存在句信息传递再探索，《外国语》第 2 期。
张秀绢，2000，《排湾语参考语法》，台北：远流出版事业股份有限公司。
张学成，1982，存在句，《语言学年刊》第 5 期。
张郇慧，2000，《雅美语参考语法》，台北：远流出版事业股份有限公司。
张永利，2000，《葛玛兰语参考语法》，台北：远流出版事业股份有限公司。
张豫峰，1998，“有”字句研究综述，《语言教学与研究》第 3 期。
周迎芳、王勇，2012，存在小句的几种类型，《外国语》第 3 期。
朱德熙，1980，《现代汉语语法研究》，北京：商务印书馆。
邹　颉，2002，《叙事嵌套结构研究》，合肥：中国科学技术大学出版社。
左思民，2008，试论“有”的一种虚化现象，《对外汉语研究》第 4 期。